DAS ENDE DER GEWISSHEITEN

Michael M. Thoss / Christina Weiss (Hrsg.)

DAS ENDE DER GEWISSHEITEN

Reden über Europa

Herausgegeben von

Michael M. Thoss und Christina Weiss

Diederichs

FSC
Mix
Produktgruppe aus vorbildlich
bewirtschafteten Wäldern und
anderen kontrollierten Herkünften

Zert.-Nr. SGS-COC-1940
www.fsc.org

Verlagsgruppe Random House FSC-DEU-0100
Das für dieses Buch verwendete FSC-zertifizierte Papier
Munken Premium Cream liefert Arctic Paper Munkedals AB, Schweden.

Umschlaggestaltung: Weiss/Zembsch/Partner, Werkstatt/München
unter Verwendung eines Motivs von © AMO, Rem Koolhaas und
Reinier de Graaf / VG Bild-Kunst, Bonn 2009
Druck und Bindung: GGP Media GmbH, Pößneck
Printed in Germany
ISBN 978-3-424-35014-2

Weitere Informationen zu diesem Buch und unserem gesamten lieferbaren
Programm finden Sie unter:
www.diederichs-verlag.de

Inhalt

Grußwort von Henning Schulte-Noelle

Die Reaktionen auf die Entscheidung des Bundesverfassungsgerichts zum Lissabon-Vertrag zeigten, wie stark die Skepsis gegenüber der Europäischen Union auch in Deutschland gewachsen ist. Selbst wenn dieses »Lissabon-Urteil« »einer formaljuristischen Prüfung im engeren Sinne standhalten mag, so verkennt es doch den besonderen historischen Charakter der EU als schicksalhafte Verbindung der europäischen Völker, die sich in der Dynamik des europäischen Einigungsprozesses immer stärker aufeinander zubewegen« (Hans Dietrich Genscher am 14. 7. 2009 im *Tagesspiegel*). Mit seiner Argumentation bringt es die Bundesrepublik und ihre politischen Vertreter in Brüssel zudem in erhebliche Erklärungsnot. Deutschland, das international oft als »Lokomotive der europäischen Einigung« bezeichnet wurde, könnte mit diesem Grundsatzurteil bald auf das Wartegleis der Geschichte geschoben werden. Zwar haben die Verfassungsrichter die grundsätzliche Vereinbarkeit des Lissabon-Vertrags mit dem Grundgesetz bestätigt und damit das Zustimmungsgesetz gebilligt. Indem sie das sogenannte Begleitgesetz aber verworfen haben, besteht die Gefahr, dass der weitere Integrationsprozess und der Transfer von deutscher Souveränität an die Gemeinschaft in Zukunft behindert oder zumindest verzögert wird.

Gerade jetzt nach den Bundestagswahlen scheint es also höchste Zeit, eine öffentliche Diskussion darüber anzustoßen, was wir Deutsche von Europa und der Europäischen Union eigentlich erwarten. Genügt uns Europäern ein lockerer Staatenbund, der weiterhin seine polyphone Vielstimmigkeit zelebriert, oder wollen wir als stärkste Wirtschaftsmacht der Welt künftig mit einer Stimme sprechen? Begnügen wir uns mit dem gegenwärtig praktizierten »Intergovernmentalism«, bei dem die Regierungsvertreter der EU-Mitgliedstaaten die wichtigsten Entscheidungen hinter verschlossenen Türen treffen, oder wollen wir die supranationalen Einrichtungen wie z. B. den Europäischen Gerichtshof und das Europäische Parlament in seinen Kompetenzen stärken und demokratisch legitimieren?

Mit der Veranstaltungsreihe »Reden über Europa«, die seit 2006 in München, Wien und Berlin stattfand, möchte die Allianz Kulturstiftung ihren Beitrag zu dieser Debatte um Europas Zukunft leisten. Die Autoren dieser Anthologie, die wir zu unseren Veranstaltungen eingeladen haben, erinnern in ihren Beiträgen an die bald 60-jährige Erfolgsgeschichte der EU seit der Gründung der Montanunion im Jahr 1951. Sie entwerfen aber auch Zukunftsszenarien für unseren Kontinent und stellen dabei seine vielfältigen kulturellen, politischen und wirtschaftlichen Potenziale heraus. Gerade in Krisenzeiten wie jetzt ist die Gefahr groß, dass nationale Reflexe wieder die Oberhand gewinnen. Doch solche Reaktionen würden nicht nur das bisher Erreichte infrage stellen. Ein »roll back« der europäischen Integration wäre für die Nationalstaaten selbst kontraproduktiv, da es den europäischen Binnenmarkt gefährden und die Stellung Europas in der Welt schwächen würde. Im internationalen Vergleich können wir nur gemeinsam bestehen, denn – wie Wolfgang Ischinger in diesem Buch schreibt – »zur Selbstbehauptung der europäischen Solidargemeinschaft in der globalisierten Welt des 21. Jahrhunderts brauchen wir eine energie-, wirtschafts- und sicherheitspolitisch handlungsfähige Europäische Union«.

Den Autoren dieses Buches und Teilnehmern an unserer Veranstaltungsreihe »Reden über Europa« möchte ich für ihre interessanten Beiträge und ihr Engagement, die europäische Idee weiterzuentwickeln, aufs herzlichste danken.

Michael M. Thoss

Das Ende der Gewissheiten

Noch nie sah sich die Menschheit einer so großen Zahl globaler Risiken und Gefahren ausgesetzt wie heute. Für die Autoren dieser Anthologie stellt die globale Krise der Gegenwart einen Wendepunkt dar, der gewohnte Denkmuster und Gewissheiten radikal infrage stellt. Denn für den Klimawandel und das Artensterben, für Hungerkatastrophen und die Verknappung natürlicher Ressourcen, Terrorismus und zerfallende Staaten taugen herkömmliche Lösungen nicht mehr. Es handelt sich also um eine Krise, die aus einer Vielzahl kleiner und großer Krisen, Konflikten und Katastrophen besteht, welche sich auf gefährliche Weise potenzieren und das Überleben unseres Planeten infrage stellen können.

Wie positioniert sich Europa gegenüber diesen neuen globalen Bedrohungen und was kann es zu ihrer Bewältigung beitragen? Welche Rolle möchte die Europäische Union künftig im Konzert der Nationen, der alten Supermächte und neuen Machtzentren übernehmen, deren Zusammenspiel durch die Krise entscheidend verändert wurde? Die Beiträge in diesem Buch analysieren die aktuelle Verfasstheit Europas und fragen nach seiner Zukunftsfähigkeit in einem sich rapide verändernden globalen Kontext.

Wir sind an einer Zeitwende angelangt, schreibt Hans Joachim Schellnhuber. Den ungebremsten Klimawandel und dessen Folgen abzuwenden, bezeichnet der Leiter des Potsdamer Instituts für Klimafolgeforschung als die größte Herausforderung, vor der die Menschheit jemals gestanden habe. Der Countdown hat längst begonnen: Nur noch wenige Jahre – nicht Jahrzehnte – bleiben uns Zeit, um radikal umzusteuern, mahnt der Gründer des Alternativen Nobelpreises Jakob von Uexküll. Sonst müssten zukünftige Generationen einen horrenden Preis für unsere Verschwendungssucht zahlen. Wer den letzten Bericht der UN-Organisation für Ernährung und Landwirtschaft (FAO) vom Sommer 2009 liest, hat den Eindruck, diese Zukunft habe längst begonnen: Als Folge von Klimawandel und Weltwirtschaftskrise überschritt die Zahl der Hungernden in der Welt 2009 erstmals die historische Schwelle von über eine Milliarde Menschen, d. h. jeder sechste Bewohner dieser Erde leidet Hunger. Diese lautlose Hungerkrise, warnen Experten seit Jahren, gefährde in erheblichem Maße den Weltfrieden und unsere Sicherheit.

Die in dieser Anthologie versammelten Intellektuellen, Politiker und Wissenschaftler mahnen ein schnelles und radikales Umdenken an. Sie legen aus sehr unterschiedlichen Perspektiven dar, warum die Fortsetzung des »business as usual« in der gegenwärtigen Situation geradezu selbstmörderische Konsequenzen haben könnte. Denn gleichzeitig mit dem ökologischen erleben wir auch einen »ideologischen Gezeitenwechsel« (Ivan Krastev), der ein »Ende der vermeintlichen Gewissheiten« (Frank-Walter Steinmeier) bedeutet. Das gilt nicht nur für Politik und Wirtschaft. Denn in unserer durch Migration und Globalisierung immer heterogeneren Welt sind auch »die angenommenen Gewissheiten der eigenen Kultur ins Wanken geraten« (Christina Weiss).

Quo vadis, Europa? – Eine Bestandsaufnahme

Wie wirkt sich die gegenwärtige globale Krise auf den Zusammenhalt der Europäischen Union aus? Kann sie als Fanal für den seit Monaten stagnierenden Integrationsprozess um die Lissabon-Agenda wirken? Oder versetzt sie ihm den Todesstoß? Diese Fragen bildeten den Hintergrund der Veranstaltungsreihe »Reden über Europa« in Wien und Berlin. Die Redner, die hier als Autoren auftauchen, setzen sich für ein stärker integriertes und selbstbewusster auftretendes Europa ein, das bereit ist, mehr weltpolitische Verantwortung zu übernehmen. In ihren Essays fordern sie die Europäische Union und deren Regierungen dazu auf, sich stärker für dringend notwendige Kontrollmechanismen und verbindliche Regelwerke einzusetzen, um eine wirkliche »global governance« (W. Ischinger) zu ermöglichen und einen weltweit gültigen »Grünen Gesellschaftsvertrag« für Klimaschutz und nachhaltiges Wirtschaften (H. J. Schellnhuber) auszuhandeln. Auf diese Weise könnte die Krise Europa helfen, eine internationale Führungsrolle bei der Umstellung unserer konsumptiven Industriegesellschaften zu übernehmen, und die Welt zu einem nachhaltigen Wirtschaften und global verantwortlichen Handeln drängen.

»Was hat Europa der Welt zu bieten?«, fragte Frank-Walter Steinmeier bei der Eröffnung der »Reden über Europa« 2009 in der Berliner Staatsoper. Der ehemalige Außenminister lieferte die Antwort gleich mit: Trotz seines ins Stocken geratenen Integrationsprozesses (und realpolitischen Machtverlustes) sei die Attraktivität und Glaubwürdigkeit Europas in der Welt ungebrochen. Mit einem erfolgreichen Krisenmanagement während der Wirtschaftskrise habe es seinen »common sense« unter Beweis stellen können und gelte mit seinen »Markenzeichen« Kooperation, Solidarität und Ausgleich als ein gutes Beispiel für regionale Kooperationen in Asien, Lateinamerika und anderswo. Jetzt gehe es darum, verschobene Gewichte auf der internationalen Bühne neu auszutarieren, Schwellenländer und andere aufstrebende Staaten als neue Akteure in eine globale Verantwortungsgemeinschaft einzubinden. Für Europa stelle dies zugleich eine Bewährungsprobe und Chance dar.

Auch Karel Schwarzenberg weist auf die verschobenen Machgewichte in der Welt hin, gibt sich jedoch weniger optimistisch in Bezug auf die zukünftige Bedeutung Europas. Die jetzige Krise bringe schmerzlich zu Bewusstsein, dass wir Europäer uns jahrzehntelang in einem falschen Sicherheits- und Überlegenheitsgefühl gewogen hätten. Wenn wir nicht ein vieles mehr als bisher in Ausbildung, Wissenschaft und Forschung investierten, warnt der ehemalige tschechische Außenminister, kämen technische Innovationen und industrielle Entwicklungen demnächst nicht mehr aus Europa. Unser Kontinent müsste sich damit begnügen, von der Welt als ein Freilichtmuseum nach der Art Venedigs wahrgenommen zu werden; mit einzigartigen Kunst- und Kulturstätten zwar, aber eben nur als eine touristische Attraktion.

Der bulgarische Intellektuelle Ivan Krastev diagnostiziert an der jetzigen Krise der EU ähnliche destabilisierende Phänomene wie im ehemaligen Jugoslawien kurz vor dessen Zusammenbruch. In vielen Mitgliedstaaten werde in letzter Zeit mehr über die Nachteile einer EU-Mitgliedschaft diskutiert als über deren Vorteile. Brüssel sei zur Zielscheibe nationalistischer und populistischer Politiker geworden wie Belgrad in den 80er-Jahren. Der Mangel an Solidarität in der Eurozone gegenüber den jüngeren Mitgliedstaaten werde dort von Demagogen dazu ausgenutzt, eine generelle Skepsis gegenüber der EU zu erzeugen: In einer kritischen Phase seiner Entwicklung fühle sich Osteuropa »betrogen und gemobbt«. Dort bedrohten heute der Aufstieg eines »Ethnonationalismus«, zunehmende Fremdenfeindlichkeit und die massive Rückkehr der Religion das Selbstverständnis der EU als einer multikulturellen, postnationalen und säkulären Gemeinschaft.

Wolfgang Ischinger sieht die Krise als Chance, längst überfällige globale Reformen und Regeln umzusetzen. Die gegenwärtige Welt(un)ordnung verlange nach einer global governance, die diesen Namen auch wirklich verdient. Ein erster Schritt in diese Richtung seien die Treffen der G-20 als neue weltpolitische und weltwirtschaftliche Lenkungsgruppe, deren Entscheidungen jetzt durch einen größeren Teil der Weltbevölkerung legitimiert würden als die der G-8. Innerhalb dieser neuen Machtkonstellation, schreibt der Vorsitzende der Münchener Sicherheitskonferenz, könne auch der Europäischen Union eine neue Rolle zuwachsen, da sie das weltweit überzeugendste Modell zur Überwindung nationalstaatlichen Handelns biete.

Für Parag Khanna hat sich die G-20 während der Finanzkrise als Plattform des Dialogs bewährt, als globale Koordinierungsinstanz aber enttäuscht. Die Krise habe eine neue hochkomplexe und multipolare Weltordnung mit vielen Ungewissheiten hervorgebracht, in der der Machtverlust der USA vor allem durch die wirtschaftliche Robustheit Chinas und seiner südostasiatischen Handelspartner kompensiert werde. Das imperiale Denken in »Einflusssphären« müsse endlich von einem Handeln in regionalen Verantwortungsbereichen abgelöst werden, fordert der amerikanische Politikwissenschaftler. Europas wirtschaftlich-technische Zusammenarbeit im Mittelmeerraum habe dafür Vorbildcharakter.

Welche Lehren zieht Europa aus der Krise?

Zur Überwindung der weltweiten Finanz- und Wirtschaftskrise setzten sich erstmalig Politiker, Banker, Wirtschaftslenker und Vertreter der Zivilgesellschaft an einen Tisch. Die internationale Kooperation hat sich innerhalb weniger Monate »über alle politischen und ideologischen Grenzen hinweg in einem Maße intensiviert, wie es noch vor wenigen Jahren völlig undenkbar erschien« (Harald Schumann). Doch während der IWF schon das Ende der Rezession verkündet, wachsen die Schuldenberge in den staatlichen Haushalten in schwindelerregende Höhen. Nach Schätzungen der EU-Kommission werden sich die Staatsschulden der Mitgliedsländer bis 2020 noch verdoppeln und könnten durchschnittlich 125 Prozent ihres Bruttoinlandproduktes betragen. Vor allem, wenn die Zahl der Arbeitslosen und die Sozialausgaben weiterhin zunehmen. Dann würden auch die Stabilitätskriterien aus den Maastrichter Verträgen ausgehebelt und der Stabilitätspakt der EU praktisch wirkungslos. Schon warnen die renommierten Ökonomen der Denkfabrik Bruegel die Kommission im Herbst 2009 vor einem signifikanten »wirtschaftlichen, sozialen und politischen Rückschritt« innerhalb der EU. Kann der allseitig verkündete Neo-Keynesianismus mit einer Vielzahl nationaler »Konjunkturpakete« das bestehende Wirtschaftssystem wieder in Schwung bringen, und wenn ja, zu welchem Preis?

Peer Steinbrück und Jean Claude Juncker erkennen in der weltweiten Finanzkrise das Scheitern des (neo)liberalen Credo, dass der Markt sich selbst reguliere. Mit einer gewissen Genugtuung stellen sie fest, dass der Staat für die Wirtschaft wieder zu einem gefragten Gesprächspartner geworden sei. Um zukünftige Finanzcrashs zu vermeiden, schlagen sie einheitliche, bindende »Verkehrsregeln« und eine stärkere Regulierungsdichte für die internationalen Finanz, Kapital- und Geldmärkte vor. Gerade weil diese Krise global sei, dürfe die Antwort darauf nur eine globale sein. Anstatt in nationalen Protektionismus zurückzufallen, solle jedes EU-Mitgliedsland sich der Instrumente bedienen, die auf europäischer Ebene entwickelt wurden. Trotzdem müsse es weiterhin auch »nationale Feuerwehren« geben, die lokale Brandherde löschen (Juncker). Wenn der Staat jetzt vielfach zu Hilfe gerufen würde, sollte er gleichzeitig Konsolidierungsstrategien und Exit-Szenarien entwickelt werden, um die Schuldenspirale in absehbarer Zukunft wieder zurückzudrehen.

Harold James gibt sich skeptisch gegenüber der neo-keynesianischen Fiskalpolitik. Der in Princeton lehrende Wirtschaftshistoriker sieht darin die Gefahr eines Wiedererstarkens des Nationalstaates zulasten der EU und der europäischen Idee. Die Erfahrungen der großen Weltwirtschaftskrise der 1930er-Jahre hätten gelehrt, dass der Nationalismus und Protektionismus keynesiansischen Krisenlösungen inhärent seien. In einer globalisierten Welt seien dagegen grenzübergreifende Hilfen notwendig. Die aktuelle Ohnmacht der europäischen Institutionen, so James, wird durch den politischen Aktivismus auf nationaler Ebene nur noch verstärkt.

Laut Harald Schumann hat sich bei der Bewältigung der Weltwirtschaftskrise eine neue »kooperative Vernunft« in der globalen Zusammenarbeit als erfolgreich erwiesen. Die Regeln der Welthandelsorganisation seien insgesamt ein Beweis dafür, dass ein Rechtsrahmen für die globalisierte Wirtschaft langfristig Stabilität schaffe. Diese Erfahrung müsse auch zur Abwendung der nächsten zu erwartenden Finanzkrise sowie für die Bekämpfung des Klimawandels genutzt werden. Denn sonst drohe – nach Berechnungen des UN-Klimarats mit seinen mehr als 5000 Experten – spätestens zur Mitte des Jahrhunderts ein nicht mehr umkehrbarer Zerfall des globalen Wirtschaftssystems und damit »das Ende der Zivilisation wie wir sie kennen«.

Bei der weltweiten Bekämpfung des Klimawandels kommt für Anthony Giddens dem Nationalstaat eine Schlüsselrolle zu. Denn abgesehen von der EU könnten nur Staaten die Durchsetzung der internationalen Abkommen und des Emissionshandels übernehmen. Dass eine effiziente Klimaschutzpolitik aber auch den modernen Staat verändert, verdeutlicht der englische Soziologe am Beispiel des sogenannten »Gewährleistungsstaates« (ensuring state). Diese Staatsform, die Giddens als Vorstufe zum »Grünen Staat« betrachtet, müsse die Erwartungen ihrer Bürger erfüllen und international beschlossene Emissionsziele umgehend umsetzen. Giddens spricht sich auch dafür aus, die Klimadebatte mit der Frage der Energiesicherheit zu verknüpfen, da nur so eine breite Akzeptanz für Umweltsteuern und andere unpopuläre Maßnahmen zum Schutz der Umwelt erreicht werden könne.

Sunita Narain moniert, dass die EU mit Abwrackprämien und CO_2-Verpressung lediglich ihre eigenen Schlüsselindustrien retten wolle, aber keinen nennenswerten Beitrag zum Klimaschutz leiste. Im Gegenteil nehme dadurch der Treibhausgasausstoß im Ganzen zu, da mehr gekauft und konsumiert werde. Derartige Konjunkturbelebungen nach altem Muster seien aber kontraproduktiv. Denn die verschleuderten Steuermilliarden fehlten nun grausam anderswo bei der Bekämpfung des Klimawandels und seiner Folgen. Mit einem Zitat Mahatma Gandhis erinnert uns die Direktorin des Centre for Science and Environment in New Dehli daran, dass das Paradigma des unbeschränkten wirtschaftlichen Wachstums nur so lange funktioniere, wie der größte Teil der Menschheit es zulasse, dass eine Minderheit die natürlichen Ressourcen dieser Welt für sich beanspruche. Ihre Thesen für einen New Deal for the New World versteht die Umweltaktivistin als einen Gegenentwurf zu dem im Westen verinnerlichten Wachstumsdenken.

Auch Hans Joachim Schellnhuber lässt keinen Zweifel entstehen: Wie wir hier und heute handeln, entscheidet darüber, wie sehr künftige Generationen vom Klimawandel betroffen sein werden, d. h. »wir tragen die volle Verantwortung für das zukünftige Leben auf der Erde«. Unser jetziger, auf fossilen Energieträgern beruhender Wohlstand sei im Grunde eine Illusion, die mit Schulden für die Zukunft erkauft werde. Die aussichtsreichste Lösung bestehe in einem global funktionierenden Emissionshandelssystem auf der Basis individueller CO_2-Konten von jährlich etwa zwei Tonnen Kohlendioxid, das zugleich Klimastabilität und Gerechtigkeit verheißt. Dieses Handelssystem könnte laut Schellnhuber die Welt vollständig verändern und wäre gleichzeitig »die größte Investition in eine nachhaltige Entwicklung in der Geschichte der Menschheit«.

Jakob von Uexküll fordert »Notstandsprogramme« für die Förderung erneuerbarer Energien und Energieeffizienz. Ein schneller Umbau der Weltwirtschaft sei dringend notwendig. Was den Alliierten im Kampf gegen Faschismus und Nationalsozialismus gelungen ist, müsse auch heute möglich sein, um die Menschheit vor der Klimakatastrophe zu retten. Doch Klimasicherheit, schreibt der Gründer des Weltzukunftsrates, sei nicht ohne Klimagerechtigkeit zu erreichen. Deutschland als größter CO_2-Produzent Europas trage eine besondere Verantwortung bei der Umsetzung einer gerechten und globalen »green agenda«.

»Einheit in Vielfalt« leben – Mission Impossible?

Jede Gemeinschaft und Gesellschaft bedarf einer Werteordnung, die ihren inneren Zusammenhalt, ihre Menschlichkeit und Verantwortung für die nächsten Generationen verbürgt. Eine solche ethisch-moralische Basis, schreibt Jakob von Uexküll, sei Ausdruck einer »Zukunftsverantwortung« und für die Bewahrung unserer Zivilisation unentbehrlich. Dies wirft die Frage auf, welchen Werten sich Europa angesichts der großen Herausforderungen der Zukunft verpflichtet fühlt. Welches Selbstverständnis hat die Europäische Gemeinschaft als Mitglied der entstehenden »Weltrisikogesellschaft« (Ulrich Beck) und welche Verantwortung will sie darin übernehmen? Die Stärke Europas wird ganz wesentlich davon abhängen, welches Gefühl der Zusammengehörigkeit es in seinen Gesellschaften zu erzeugen vermag. Fühlen wir Europäer uns einer historisch gewachsenen »Schicksalsgemeinschaft« verpflichtet oder eher dem multikulturellen, transnationalen und säkularen Gesellschaftsmodell der EU? Dass eine wesentliche Anziehungskraft Europas in seiner kulturellen Vielfalt liegt, mag niemand bezweifeln. Doch die entscheidende Frage ist, wie wir damit umgehen, wie wir kulturelle Unterschiede respektieren und welche Toleranz wir gegenüber dem vermeintlich anderen praktizieren.

Bazon Brock sieht Europa als »Avantgarde der Weltzivilisation«. In seiner mörderischen Geschichte kriegerischer Auseinandersetzungen habe Europa die »Vergeblichkeit aller kultureller Suprematiebestrebungen« selbst leidvoll erfahren und »Vergesellschaftungsformen neuer Art« hervorgebracht, die weltweite Anerkennung finden müssten. Die heutige Mission Europas bestehe darin, weltweit die Prinzipien der Zivilisation gegen die »Pathetiker der kulturellen Identität« und des kulturellen Identitätswahns durchzusetzen. Allein der Aufbau einer Weltzivilisation vermöge die kulturell-religiösen Machtkämpfe einzudämmen und die Menscheit für die Bewältigung der großen Probleme der Zukunft zu rüsten

Der Philosoph Konrad Paul Liessmann lehnt eine zivilisatorische Mission Europas, die dabei helfen könnte, ein europäisches Gemeinschaftsgefühl herauszubilden, – im Gegensatz zu Bazon Brock – kategorisch ab. Wenn Europa heute einen zivilisatorische Auftrag beanspruche – wie im 18. und 19. Jahrhundert geschehen – sei dies Ausdruck eines Überlegenheitsgefühls, zu dem Europa keinerlei Recht und Berechtigung mehr habe. Aufklärung, Wissenschaft, Technik, Rechtsstaatlichkeit, Bürger- und Menschenrechte seien mittlerweile keine ausschließlich europäischen Werte mehr, sondern globale Phänome. Der Definition Europas als Schicksals- oder Wertegemeinschaft steht Liessmann ebenfalls skeptisch gegenüber, denn »was tatsächlich gemeinschaftsbildend wirken könnte, ist in der EU entweder ein Ding der Unmöglichkeit oder tabuisiert«. Er schlägt vor, Europa als »potenzielle Gemeinschaft« zu verstehen: »so viel Gesellschaft wie möglich, so viele Gemeinschaften wie notwendig«.

Da sich die Europäische Union ihrem Selbstverständnis nach als eine säkuläre und kulturell vielfältige Gemeinschaft empfindet, erscheint es dringend geboten, nach der Integration und dem Selbstverständnis der mehr als 15 Millionen Muslime zu fragen, die mittlerweile in ihren Mitgliedstaaten leben. Der in Oxford lehrende Islamwissenschaftler Tariq Ramadan spricht in diesem Zusammenhang von einer »Ära der Post-Integration«, da die meisten europäischen Muslime bereits gesellschaftlich integriert seien und sich ihren Gast- bzw. Heimatländern gegenüber loyal verhielten. Ramadan spricht von einem Mentalitätswandel, einer »stillen Revolution«, die sich gerade unter jungen Moslems in Europa vollziehe, die ein neues Selbstbewusstsein und Zugehörigkeitsgefühl zu den europäischen Gesellschaften unter Beweis stellten. Ramadan ermutigt sie, künftig noch mehr politische Verantwortung und Unternehmergeist zu entwickeln. Hemmnisse auf diesem Weg seien jedoch die häufig gemachten Erfahrungen von gesellschaftlichem Ausschluss, Diskriminierung auf dem Arbeitsmarkt und eingeschränktem Zugang zu Bildung. Europa dürfe die fehlende Chancengleichheit für Muslime nicht auf die Frage der kulturellen und religiösen Integration reduzieren.

Die zunehmende gesellschaftliche Polarisierung in den Niederlanden und das Scheitern ihres Integrationsmodells ist das Thema von Halleh Ghorashi. Als Gründe dafür analysiert sie den extremen Individualismus ihrer Mitbürger und deren überholtes Verständnis von Toleranz. Diese einstigen bürgerlichen Tugenden seien heute zur Gefahr für die demokratische Kultur und die »Freiheit des Andersseins« mutiert. Einen Ausweg sieht die in Amsterdam lehrende Ethnologin vor allem in einer neuen Balance zwischen rechtlicher Gleichstellung und der Möglichkeit, kulturelle Verschiedenartigkeit öffentlich leben zu können.

Das Recht auf individuelle Freiheit sei untrennbar mit der Verantwortung für die Gemeinschaft verbunden, hebt der evangelische Bischof Michael Bünker in seinem Beitrag hervor. Dies gelte vor allem in Hinblick auf die zunehmende kulturelle Vielfalt, die Europa vor neue politische und soziale Herausforderungen stelle. Der interkulturelle Dialog, der Versöhnung, Respekt und Verständnis zwischen den Religionen einschließt, dürfe nicht am Rande der Gesellschaft geführt werden, sondern in seiner Mitte. Die Menschenrechte, Demokratie und Rechtsstaatlichkeit bildeten den verbindlichen Rahmen dafür. Mit dem ökumenischen Modell der »Einheit in versöhnter Verschiedenheit«, das die Gemeinschaft Evangelischer Kirchen in Europa (GEKE) verabschiedet hat, solle auch ein Beitrag zum »Zukunftsprojekt Europa« geleistet werden.

Laut Ulrich Beck verlangt die Kosmopolitisierung Europas nach neuen grenzüberschreitenden Integrations- und Identitätskonzepten. Dabei dürften Eigenart und Differenz nicht auf dem »Altar vermeintlicher (nationaler) Gleichheit« geopfert werden. Identität und Integration wären dann nur noch andere Ausdrücke für die Herrschaft der Mehrheit über die Minderheiten bzw. der vermeintlich anderen. Differenz müsse als Chance begriffen werden, sich kulturell zu entgrenzen und gleichzeitig den anderen als fundamental gleich mit sich selbst zu erleben. Nur so könnten wir Europäer ein kosmopolitisches Narrativ entwickeln, das auf den Grundwerten – Freiheit, Gleichheit, Brüderlichkeit – beruhe und für andere Regionen Vorbildfunktion erhalte. Von der EU erwartet der Sozialwissenschaftler, eine globale und inklusive Politik des Klimawandels zu betreiben (»kosmopolitische Realpolitik«), die auch die Sichtweisen der armen Länder mit einbezieht. Diese ökologische und soziale »Mission« Europas könne bei jüngeren Generationen eine emotionale Identifikation mit der EU schaffen, die bisher fehle.

Auch Christina Weiss appelliert an die Politik, »das Differente in seiner Pluralität anzuerkennen«. Ihre Aufgabe sei es, den Widerstreit unterschiedlicher Lebensformen und Weltentwürfe der Kulturen zuzulassen, um eine friedliche multikulturelle Zukunft zu ermöglichen. Die Mehrheitsgesellschaften müssten dem Individuum zugestehen, unterschiedliche »kulturübergreifende Mitgliedschaften« einzugehen und eine Pluralität der Sichtweisen und Lesearten zu entwickeln, die nicht unbedingt mehrheitsfähig sind. Ein idealer Ort, solche Grenzüberschreitungen und Horizonterweiterungen (am eigenen Leib) zu erfahren, sei das »Trainingsfeld der Künste«. Kunsterlebnisse förderten das sinnliche Verstehen von Andersartigem, das danach nicht mehr fremd wirke. Sie seien gute Beispiele positiv erfahrener Pluralität. Denn das Kennenlernen anderer künstlerischer Positionen ermögliche es erst, die eigene Kultur besser zu verstehen und zu relativieren, ihre vielen Querverbindungen zu anderen Kulturen zu entdecken und diese als gleichberechtigt schätzen zu lernen.

Die Erkenntnis, dass zu einem gelingenden interkulturellen Dialog der Verzicht auf jede Art kultureller oder religiöser Suprematie gehört, teilt Christina Weiss mit den anderen Autoren dieses Buches. Diese Dialogfähigkeit ist umso gefragter, je komplexer und ausdifferenzierter unsere Weltgesellschaft sein wird. Ein multikulturelles Europa, das seine Minderheiten respektiert und als Brückenbauer in andere Weltregionen entsendet, ist als Vermittler und Mediator gut aufgestellt. Die Zukunftsfähigkeit Europas wird aber in entscheidendem Maße von seinem inneren Zusammenhalt abhängen. Um ein neues Gemeinschaftsgefühl zu entwickeln, reicht der Blick auf die Erfolge der Vergangenheit nicht aus. Europa als »Gemeinschaft der Emotionen« (U. Beck) benötigt mehr als einen gut funktionierenden Binnenmarkt. Unentbehrlich ist eine gemeinsame Vision, ein neues Denken, das Europa nicht mehr als Summe seiner nationalen Geschichtsschreibungen begreift, sondern von einem gemeinsamen Erwartungshorizont aus definiert. Nur mit dem Blick auf die gemeinsam zu gestaltende Zukunft lässt sich eine europäische Identität auch in der Gegenwart verorten.

Christina Weiss

Kulturelle Identität und Globalisierung

In einer Welt, die immer stärker global wahrgenommen wird – in einer Welt, deren Orte des Zusammenlebens durch Globalisierung und Migration immer heterogener werden, in einer Welt, in der die angenommenen Gewissheiten der eigenen Kultur ins Wanken geraten sind, können die Begegnungen mit den Künsten der eigenen und fremder Kulturen eine besondere Funktion erfüllen. Die Erfahrung von Kunst fordert und trainiert eine geistige und emotionale Offenheit, die uns den Zugang zur Welt positiver und kreativer zu erleben möglich macht.

Der amerikanische Soziologe Richard Sennett plädiert für die Schaffung von Räumen, welche die Menschen in der Stadt dazu bringen, einander wahrzunehmen – und zwar mit Sympathie wahrzunehmen. Die in der Stadt mehr oder weniger zufällig zusammentreffenden Menschen brauchen Orte, an denen die Komplexität des sozialen Lebens erfahrbar wird. Orte, an denen wir erproben können, was das Leben in der Stadt uns abverlangt, was uns herausfordert, weil es der Bequemlichkeit, den tradierten Vorstellungen vom Körper und vom Ich zuwiderläuft. Das Leben in den Städten fordert den Umgang mit

Differenz, Komplexität, Fremdheit, kurz: Sympathie. Wir brauchen Gelegenheiten, einander zu begegnen, und den Mut, die damit verbundenen Erfahrungen von Fremdheit, körperlichem Kontakt, Konflikt oder gar Verletzung auszuhalten. Diesen Prozess der Anerkennung des anderen können wir nur vollziehen, wenn wir uns bereits mitten im Prozess des Selbsterkennens befinden.

Ich zitiere Sennett: »Das kulturelle Problem der modernen Stadt besteht darin, wie man diese unpersönliche Umgebung zum Sprechen bringen kann, wie man ihr ihre Ödnis und Neutralität nimmt, deren Ursprünge an die Überzeugung geknüpft sind, dass die Außenwelt der Dinge nicht die eigentlich wirkliche Welt ist. [...] Unsere Kultur braucht eine Kunst der ›Selbstpreisgabe‹; diese Kunst wird nicht den einen zum Opfer des anderen machen, sie wird aus jedem von uns Erwachsene machen, die besser imstande sind, ihr Gleichgewicht zu halten, mit Komplexität umzugehen und aus ihr zu lernen.«[1]

Richard Sennetts Thematik von Selbstpreisgabe und der Anforderung, Fremdes, unbekannte Menschen, fremdartiges Verhalten mit Sympathie zu akzeptieren, führen uns die Herausforderungen, die eine offene Welt täglich an uns stellt, vor Augen.

Es ist heute nur schwer möglich, sich in den althergebrachten Schutzraum – ein Häuschen hinterm Jägerzaun zum Schutz gegen Nachbarn – zurückzuziehen. Dies verhindern bereits die Nachrichten, die aus aller Welt in jede Hütte dringen, die uns zwingen, uns mit der ganzen Welt auseinanderzusetzen – auch wenn die Auswahl der Meldungen uns je nach medialem Interesse und Sensationslust aufbereitet vorgesetzt wird.

Die Grundhaltung, die uns befähigt, in einer solcher Welt zu

1 Richard Sennett, *CIVITAS. Die Großstadt und die Kultur des Unterschieds*. Frankfurt am Main 1990, S. 12.

leben, braucht die Basis einer eigenen kulturellen Identität, die Selbsterkenntnis und Selbstbehauptung ermöglicht und zugleich die Offenheit zu neugieriger Sympathie allem Fremden gegenüber.

Woraus beziehen wir eine eigene kulturelle Identität? Gibt es eine europäische kulturgeprägte Identität? Wenn ich Kultur definiere als das Regelwerk des Miteinander-Umgehens in einer Gesellschaft, dann geht es um die Werte, die dieses Regelwerk ausmachen. Kultur markiert die geistigen und sozialen Koordinaten einer Gemeinschaft.

Miteinander umgehen umfasst das Verhalten untereinander – die Haltung des Stärkeren dem Schwächeren gegenüber, der Erwachsenen zu den Kindern, der Jungen zu den Alten, aber auch unsere Einstellung zur Gemeinschaft, zum gebauten und natürlichen Raum, zu den Städten und der Natur.

Es sind die Werte, die eine Gemeinschaft über Jahrhunderte, durch religiösen Konsens, durch den Kommunikationstransfer der Künste und durch staatspolitische Grundsätze für sich zu allgemeiner Gültigkeit entwickelt hat.

Genau durch das Verständigungsnetzwerk, das Religion, Künste und Staatswerte uns in Europa eingeprägt haben, hat sich eine Europäische Identität herausgeformt, obwohl diese Identität selbstverständlich mehrdimensional ist und der Begriff Identität Vielfalt zulässt. Es geht um die Kohärenz in der Vielfalt. Wie konnte eine solche Kohärenz im Europa der Vielfalt zustande kommen? Es begann mit Italien – mit dem Modell Italien, so nennt es der französische Historiker Fernand Braudel in seinem Buch »Le modèle italien« von 1989.[2] In der Zeit zwischen 1450 und 1650 ging von Italien aus ein Kulturaustausch durch Europa, der sich bis heute eingeprägt hat. Die Außenlinie Europas reichte damals von Stockholm über London nach Lissabon, von

2 Fernand Braudel, Stuttgart 1999.

Lissabon durch Spanien nach Rom und Neapel, über Venedig und Triest nach Buda und Ofen, von dort nach Krakau und in den Raum Danzig bis nach Königsberg.

In den Phasen der Renaissance, des Manierismus, des Barock war der richtungsweisende Einfluss des wirtschaftlich wohlhabenden Italien kulturell dominant und setzte sich durch die gesamte Vielfalt des damaligen »Abendlandes« durch. Italien exportierte Handwerker, Künstler und damit verbunden künstlerische Prägungen und Moden. Vieles fiel auf fruchtbaren Boden, weil ähnliche geistige Strömungen sich parallel in mehreren europäischen Ländern entwickelt hatten. Als Petrarca nach Frankreich kam, fand er dort bereits eine entsprechende humanistische und lyrische Tradition vor, dennoch prägte der nach ihm benannte Petrarkismus die Grundelemente der gesamten europäischen Liebeslyrik aus. Der Humanismus war eine der ersten großen geistigen europäischen Bewegungen, sein Ursprungsland war Italien mit Francesco Petrarca, Marsilio Ficino und Pico della Mirandola. Der Austausch von Künstlern und Wissenschaftlern zwischen den übrigen europäischen Ländern und Italien war selbstverständlich und intensiv. Die von uns so ersehnte und politisch schwer genug erkämpfte »Mobilität« war damals für die geistige Elite eine Selbstverständlichkeit. Die europäischen Fürstenhäuser betrieben diesen Austausch mit ihrer aktiven, grenzüberschreitenden Einladungspolitik, mit der sie Aufenthalte in Italien oder die Einladungen aus Italien unterstützten und finanzierten. So konnte zum Beispiel Stil und Dekor der Renaissance im gesamten europäischen Areal bis heute bauliche Spuren hinterlassen – als sichtbare Zeichen einer Zusammengehörigkeit, wie sehr auch immer regionale Traditionen eigene Prägungen hinzufügten. Italien, das nicht durch die Reformation im Inneren zerrissen und geschwächt worden war, konnte seinen Einfluss fortsetzen. In der Zeit des Barock entstand ein europäisches Zeitalter: »Die Kultur ist um die Mitte des 16. Jahrhunderts zum großen Geschäft, zur Großindustrie avanciert. Regionale Spezialisierungen zeichnen sich ab: es entwickelt sich eine Art Arbeitsteilung. Vom Südrand der Alpen kommen Werkmeister, Maurer, Stukkateure, Bildhauer, Mailand stellt Musiker, vor allem Geiger, Mantua spezialisiert sich auf die Ausbildung von Komödianten, Cremona bietet Lauten und Geigen. Noch bezeichnender aber ist die Beteiligung von immer mehr Italienern an diesen aktiven Unternehmungen.«[3]

Die »Commedia dell' Arte« wurde zu einem regelrechten Exportschlager, ein Modehit europaweit. Sie legte schließlich die Grundlagen zur Theaterkultur des Abendlandes – zur Theateraufführung, die vom eigenen Alltag ablenkt und zugleich der Gesellschaft und jedem Einzelnen den Spiegel vorhält, in dem er sich selbst reflektieren kann, in dem er das eigene Verhalten an den ihm vorgestellten Modellen menschlichen Handelns messen kann, ohne sich sogleich aktiv ins Geschehen einmischen zu müssen. Der künstlerisch freie Tanz, das Ballett, gelangte von Italien nach Frankreich, die Oper zog von Italien aus durch Europa, die Barockarchitektur wirkte wie eine Klammer, die Europa zusammenhielt.

Die europäische Aufklärung brachte dann die staatspolitischen Grundlagen Europas hinzu: die Basis der europäischen Demokratien ruht auf den Faktoren: Recht und Freiheit des Individuums, Mündigkeit gegenüber Staatsmacht und Kirchenmacht. Die Freiheit des Individuums schließt Gleichheit ein und unter dem Begriff der »Brüderlichkeit« (*fraternité*) lassen sich Solidarität, Respekt vor dem anderen und Toleranz als Grundwerte der demokratischen Gesellschaft fassen.

John Stuart Mill, einer der ersten Theoretiker der Demokratie als Staatsform schreibt:

»Die Menschheit verliert ihre Fähigkeit, für Verschiedenheit

---

3 Braudel, S. 120.

(*diversity*) empfänglich zu sein, wenn sie nicht anfängt, die Vielfalt in sich selber zu fördern.«[4]

Mit einem solchen demokratischen Auftrag, die Vielfalt in uns selbst zu fördern, führt Mill uns mitten ins Trainingsfeld der Künste.

Erstens ermöglicht uns die Begegnung mit einem Kunstwerk eine Erfahrung von unerwartetem Neuen: Klänge, Bilder, Worte, Gesten tauchen auf in so noch nie erfahrenen Kombinationen und öffnen dadurch die Sinne.

Zweitens bedeutet die Erfahrung eines Kunstwerks immer Grenzüberschreitung, Erweiterung des eigenen Horizontes, weil Neuland gedacht und begangen werden kann.

Drittens ermöglicht die Auseinandersetzung mit dem künstlerischen, zweckungebundenen Zeichen die Erfahrung von aktiver Deutung, Be-Deutung durch uns selbst als Rezipienten.

Weil der Kontext des künstlerischen Zeichens offen, das heißt nicht zweckgerichtet ist wie beim Transport von Nachrichten oder Alltagsmitteilungen, bieten diese Zeichen uns einen Möglichkeitssinn, den wir selbst aktiv für uns selbst zu erschließen haben. Wir müssen mögliche Be-Deutungen, Lesarten durchspielen und uns erschließen.

Viertens verhilft uns die Auseinandersetzung mit dem Kunstwerk dazu, uns selbst beim Wahrnehmen und Reagieren auf das Wahrgenommene aus größerer Distanz zu erfahren, als die Alltagswahrnehmung dies üblicherweise zulässt.

Das Kunstwerk ist zunächst einmal eine sinnliche Attacke, es reizt Emotionen, die wir in uns selbst eventuell überrascht oder irritiert wahrnehmen. Dadurch veranlasst uns die Begegnung mit dem Kunstwerk zur Reflexion des Erlebens und des Erlebten.

Fünftens ist Kunsterfahrung oft ein Gemeinschaftserlebnis

4 Zitiert nach: Volker Gerhardt, *Kleine Apologie des Neuen*. In: *Merkur* 712/713, September/Oktober 2008, S. 750–751.

an Orten der Kunst, im Theater oder bei Festivals. Diese Kulturorte sind Orte der Stadt, wie Sennett sie fordert, Orte der »Selbstpreisgabe«, an dem sich meine Wahrnehmung zum anderen, Fremden hin öffnet.

Besonders öffnet sich die Kunsterfahrung dem Gemeinschaftserlebnis an Festivalorten, an denen sich Besucherinnen und Besucher immer wieder begegnen – in immer wieder neuen künstlerischen Kontexten aus aller Welt. Das vergleichende Sehen öffnet den Blick auf die unterschiedlichen Ansätze, mit künstlerischer Aussage die jeweils eigene Welt zu kommentieren. Archetypen der Menschheit werden ebenso erkennbar wie die Differenzen im Kontext der Entstehung eines Kunstwerks. Aus welchem Teil der Welt das Kunstwerk auch berichtet, es trägt die historischen und regionalen Bedingungen seiner Entstehung immer in sich und fordert die Frage danach, wo es herkommt, worauf es sich bezieht, wogegen es sich wendet, wofür es spricht, zwingend heraus.

Diese fünf Kriterien definieren den Wirkungsradius von Kunst.

Unser heutiger Begriff vom Kunstwerk als freier kreativer Äußerung konnte erst entstehen, nachdem in der Renaissance die Kunst sich vom Handwerk der Abbildung und der preisenden Darstellung im Sinne des feudalen oder kirchlichen Auftraggebers befreien konnte und in die Gefilde kreativer geistiger Tätigkeiten vordrang. Die Kunst begann sich damit als schöpferische, den Gegenstand subjektiv kommentierende Kraft zu entfalten. Es entwickelten sich ästhetische Sprachen und künstlerische Handschriften, mit denen Künstler und Künstlerinnen einer subjektiven Idee eine anschauliche, sinnliche Form verliehen. Die Begegnung mit dem Kunstwerk soll den Betrachter »rühren«, was heißt, ihn nicht gleichgültig lassen. Ästhetisch bedeutet also nicht schlicht »schön«, sondern »ästhetisch« bezieht sich auf die Wahrnehmung eines Kunstwerks in seinem künstlerischen Kontext. Es geht darum, sich auf die emotionale und intellektuelle Herausforderung der Rezeption einzulassen. Die Chance, mit dem Kunstwerk eigene Grenzen zu überwinden und in neues Denken und unbekanntes Fühlen zu gelangen, macht den ungeheuren Reiz der Kunst aus.

Weil das künstlerische Zeichen – das Wort, der Klang, die Linie, die Farbe – nicht zweckgerichtet ist, bleibt seine Bedeutungsmöglichkeit offen. Es will gar nicht eindeutig verstanden werden, sondern Anstoß geben zu einer sehr eigentümlichen Art der Auseinandersetzung, wie sie nur in der Begegnung mit Kunstwerken erlebt werden kann. Die Botschaft bleibt offen und variabel.

»Es gibt kein Gedicht in der Alltagssprache, weil die Alltagssprache keine Gedichte enthält«[5], schreibt der Dichter Ernst Jandl und macht mit diesem einfachen Satz sehr deutlich, worauf es ankommt: Die Wörter bieten keine kontextuell festgelegte Botschaft, sondern einen Möglichkeitssinn, wie ihn die Alltagssprache kaum verkraften könnte.

Marcel Duchamps konnte Alltagsgegenstände zum Kunstwerk signieren, um dadurch die Wahrnehmung des Gegenstandes zu verändern: er ist nicht mehr benutzbar, nicht mehr eindeutig, sondern ein Gegenstand der Betrachtung.

Bilder, Klänge, Farben und Formen wirken als Stimulans zur Reaktion auf sie, nicht als »Nachricht«, die gradlinig entschlüsselbar wäre. Das ist im Kurzen die Definition von Kunst. Alltag dagegen sucht gradlinige Kommunikation, Triviales sucht Bestätigung von Erwartung. Damit gelangt man auch zu einer Definition von Kitsch im Gegensatz zur Kunst. Damit wird auch klar, dass Kunst sich oberflächlich glattem Konsum sperrig entgegenstellt.

Das Energiefeld des Kunstwerks fordert einen neugierigen, zu spielerischem Experiment fähigen, also mündigen Partner.

---

5 Ernst Jandl, *die schöne kunst des schreibens*. Darmstadt/Neuwied 1976, S. 67.

Das Kunstwerk formt sich erst zu seiner jeweiligen Lebendigkeit aus, wenn es wahrgenommen wird und im Rezipienten auf dessen eigene Weise in bestimmter Gegenwart realisiert wird. Ohne diese Vergegenwärtigung liegt das Kunstwerk sozusagen brach. Es ist da, aber es muss eine Lesart erfahren. Deshalb sind Kunstwerke auch über Jahrhunderte, Jahrtausende gültig, weil ihre Aktualisierung fast unbegrenzt möglich ist.

Die Einübung in das Kommunikationsspiel mit einem Kunstwerk scheint mir besonders geeignet, gegenwärtige Wirklichkeit wahrnehmend zu erfassen. Kunsterfahrung legt wichtige Grundlagen für den Umgang mit der Welt, in der wir leben, für den Alltag und die Chance, sich von der Enge des Alltags zu befreien.

Neben den psychologischen Effekten der Subjektbildung, der Ausbildung des Muts zu eigenem Urteil und eigener Meinung und der Sinnesschärfung, der Wahrnehmungsfähigkeit, entwickelt das Training im ästhetischen Prozess eine Reihe wichtiger Fähigkeiten, die im Alltag unabdingbar sind. Für die Ausbildung dieser Fähigkeiten gibt es in der Tat keine Alternative zu den Künsten, denn eine rein intellektuell erworbene – angelernte – Einsicht wird den Anteil der sinnlichen Wahrnehmung und des Spielerischen niemals aufwiegen können.

Die Globalisierung, die unbestreitbar noch intensivere Spielarten einer Weltgesellschaft ausformen wird, verlangt uns allen eine enorme, noch nie eingeübte Flexibilität ab. Mobilität im Räumlichen wird geradezu verlangt, eine neue Beweglichkeit zur Akzeptanz völlig neuer Arbeits- und Lebensstrukturen folgt den Veränderungen der globalen Wirtschaftsstrukturen zwingend. Die neuen Anforderungen an Arbeitnehmer und die wachsende Zahl der Selbstständigen in außerordentlich mobilen Strukturen, die sich im Weltmarkt behaupten müssen, werden in Qualitäten wie Selbstorganisation, Kommunikations-, Kooperations- und Darstellungsfähigkeiten gemessen.

Die Weltgesellschaft bringt auch den Pluralismus der Kulturen in anderer, neuer Weise mit sich. Die Integration durch Macht, die Einverleibung, wie sie der Kolonialismus praktiziert hat, ist tabu. Die pluralistische Gesellschaft kann nicht mehr darauf angelegt sein, allein der westlichen Kultur des Individualismus den Vorrang zuzuerkennen. Andere Kulturen fordern tolerante Akzeptanz.

Das Nebeneinander muss ein Miteinander auf gleichberechtigter Basis werden. Es geht um Interkulturalität, um gegenseitigen Einfluss und Erweiterung der eigenen Horizonte durch die Erkenntnis fremder kultureller Positionen. Im Dialog mit anderen Kulturen kommt es aber umso mehr darauf an, die eigene Kultur zu verstehen und zu relativieren. Relativieren, das heißt die eigene Kultur als eine unter anderen möglichen ansehen. Diese Haltung lässt sich ohne Orientierungs- und Identitätsverlust erst dann einnehmen, wenn man selbst gut im eigenen kulturellen Koordinatensystem verortet und verwurzelt ist. Die Angst vor Anonymisierung in einer für den Einzelnen zu weit gewordenen Welt lässt sich nur bewältigen, wenn dieser Einzelne seine kulturelle Position und mit ihr sein Selbstbewusstsein behaupten kann. In einer solchen Welt erhalten alte Worte und stabile Werte die Funktion eines Geborgenheitsortes. Ohne dies überbetonen zu wollen, glaube ich, dass es überlebenswichtig ist, die Koordinaten des subjektiven Seins in der kulturellen Gruppe und Verwurzelung zu kennen. Die Wurzeln einer Kultur sind allerdings immer als plurale zu erkennen. Die Kunsterfahrung ist die Erfahrung einer positiv erlebbaren Pluralität par excellence. In den Künsten gibt es ein vollkommen gleichberechtigtes Nebeneinander unterschiedlichster Gestaltungsweisen, Weltsichten und Anschauungsweisen. Die historischen Formen bleiben uneingeschränkt neben den neuesten gültig, sie werden nicht im Sinne einer Entwicklung voneinander abgelöst, auch dann nicht, wenn Schulen einer Epoche miteinander im Streit liegen. Kunstdebatte ist Streit verschiedener Ansichten, der zu spannungsvoll widerstreitenden Produktionen führt. Die Bedeutung eines Rembrandt, eines Mozart, eines Shakespeare wird nicht dadurch gemindert, dass andere nach ihnen kommen, die ganz andere Kunstkonzepte realisieren. Kunstwerke der verschiedenen Kulturen vergehen nicht vor der politischen Macht der anderen. Es gilt grundsätzlich das eigene Maß, an dem die Qualität eines Werkes in seiner Balance zwischen Idee und Form zu bemessen ist. Es gibt nicht »die Wahrheit«, »das Gesetz«, das alles richtet. Das Ende der Gewissheiten muss auch das Ende der Vorurteile, des vorschnellen Urteils über Fremdes aus eingeengter regionalkultureller Sicht mit sich bringen.

Es gibt Offenheit und Debatte über gleichberechtigte Vielheiten und Unterschiedlichkeiten.

Sinn entsteht aus den Kontexten der Zeichen, aus unablässiger Verschiebung und Verlagerung. Ständiges Umdenken, Umdeuten ist gefordert. Die Pluralität der Kunst ist kein unverbundenes Nebeneinander, sondern gestaltet durch Intertextualität und Interkulturalität, durch die mannigfaltig möglichen Bezüge untereinander die Sicht der Welt unablässig neu. Die Postmoderne hat diesen Zitatcharakter des gegenseitigen aufeinander Verweisens vor allem in der Architektur zu einer neuen Sprache gemacht – einer neuer Sprache, die ihr Repertoire aus verschiedenen Epochen bezieht, die rekapituliert und aus dem Kompendium der Zeiten zitiert, um aus den neu gefundenen Konstellationen heraus die Gegenwart zu kommentieren.

Wir müssen begreifen, dass sich das Instrumentarium unserer Erkenntnis verändert und bewegt und in keinem Moment zum Stillstand kommen darf. Die Kunsterfahrung hat hierin Modellcharakter, dem eine hohe politische Relevanz zukommt.

Denn, so sagt es der Philosoph Wolfgang Welsch:

»Die gegenwärtige Gesellschaft ist keine einheitliche Truppe, sondern gleicht einem losen Netz heterogener Formen. Das ist ihre Realität und bezeichnet zugleich ein Ideal. Dessen Möglichkeiten gilt es zu erproben. Ästhetisches Denken gibt hierfür das Nötige an die Hand. [...] Wer durch die Schule der Kunst gegangen ist und in seinem Denken der Wahrnehmung Raum gibt, der weiß nicht nur abstrakt um die Spezifizität und Begrenztheit aller Konzepte – auch seines eigenen –, sondern rechnet mit ihr und handelt demgemäß.«[6]

Wenn die traditionelle Politik dem Ideal des Ganzen einer Gesellschaft verpflichtet war, so muss sie inzwischen leisten, das Differente in seiner Pluralität anzuerkennen. Der Wunsch nach dem Ganzen ist gefährlich, da er Versöhnung und Integration erzwingt, während die Aufgabe der Politik mehr und mehr darin bestehen muss, den Widerstreit zwischen den unterschiedlichen Weltentwürfen der Kulturen – im globalen Sinn – anzuerkennen. Der Veränderungsdruck und die Herausforderungen auch an ein neues politisches Denken in der Weltgesellschaft sind groß; die Lösungen müssen wir gemeinsam entwickeln und erarbeiten. Eng verbunden mit der multikulturellen Zukunft ist auch die religiöse Pluralität, für das Netzwerk der künftigen Gesellschaften gewiss eine Herausforderung, auf die Georg Simmel in seiner Soziologie schon hingewiesen hat. Wenn jeder Einzelne – nicht das Kollektiv – im Schnittpunkt einer Vielzahl sozialer Kreise steht, sind alle miteinander verflochten, und jeder kann sich in die Situation jedes anderen hineinversetzen. Soziale Konflikte akkumulieren sich in diesem Fall nicht, und sie können leichter bewältigt werden.

»In diesem Sinne wird in einer zusammenwachsenden Welt die westliche Kultur des Individualismus nur dann mit nichtwestlichen Kulturen, so vor allem mit dem Islam, friedlich zusammenleben können, wenn sie deren Vorstellungen vom guten Leben ernst nimmt und bereit ist, gegebenenfalls selbst von der ihr fremden Kultur zu lernen.«[7]

---

6 Wolfgang Welsch, *Ästhetisches Denken*. Stuttgart 1993, 3. Aufl., S. 75–76.

7 Richard Münch, *Globale Dynamik, lokale Lebenswelten*. Frankfurt am Main 1998, S. 242.

Es zeigt sich sehr deutlich, dass das Denken, welches zu solcher Geisteshaltung führt, trainiert werden muss. Ich rufe den Vergleich mit dem ästhetischen Denken ins Gedächtnis: Die Auseinandersetzung mit den Künsten ist das Kraftwerk, aus dem die Energien zu solcher geistigen Offenheit gespeist werden. Weil wir in einem Europa leben, in dem die Künste in dieser beschriebenen Form der Toleranz, Pluralität und Freiheit geachtet, wertgeschätzt und rechtlich geschützt sind, vor allem deshalb glaube ich an unsere Fähigkeit, uns in einer globalen Welt – mit Sympathie dem Fremden gegenüber – zu behaupten. Das Ende der Gewissheiten öffnet den unverstellten Blick auf die Welt der anderen und bietet die Chance, miteinander neue Sichtweisen und gemeinsame Handlungsräume zu eröffnen.

Konrad Paul Liessmann

Europa als potenzielle Gemeinschaft – Vom Widerspruch der »Wertegemeinschaft«

Wenn in Reden über Europa die Idee der Gemeinschaft beschworen wird, dann geht es in der Regel um das bekannte Problem, dass »Europa« in Gestalt der Europäischen Union vielen Bürgern dieses Staatenverbandes als bürokratische, »kalte« politische Herrschafts- und Organisationsform entgegentritt, die vor allem an den Freiheiten des Binnenmarktes orientiert ist und deshalb die Ökonomie privilegiert. Die emotionalen Bindungskräfte seien, so sagt man, demgegenüber nur schwach entwickelt; das soziale, das kulturelle, das menschliche Europa scheint noch auszustehen. Europa benötige neben der Zentralbank auch eine Seele, die Europäer sollen sich als Angehörige einer größeren Gemeinschaft fühlen. Und nicht selten wird in diesem Zusammenhang der Satz von Jean Monnet zitiert, dass er, könnte er Europa noch einmal bauen, nicht mit der Ökonomie, sondern mit der Kultur begänne. Abgesehen davon, dass bei dieser Herangehensweise es wahrscheinlich keine EU gäbe, sollte man überhaupt die auf Emotion, Identität und Identifikation, letztlich auf die Idee der Gemeinschaft der Europäer setzende Rhetorik mit einer gewissen Vorsicht betrachten.

Zumindest im deutschen Sprachgebrauch weist der Begriff der »Gemeinschaft« durchaus ambivalente Konnotationen auf. Wir kennen die Dorfgemeinschaft und die Schicksalsgemeinschaft, die Religionsgemeinschaft und die Gemeinschaft der Heiligen, die Volksgemeinschaft und die Solidargemeinschaften, aber keine dieser Gemeinschaften dürfte ein tragfähiges Modell für Europa abgeben: auch nicht die Wertegemeinschaft. Was aber ist überhaupt eine Gemeinschaft?

In seiner begriffsbildenden Schrift *Gemeinschaft und Gesellschaft* aus dem Jahre 1887 hat einer der Väter der deutschen Soziologie, Ferdinand Tönnies, versucht, in der »Gemeinschaft« eine Form des Zusammenlebens zu beschreiben, die sich deutlich von dem abhebt, was er die »Gesellschaft« nannte. Unter »Gemeinschaft« verstand Tönnies eine Form des Miteinander von Menschen, die sich gleichsam organisch aus der Grundtatsache des Lebens selbst entwickelt: Aus der unhintergehbaren Voraussetzung, dass wir alle – bislang zumindest – geboren worden sind. Geburt und die damit zusammenhängenden Kategorien Abstammung, Geschlecht und Familie bilden die materielle Basis für Tönnies' Theorie der Gemeinschaft, die er noch ohne Scheu eine »Gemeinschaft des Blutes« nennen konnte.[8] Daneben lässt Tönnies nur noch die Gemeinschaft des Ortes gelten, das Leben und Zusammenleben in einem Dorf oder auch in einer Stadt, allerdings nur insofern diese als großes Dorf, bzw. als eine Agglomeration von Dörfern verstanden wird. Und dann kennt Tönnies noch die Gemeinschaft des Geistes, also einen Verbund von Menschen, die eine Idee, eine Vorstellung, eine Mission teilen.

---

8 Ferdinand Tönnies, *Gemeinschaft und Gesellschaft. Grundbegriffe der reinen Soziologie (1887)*. Neuausgabe 1978. Darmstadt 1991, S. 12.

All diesen Erscheinungsformen von Gemeinschaft ist eines gemeinsam: Die Kommunikation ihrer Mitglieder erfolgt nicht über Vereinbarungen, Tauschakte oder Verträge, sondern durch ein – im Idealfall – stillschweigendes Verständnis: »Verständnis ist demnach der einfachste Ausdruck für das innere Wesen und die Wahrheit allen echten Zusammenlebens, Zusammenwohnens und -wirkens. [...] Aber Verständnis ist ihrem (sic!) Wesen nach schweigend, weil ihr Inhalt unaussprechlich, unendlich, unbegreiflich ist.«[9] Wer in einer Gemeinschaft lebt, weiß immer schon, um was es geht. Gemeinschaften müssen sich ihren Mitgliedern nicht ständig erklären, funktionierende Gemeinschaften müssen auch nicht ständig beschworen werden. In Gemeinschaften bilden das Gefühl der Zugehörigkeit und das Wissen, worum es der Gemeinschaft geht, eine Einheit. Das gilt für Familien und Clans genauso wie für Religionsgemeinschaften.

Voraussetzung dieser Gemeinschaft des Verstehens ist die gemeinsame Sprache, die das schweigende Einverständnis überhaupt erst ermöglicht. Nur dort, wo keine Übersetzungsleistungen vonnöten sind, kann auch geschwiegen werden. Das nonverbale Element der Kommunikation in der Gemeinschaft kann auch deshalb eine solch große Bedeutung erlangen, weil Zeichen und Gesten in eindeutiger Weise im Kontext einer Sprach- und Verstehensgemeinschaft gedeutet werden können. Der gemeinsame Sinn, Brauch und Glaube, Rituale und Feste realisieren diesen Prozess.

In größeren Organisationsformen des Zusammenlebens – wie etwa in der Stadt – konnte Tönnies dann in der Religion, vor allem aber in der Kunst die ausdifferenzierten und urbanen Formen solch eines gemeinschaftlichen Miteinander erkennen. Kunst vor allem deshalb, weil sich im urbanen Raum diese in erster Linie als die Art und Weise etabliert, wie der öffentliche,

9 Tönnies, S. 18f.

also gemeinschaftlich genutzte Raum gestaltet und sinnfällig präsentiert wird. Architektur, Fassaden, Denkmäler, Plätze bestimmen bis heute das Lebensgefühl von Menschen, die trotz unterschiedlichster Herkunft und sozialer Lage das Gefühl teilen können, an einem gemeinsamen Ort zu leben. Dieses, in Großstädten und Metropolen wohl nur mehr sehr schwach ausgeprägte Gefühl ist allerdings an die unmittelbare sinnliche Präsenz und ihre Erfahrungsmöglichkeiten gebunden und kann deshalb nicht endlos ausgedehnt oder transferiert werden. In einer Stadt, in der man nicht lebt, sondern nur für kurze Zeit seinen Geschäften nachgeht, ist man, den Versicherungen der modernen Nomaden zum Trotz, immer nur Tourist oder Besucher.

Dem organischen Gebilde der »Gemeinschaft« stellt Tönnies nun das künstliche Gebilde der »Gesellschaft« gegenüber. Während Gemeinschaft der Ort der Ver- und Gebundenheit ist, ist Gesellschaft der Ort der Freiheit. Subjekt der Freiheit ist das aus allen Bindungen entlassene Individuum, Urbild dieser Freiheit ist der Handel, ihre erste paradigmatische Erscheinungsform ist der Händler: »Der Kaufmann [...] ist der erste denkende und freie Mensch, welcher in der normalen Entwicklung eines sozialen Lebens erscheint.«[10] Während die Gemeinschaft bindet, setzt die Gesellschaft die Menschen frei. Diese stehen einander natürlich nun nicht fremd und abweisend gegenüber, denn auch die Gesellschaft ist eine Form des Zusammenlebens. Aber die Individuen einer Gesellschaft bilden keine durch welche Kriterien auch immer festgelegte Gemeinschaft, sondern sie interagieren über einen Markt, im unmittelbaren und auch im übertragbaren Sinn.

Die Mitglieder einer Gesellschaft haben Interessen, die sie verfolgen, und sie sehen den anderen entweder als Bedingung für die Befriedigung dieser Interessen oder als Konkurrenten.

10 Tönnies, S. 48.

Dementsprechend schließen sie nur strategische, zeitlich begrenzte Bündnisse, die formale Form ihrer Beziehung untereinander ist der Vertrag, die entscheidende Gestalt ihrer Kommunikation ist der Tausch, das Medium desselben das Geld. Die Maxime ihres Handelns ist das Nutzenkalkül und aus der Abwägung ihrer Interessen und Bedürfnisse ergeben sich ihre Werte: »Damit eine Sache überhaupt als gesellschaftlicher Wert gelte, dazu ist nur erforderlich, dass sie auf der einen Seite im Ausschluss gegen andere gehabt, auf der anderen von irgendeinem Exemplar der menschlichen Gattung begehrt werde; alle ihre übrige Beschaffenheit ist schlechthin gleichgültig.«[11] Werte drücken also Präferenzen und Begehrlichkeiten aus und können sich in dem Maße so rasch ändern wie diese. Gemeinschaften beruhen im Gegensatz zu Gesellschaften eben nicht auf Werten, sondern auf allen individuellen Präferenzen vorgeordneten »Stiftungen«: Eine gemeinsame Abstammung, ein Bund, ein Schicksal, eine Geschichte, ein Mythos. Die viel beschworene »Wertegemeinschaft« erweist sich unter dieser Perspektive als ein Widerspruch in sich. Gerade weil Werte je nach geänderter Interessenslage jederzeit »umgewertet« werden können, stellen sie keine verlässliche Basis für eine Gemeinschaft dar.

Auch wenn in der Terminologie an manchen Stellen vielleicht veraltet, sind Tönnies' Grundkategorien seiner »reinen Soziologie« nach wie vor bedenkenswert. Sie haben den Vorteil einer klaren begrifflichen Schärfung. Was bedeutet das für unsere Frage? Pointiert könnte man sagen: Alles, was Tönnies über die Gesellschaft sagt, trifft auf die EU zu, nichts von dem, was er für eine Gemeinschaft behauptet, finden wir in dieser. Die vier Freiheiten der EU (Personen, Güter, Dienstleistungen und Kapital) gehören fast zur Gänze zu den Bedingungen der Gesellschaft, Zyniker könnten sogar behaupten, dass sich dahinter ohnehin

11 Tönnies, S. 37.

nur die von Marx so genannte »gewissenlose Handelsfreiheit« verbirgt, die alle anderen Formen der Freiheit in sich aufgesogen und aufgehoben hat. Alles aber, was tatsächlich gemeinschaftsbildend wirken könnte, ist in der EU entweder ein Ding der Unmöglichkeit oder tabuisiert.

Das beginnt mit der »Gemeinschaft des Blutes«, unter der man weniger pathetisch die ethnischen und familiären Gemeinschaftsstrukturen verstehen kann. Jeder weiß, welche Kraft noch immer von diesen Bindungen ausgehen – von tradierten und neuen Formen der Familie, über Migrationskulturen bis zu mafiösen Organisationsformen – und gleichzeitig ist klar, dass ein europäisches Gemeinschaftsgefühl nicht das Gefühl einer Familie, eines Clans, einer Sippe sein kann. Eher wird man zu der Auffassung gelangen, dass eine zu starke Betonung dieser Form von Gemeinschaft zu jenen Parallelwelten führen kann, in denen man nicht nur eine Bereicherung, sondern auch eine Gefahr für das soziale Gefüge einer modernen Gesellschaft sehen muss. Wenn die Differenzierung von Tönnies nach wie vor triftig sein sollte, dann würde dies auch bedeuten, dass Mitglieder einer wirklich bindenden Gemeinschaft im Ernstfall dieser den Vorzug gegenüber anderen gesellschaftlichen Normen und Kommunikationsformen geben, nicht zuletzt im Hinblick auf die Freiheit ihrer Mitglieder, die in einer Gemeinschaft immer mehr oder weniger restringiert sein wird. Wenn es stimmt, dass die Freiheit eine Dimension der Gesellschaft, nicht der Gemeinschaft darstellt, dann bedeutet das auch, dass Gemeinschaften tendenziell die Freiheitspotenziale einer Gesellschaft unterminieren können.

Ähnlich verhält es sich mit der Religion. Deren bindende Kraft wird uns alltäglich vor Augen geführt, aber Europa kann sich schon lange nicht mehr religiös definieren; dennoch wird die Frage, wie sich religiöse Gemeinschaften in das gesellschaftliche Gefüge Europas einordnen können, für die europäische Zukunft von entscheidender Bedeutung sein. Natürlich muss der säkulare Staat auch für die Europäische Union in dieser Hinsicht das Modell bleiben, aber erste Versuche, religiösen Gemeinschaften mehr Rechte zuzugestehen, als ihnen nach diesem Modell zustünden, zeigen, wie schwierig hier die Balance zwischen Gemeinschaft und Gesellschaft noch immer ist. Gerade weil die Bindungskräfte der verschiedenen Religionen an Kraft eher zunehmen, stehen säkulare Staaten vor dem Problem, diese Kräfte untereinander und dem Staat selbst gegenüber zu neutralisieren, ohne die objektiven, sozialen und kulturellen Funktionen zu übersehen, die religiöse Gemeinschaften haben. Mit Propagandafeldzügen für einen neuen Atheismus wird da wenig getan sein.

Man sollte aber auch nicht der Illusion verfallen, aus der Idee der Toleranz selbst ließe sich der Kitt für eine neue Gemeinschaft formen. Toleranz ist nämlich kein Glaube der Ungläubigen, der so etwas wie ein Gemeinschaftsgefühl säkularisierter Zeitgenossen erlaubte. Alle Versuche, über Konstrukte wie den »Verfassungspatriotismus«, das Bekenntnis zu den »Menschenrechten« oder eine von Intellektuellen konstruierte »Zivilreligion« solch ein Gemeinschaftsgefühl zu erzeugen, müssen dann auch scheitern. Und der Weg, den man in Deutschland manchmal vorschlägt, nämlich durch die negative historische Erfahrung der Vernichtung des europäischen Judentums durch die Nationalsozialisten eine quasireligiöse Form gemeinschaftlicher Verbundenheit über das Instrument einer stark ritualisierten Erinnerungskultur zu stiften, vermag kein Modell für ein europäisches Gemeinschaftsgefühl zu sein, bei aller Bedeutung, die dem Zweiten Weltkrieg, seinen Ursachen und seinen Folgen für die Herausbildung der Einsicht in die Notwendigkeit eines geeinten Europa zugeschrieben werden kann.

Ähnlich prekär verhält es sich mit dem Ort, der Stadt, der Nachbarschaft als Basis gemeinschaftlichen Lebens. Abgesehen davon, dass die modernen Verkehrs- und Mobilitätsformen tendenziell auch noch die Reste solcher gelebten Gemeinschaften zerstören, ist aus diesen aufgrund ihrer Gebundenheit an lokale Gegebenheiten keine Kraft für ein Zusammenleben in Europa zu gewinnen. Eher ist hier die Tendenz zu beobachten, dass durch eine globalisierte Architektur und die Dominanz internationaler Marken und Kaufhausketten im öffentlichen Bereich die Stadtzentren einander immer ähnlicher werden, ihr unverwechselbares, gemeinschaftsbildendes Ambiente auch in einem lokalen Rahmen verlieren, ohne dass dadurch für einen größeren Kontext etwas gewonnen wäre. Nur weil alle Fußgängerzonen gleich aussehen und man überall auf dieselben Geschäfte trifft, fühlt man sich noch lange nicht in allen Städten gleichermaßen zu Hause, auch wenn das praktische Leben durch diese Wiedererkennungseffekte um einiges einfacher wird.

Dies gilt auch für die Kunst, die nach Tönnies ihre gemeinschaftsbildende Potenz nur im Kontext gelebter Urbanität entfalten kann. Das ästhetisch unterscheidbare und deshalb identitätsstiftende Ensemble aus Kirche, Rathaus, Museum und Stadtplatz gibt aber weder ein Modell für eine moderne Urbanität und schon gar nicht für die Entwicklung der Künste ab, die zwar mit einer Epoche der neuen Funktionalität kokettieren, diese aber eher in globalen Märkten denn in lokalen Gemeinschaften verankert wissen möchten. Wohl können angesichts umstrittener Architekturen oder kontrovers beurteilter Kunst im öffentlichen Raum auf lokalen Ebenen die Stadtgemeinschaften noch hin und wieder mobilisiert werden, ähnlich wie bei religiösen Bauten wie z. B. Moscheen, die mit dem historisch gewachsenen Ensemble und der dadurch konstituierten Gemeinschaft zu kollidieren scheinen, aber eine europäische Perspektive lässt sich weder aus diesen Konflikten, noch aus ihren von Ort zu Ort dann doch ziemlich differenten Lösungen ableiten.

Bleibt die Mission als einzige Kraft, die ein europäisches Gemeinschaftsgefühl bilden helfen könnte. Für welche Idee Europa allerdings so einstehen sollte, dass sich die in Europa lebenden

Menschen über diese Idee als Gemeinschaft nicht nur theoretisch, sondern vor allem praktisch fühlen könnten, bleibt wohl ziemlich schleierhaft. Einen zivilisatorischen Auftrag – wie im 18. und 19. Jahrhundert – kann und darf Europa nicht mehr beanspruchen, da dies mit einem Überlegenheitsgefühl verbunden wäre, zu dem Europa keinerlei Recht und Berechtigung mehr hat. Vor allem aber ist vieles von dem, was die besseren Seiten des europäischen Zivilisationskonzeptes ausmachte – Aufklärung, Wissenschaft, Technik, Rechtsstaatlichkeit, Bürger- und Menschenrechte – mittlerweile selbst zu einem globalen Phänomen geworden, das bei aller Ambivalenz nicht mehr in erster Linie mit Europa assoziiert werden kann.

Ähnliches gilt für das viel beschworene Friedensprojekt. Dieses steht am Anfang der europäischen Einigungsidee, und das in einer historischen Tiefe, die manchmal vergessen wird. Die ersten Konzepte eines politisch geeinten Europa wurden nach dem verheerenden 30-jährigen Krieg in der zweiten Hälfte des 17. Jahrhundert entwickelt. Das moderne Europa verdankt sich zweifellos in hohem Maße der Sehnsucht nach Frieden als Folge des Zweiten Weltkriegs, auch wenn dies historisch nicht ganz korrekt ist, da die auch militärisch definierte Abgrenzung gegenüber dem sogenannten »Ostblock« strategisch eine ziemlich große Rolle spielte. In der Gegenwart und nach der Osterweiterung der EU ist dieses Friedensprojekt in der Tat realisiert und zu einer Selbstverständlichkeit geworden, dem keine wirklich gestaltende Kraft mehr entspringt.

Die Idee der Nation wiederum, die seit dem 19. Jahrhundert bei der Bildung politischer Großgemeinschaften den Ton angab, ist ein Konzept, das durch Europa ja gerade überwunden werden sollte. Alle Versuche, Europa als eine Hyper- oder Supernation zu konzipieren, müssen sich die Frage gefallen lassen, warum der verpönte Nationalismus nur dann schlecht sein soll, wenn er kleine oder kleinere politische Gemeinschaften kennzeichnet, aber willkommen und gut wird, wenn es um eine überdimensionierte Größenordnung geht. Auch wenn diese Großnation die Konflikte der in ihr integrierten ehemaligen kleinen Nationen hinfällig werden lässt, ändert dies nichts daran, dass jeder überzogene Nationalismus ein Risiko darstellen wird. Warum es mittlerweile aus einsehbaren Gründen lächerlich ist, sich als »glühenden« Deutschen oder »glühenden« Österreicher zu bezeichnen, der »glühende« Europäer sich aber des Beifalls sicher sein kann, bleibt schleierhaft. Wer in der Politik »glüht«, sollte immer mit größter Skepsis beurteilt werden. Es ist dann auch nicht einzusehen, inwiefern das Konzept einer europäischen Nation, sofern es denn überhaupt eine realpolitische Chance hätte, das Verhängnis, das in der Idee der Nation schlechthin angelegt sein mag, neutralisieren könnte. Zu alledem kommt, dass, wenn schon, dann die Forcierung einer »Gesellschaft« als die gemeinsame Lebensform von Individuen gegenüber allen Zumutungen von »Gemeinschaften« als eine originär europäische Idee aufgefasst werden könnte.

Vielleicht verhält es sich mit Europa als einer potenziellen Gemeinschaft ähnlich wie mit Europa als einem potenziellen Bundesstaat: Es ist noch nicht so weit und es ist vielleicht auch gar nicht erstrebenswert. Das staatsrechtliche Neuland, das die EU mit ihrer politischen Organisationsform betrat, hat vielleicht seine Entsprechung auf der Ebene der sozialen und emotionalen Verfasstheit dieses Gebildes. Von Europa als von einem Staatenverbund zu sprechen, um zu signalisieren, dass es sich weder um einen Staatenbund noch um einen Bundesstaat handelt, ist mittlerweile üblich geworden. Vielleicht sollte man auch aufhören, Europa unbedingt als eine Gemeinschaft in einem klassischen Sinn, das heißt in einem Singular zu denken. Vielleicht wäre eine mögliche Formel für Europa: So viel Gesellschaft wie möglich, so viele Gemeinschaften wie notwendig.

Bazon Brock

Europa als Avantgarde einer Weltzivilisation – Wider den Kulturalismus

1. Eurozentrismus?

Jedermann, der mit Bezug auf die geschichtlichen Errungenschaften von Europa spricht, hat als Erstes den allfälligen Vorwurf zu bedenken, eurozentrische Positionen zu vertreten. Die historischen Leistungen Europas werden markiert mit den Prinzipien der Individuation, der Gewaltenteilung, des Rechts- und Sozialstaats und mit der Organisation der Gesellschaften als Demokratien, in denen Streikrecht, Versammlungs-, Meinungs- und Pressefreiheit und die Freiheit von Künsten und Wissenschaften zur Geltung gebracht werden können.

Über diese allgemeine Kennzeichnung hinaus wird stets ein Cluster sozialer Errungenschaften wie Arbeitsschutz, innerbetriebliche Mitbestimmung, Alters- und Krankheitsschutz angeführt.

Vor allem aber dürfte die europäische Geschichte dafür stehen, die Einheit von Gesellschaften als trans-kulturelle, universale Orientierung auf Zivilisation herstellen zu wollen.

Der Vorwurf, man mache sich eurozentrischer Vormachtsbestrebungen schuldig, wenn man auf besagte Fortschritte beim Aufbau der Zivilisation hinweist, kann auf eine sehr einfache, nichtsdestoweniger schlagende Weise widerlegt werden: Die Fortschritte mussten in innereuropäischen Auseinandersetzungen unter größten Opfern über 200 Jahre hinweg erkämpft werden. Die Durchsetzung der Errungenschaften hat sogar innereuropäisch radikalere Konflikte bewirkt, als es die zwischen Europa und jenen Regionen der Welt heute sind, aus denen der Vorwurf des Eurozentrismus erhoben wird. Den Rest erklärt die Individual- und Gruppenpsychologie, derzufolge nicht verarbeitete Selbstvorwürfe als Stigmatisierung Dritter ausgelebt werden. Die Selbstbezichtigung von Europäern, der europäische Begriff der Weltzivilisation sei eurozentrisch, beruht auf der peinigenden, nicht eingestandenen Erkenntnis, dass man selbst nicht das Geringste für die Durchsetzung der Zivilisation gegen die Pathetiker der kulturellen Identität getan habe.

2. Kreuzfahrer

Wer sich selbst erniedrigt, wird erhöht werden, heißt die Anleitung zur Rechtfertigung des Masochismus. Die Erhöhung ihres moralischen Standpunkts erwarten Europäer, wenn sie mit dem Nachdruck von Unbefleckten gegen Zionisten oder Jerusalem-Pilger anderen Zuschnitts den Anwurf erheben, da solle schon wieder der alten Kreuzfahrertradition entsprochen werden; eine Warnung, die umso selbstloser von Europäern vorgetragen werden könne, als sie ja auch von den betroffenen Muslimen immer wieder erhoben werde. Das ist eine der bemerkenswertesten Leugnungen historischer Tatsachen aus dem Geiste der moralischen Selbstrechtfertigung. Mit dem Kreuzfahrervorwurf wird die unterstellte Absicht gekennzeichnet, muslimischen Kulturen ihren legitimen Anspruch auf Jerusalem bestreiten zu wollen. Historische Tatsache aber ist, dass Muslime den Juden und Christen das Recht auf die angestammte Lebenssphäre »Gelobtes Land« streitig gemacht haben. Da der Islam erst ab Mitte des 7. Jahrhunderts seine Bekehrungsmission startet, Juden und Christen aber in der Region seit mindestens 2000 bzw. 600 Jahren gelebt hatten, trifft also zu, dass die Halbmondfahrer sich genau der Usurpation schuldig gemacht haben, die sie den Kreuzfahrern vorwerfen. Kreuzfahrer sind also die Muslime in Gestalt ihrer Gegner.

Dass Europäer sich selbst so lustvoll dieser Kreuzfahrermentalität bezichtigen, besagt umgekehrt, dass sie sich rechtzeitig auf die Seite der Sieger in der weltgeschichtlichen Entscheidung zwischen islamischer Welt und Christenheit schlagen wollen. Das psychologische Muster für derartigen Opportunismus filterte Camus aus Beobachtungen während des algerischen Unabhängigkeitskriegs. Camus erzählt, eine junge Zivilistin habe auf die Frage, warum sie sich gerade Gruppierungen anschließe, die am entschiedensten durch Rücksichtslosigkeit und Grausamkeit gegen das angebliche Ideal der Freiheit verstießen, geantwortet: Wenn sie als Mitglied der mildtätigen und freiheitlichen Gruppierungen von den Radikalen gefangen genommen werden würde, habe sie das Schlimmste zu erwarten; deshalb gehöre sie zu den Brutal-Radikalen, denn bei Gefangennahme durch die weniger radikale Gruppe sei ihr milde Behandlung durch den Gegner gewiss.

Nach diesem Muster orientieren sich nicht nur psychopathische Konvertiten. Wer aus guten Gründen den endgültigen Sieg der radikalen Islamisten für unabdingbar hält, wird vernünftigerweise dafür Sorge tragen, nicht den Siegern als Feind in die Hände zu fallen. Es gehört zu den überzeugendsten Aspekten der muslimischen Welteroberung, dass sie jedermann in den eroberten Ländern die Intelligenz zutraut, solchen Argumenten folgen zu wollen.

3. Europas Aufstieg

Allseits wird die Einschätzung akzeptiert, dass die chinesische wie die arabische Kultur in vielen Hinsichten der Zivilisation des mittelalterlichen Europas überlegen gewesen sei. Umso dringender die Frage, was den Aufstieg Europas ab dem 13. Jahrhundert begründete? Die Gründe kann man in der summarischen Feststellung bündeln, dass es die Europäer verstanden, »tausend Blumen blühen zu lassen«, indem sie bloßen Individuen erlaubten, zu Aussagenautoritäten zu werden. Herkömmlich gelten in Kulturen nur sechs Wege zur Begründung von Aussagenautorität, nämlich die Zustimmung des Vaters, der Götter und ihrer Priester, der weltlichen Führer und Lehrer, der Traditionen und Sitten. Jeder Anspruch auf Autorität konnte nur durch Verweis auf diese Instanzen erhoben werden. Ausgehend von oberitalienischen Stadtstaaten setzte sich in Europa aber, nach heftigen Auseinandersetzungen mit den Kulturalisten, das Prinzip »Autorität als Autorschaft« durch. Den Individuen wurde gestattet, eigenmächtige, deswegen allerdings nur hypothetische Behauptungen über die Welt zu bilden, um zu erproben, wie weit man das eigene Weltverständnis durch die Arbeit mit den eigenen Annahmen verändern könne. Das Prinzip »Autorität durch Autorschaft« zuzulassen, war der gut begründeten Vermutung zu verdanken, dass die beliebigen Mutmaßungen Einzelner keine Gefahr für die kulturelle Gewissheit der Kollektive bedeuten können. Zudem schienen diese kulturellen Gewissheiten gerade dadurch geschützt, dass sich die Vorgehensweisen der Individuen eben nicht als kulturell-religiöse Dogmen ins Spiel bringen wollten, sondern ganz im Gegenteil, sich als bloß experimentell, also völlig undogmatisch verstehen ließen. So erklärt sich der Aufstieg Europas aus der unglaublich schnell wachsenden Zahl von Individuen, die bereit und fähig waren, sich ihres eigenen Verstandes ohne Autorisierung durch die Repräsentanten der Kulturen und Religionen zu bedienen. Es ist nur natürlich, dass in allen Belangen das Vermögen zur Naturbeherrschung, auch das zur Beherrschung der menschlichen Natur, schnell und umfassend steigt, wo Zehntausende gleichzeitig je unterschiedliche Strategien und Konzepte entwickeln und erproben.

4. Säkularisation

Die Grunderfahrung der westlichen Moderne, explizit seit ihrem Selbstverständnis als Aufklärung im 18. Jahrhundert, besteht in der Einsicht, dass gerade das emphatische Insistieren auf Rationalität, Faktizität und soziale Zweckmäßigkeit, die Orientierung auf deren Widerpart, auf Irrationalität, Kontrafaktizität und Absurdität, hervorruft. Schon Hegel wandte gegen Kant ein, dass dessen Markierung der Grenzen des menschlichen Verstandes das Gegenteil der zugrunde liegenden Absicht bewirke; denn wo Grenzen gezogen werden, werde gerade der Blick auf das Jenseits der Grenze gelenkt. Wenn sich Rationalität vernünftig als Wissen um die Grenzen der eigenen Urteile definieren lässt, dann bewirkt das strikte Bestehen auf Rationalität zwangsläufig die suggestive Erwartung des Irrationalen. Faktizitätspostulate führen zur Begründung von Kontrafaktizität und die Unterwerfung menschlicher Beziehungen unter den Primat der sozialen Zweckmäßigkeit intensiviert die Sehnsucht nach dem Gegenteil solcher Kalküle des Nützlichen, nach Absurdität, deren weitaus bedeutendsten Ausformungen einerseits das religiöse Bekenntnis »credo, quia absurdum« ist und andererseits der Bestätigung von Liebe als Kraft, alles Kalkül zu überschreiten: »Denn die Liebe ist größer als aller Verstand.«

Die durch das westliche Verständnis von Zivilisation unabdingbar zu fordernde Säkularisation beruht also nicht mehr nur auf der Trennung zwischen moderner Zivilisation als Stiftung trans-kultureller Einheit und kulturalistischer Vor-Moderne, geprägt durch die zentrale Kraft jeder Kultur, nämlich den Letztbegründungsmythos als Stiftung einer Religion. Säkularisation ist vielmehr der Ausdruck der Insistenz auf Rationalität, Faktizität und Kalkül, weil deren Gebrauch zur systemimmanent erzwungenen Orientierung auf deren Gegensatz führen muss. Säkularisation wird also gekennzeichnet durch die Notwendigkeit, einen vernünftigen Umgang mit der Unvernunft zu erreichen, statt sich über die normative, Verhalten bestimmende Kraft des Irrationalen, Kontrafaktischen und Absurden meinen hinwegsetzen zu können. Man erschließt sich die europäische Tradition von Aufklärung am nachhaltigsten, wenn man Vernunft als die unabdingbare Einheit von Faktizität und Kontrafaktizität, von Rationalität und Irrationalität, von Kalkül und Absurdität begreift.

Ein derartiges Verständnis von Säkularisation führt gerade zur respektvollen Anerkennung der Macht der Religionen, der Liebe und jeglichen anderen Formen von Kontrafaktizität, anstatt sie als bloße Atavismen zu stigmatisieren.

5. Paradoxie der Freiheit

Zu den Konsequenzen der durchgesetzten Säkularisation gehört die Gewährung von Freiheit der Religionsausübung. Kann die auch für diejenigen Religionen gelten, die sich gerade nicht auf die vernünftige Balance zwischen Rationalität und Glauben einlassen wollen, sondern den Primat, ja die Normativität des Kontrafaktischen aus religiöser Glaubenspflicht mit allen Mitteln meinen durchsetzen zu müssen? Besonders im Geltungsbereich des Grundgesetzes der Bundesrepublik ist die Paradoxie der Freiheit, keine Freiheit für die Feinde der Freiheit, immer wieder auffällig geworden. Wenn politisch, religiös, kulturell Verfolgten Asyl gewährt wird, wollen auch diejenigen rechtmäßig Asyl beanspruchen, deren religiöse Überzeugungen ihnen ausdrücklich die grundgesetzlich geforderte Säkularisation nicht anzuerkennen ermöglicht, sondern auf der Ausschließlichkeit ihres Offenbarungswissens gerade deshalb bestehen lässt, weil sie dessentwegen verfolgt wurden.

Sich hinter solchen Paradoxien der Konfliktvermeidung wegen zu verschanzen, ist riskant. Man sollte wenigstens wissen, wie man aus paradoxaler Erstarrung herauskommt, zum Beispiel mit dem Angebot der Dialektik. Was würde die empfehlen angesichts der Paradoxie der Regelhaftigkeit: Keine Regel ohne Ausnahme? Wenn vor den Instanzen der Regelanwendung, den Gerichten, gefordert wird, im Einzelfall, z. B. dem Härtefall, von der Regel abzuweichen, dann gilt gerade für die Asylgewährung politisch, sozial, kulturell Verfolgter, dass jeder Fall ein Ausnahmefall ist. Das anzuerkennen hieße aber, regelrecht die Regel außer Kraft zu setzen und den Unterschied zwischen Regel und Ausnahme aufzuheben. Faktisch geschieht das längst, wo die Konsequenzen einer Anerkennung und Nicht-Anerkennung von Asyl-Anträgen ununterscheidbar geworden sind.

6. Kulturelle Identität

Zu den berühmten Treppenwitzen der Geschichte, also zu dem Getratsche der Küchenmädchen über die Herrschaft, gehört die Entstehung der nationalen Kulturstaaten Preußen, Russland und England aus dem Widerstand gegen Napoleon. Besagte Staaten wollten sich wehren gegen den durch den »Code Napoléon« formulierten Anspruch einer universalen Zivilisation, die Napoléon gegen alle kulturalistische und regionale Identitätskrampferei durchsetzen wollte. Sinnigerweise lernten die Preußen gerade von den französischen Revolutionären Motive für den Kampfeswillen einer Volksarmee gegen den bloßen Berufsopportunismus von Söldnertruppen zu entwickeln. Auch vaterländisches Pathos leiteten die Preußen von den die Marseillaise singenden Revolutionären ab, die sich als »Kinder des Vaterlandes« Kampfespflicht abforderten. Da aber die Vaterlandsliebe der französischen Revolutionäre zum Sturz, ja zur Ermordung des angestammten Königs, des sechzehnten Ludwigs, geführt hatte, glaubten sich die Preußen, Russen und Engländer im Namen ihrer Herrscher, der »Väter der Vaterländer«, verpflichtet, sich dem französischen Beispiel zu widersetzen, obwohl sie ja gerade im Namen der Freiheit und der dynastischen Brüderlichkeit und der christlichen Gleichheit als Gotteskinder Widerstand gegen die Vereinnahmung in die abstrakt bleibende Konzeption einer Weltgesellschaft leisteten – und das verwundert umso mehr, als ihnen mit der tausendjährigen Anerkennung des »katholikos«, der Gemeinschaft aller rechtgläubigen Christen, ein Beispiel für die Einheit aller Menschen vertraut gewesen sein musste. Aber als Lutheraner, Orthodoxe und Anglikaner hatten sich ja Preußen, Russen und Engländer bereits seit Langem von dem Geltungsanspruch des »katholikos« abgekoppelt.

Wie ist zu erklären, dass man im Namen der gleichen Prinzipien von Freiheit und Gleichheit doch glaubte, gegeneinander kämpfen zu müssen? Natürlich ging es primär um Machtpolitik. Aber um sie durchsetzen zu können, entwickelte man zu Beginn des 19. Jahrhunderts unhintergehbare Begründungen mit der Behauptung, jedes Volk sei als Nation und Kultur- wie Sprachgemeinschaft geradezu verpflichtet, wegen der Einlösung seiner Besonderheiten auf dem Freiheits- und Gleichheitsgrundsatz bestehen zu müssen. Dabei wurde alles darangesetzt, die jeweilige Besonderheit in kultureller, ethnischer und geschichtlicher Hinsicht hervorzuheben. Im Falle des von Preußen dominierten deutschen Widerstands gegen die Gleichmacherei Napoléons führte das zur Entwicklung von vaterländischen Wissenschaften wie der Germanistik, die gegen alle historische Wahrheit etwa die Erfindung der Gotik zum deutschen Nationalstil ausrief. Insofern die Franzosen durch die Revolution von 1789 und die Auslöschung der Bourbonen-Dynastie der Etablierung einer universalen Zivilisation, also einer Weltgesellschaft verpflichtet zu sein schienen, mussten die Preußen, Russen und Engländer ganz besonders auf die Entfaltung der regional-kulturellen Einheit bedacht sein.

So entstand der für die europäische Geschichte zweite grundlegende Konflikt, nämlich der der deutsch-französischen Erbfeindschaft als einer unversöhnlichen Konfrontation von Kultur und Zivilisation, also von deutscher Kulturnation und »civilisation française«. Die unsäglichen Folgen dieser zweiten europäischen Katastrophe konnten es durchaus mit denen der ersten, nämlich den 30-jährigen Religionskriegen zwischen Protestanten und Katholiken aufnehmen.

Die dritte, noch folgenreichere Konfrontation, die projektierte Auslöschung der jüdischen Kultur durch die deutschen Nationalkulturalisten, machte dann aber allen Europäern endgültig klar, wohin die kontrafaktische Behauptung von kultureller, ethnisch-rassischer, sprachlicher und nationaler Identität, gar noch in einer homogenen Ausprägung dieser Identität, führt, – wenn auch im Einzelnen und Kleinen weiterhin der kulturelle Identitätswahn wie in Nordirland, im Baskenland, in Korsika und auf dem Balkan lebendig zu sein scheint – und heute, was viel bedenklicher ist, im Namen der Durchsetzung von religiös-kultureller Suprematie wie der von Fundamentalisten jeder Couleur, historisch längst erledigt geglaubte Gegnerschaften wie Feindbilder wieder zurückkehren.

Europa eine Bestimmung zu geben, die auch aus der leidvollen Erfahrung in der Geschichte des Kontinents beglaubigt ist, heißt deshalb: Europäer könnten die Welt lehren, dass nur der Aufbau einer Weltzivilisation die Gewähr dafür bietet, die ewigen, kulturell-religiös begründeten Vormachtskämpfe einzuhegen in der Erkenntnis, dass jede Gruppe nur kulturell-religiöse Identität beanspruchen kann, soweit sie anderen das Gleiche zugesteht.

Europa eine Bestimmung zu geben, heißt also, es zur Avantgarde einer Weltzivilisation werden zu lassen. Das sollte umso eher möglich sein, als die Prinzipien kulturell-religiös unabhängiger Praktiken wie die der Künstler, Wissenschaftler, Techniker, Diplomaten in Europa kodifiziert wurden und weitgehend bereits weltweit gelten; zum Beispiel als Verkehrsregeln, denen zufolge für die Teilnahme am Verkehr weder kulturelle, noch religiöse, rassisch-ethnische Identitätsmerkmale eine Rolle spielen dürfen. Für die Arbeit als Chemiker kann ebenso wenig eine behauptete kulturelle Identität geltend gemacht werden wie für irgendeine Wissenschaft. In diesem Sinne stehen die Europäer für Vergesellschaftungsformen neuer Art, die aber in absehbarer Zeit weltweit Anerkennung finden müssen:

In Zukunft werden Menschen sich nicht mehr primär wegen kulturell-religiöser, sprachlicher, ethnischer Gleichheiten zusammenfinden, sondern weil sie gleichermaßen mit ökonomischen, ökologischen und anderen unlösbaren Problemen konfrontiert sein werden, die keinerlei Grenzen und Abschottungen von Nationen wie Religions- und Kulturgemeinschaften akzeptieren und deswegen nur von Gemeinschaften gemeistert werden können, welche die prinzipielle Vergeblichkeit aller kultureller Suprematiebestrebungen leidvoll erfahren haben.

Ulrich Beck

Das kosmopolitische Europa – Realität und Utopie

Einleitung: Bisher ist die Geschichte der Europäischen Union eine Geschichte des Neins

Manchmal gleicht die Europäische Union einer 50 Jahre alten Dame ohne Namen und Ziel. Was daran liegt, dass ihr ein politisches Narrativ fehlt (oder dass es vorläufig nur ein negatives gibt ...). Bisher ist die Geschichte der EU eine Geschichte des Neins. Zunächst einmal aus praktischen Gründen: Zur Verhinderung eines erneuten Krieges wurde Europa um den französisch-deutschen Pakt als Gemeinschaft für Kohle und Stahl erbaut. Das war eine gewaltige Leistung. Doch dieser historische Erfolg genügt längst nicht mehr, um die Fortexistenz der EU zu rechtfertigen, speziell vor jungen Leuten (2005 stimmten in Frankreich beim Referendum über den Verfassungsvertrag nahezu drei von vier Wählern unter 25 Jahren mit »Nein«). Und dann aus theoretischen Gründen: Europa ist kein Staat, keine Nation, keine internationale Organisation, keine Mini-Version der UN. Folglich verwenden wir stets Kategorien, die zur Beschreibung und zum Verständnis Europas nicht taugen: Zombie-Kategorien. Das ist sicherlich einer der Gründe, warum sich die Menschen mit diesem nicht identifizierten Fremdkörper in der politischen Welt so gar nicht anfreunden können. Häufig heißt es, Europa sei ein Prozess und kein Gebilde. Aber wohin führt der Prozess? Und was hätte es für Folgen, wenn dieser Erweiterungsprozess zum Stillstand käme?

Europa ist Europas letzte verbleibende realistische politische Utopie. Doch Europa muss erst noch verstanden und begrifflich erfasst werden. Diese historisch einzigartige Form einer internationalen Gemeinschaft lässt sich nicht mit den traditionellen Begriffen von Politik und Staat erklären, die in der Zwangsjacke des methodologischen Nationalismus gefangen bleiben. Wenn wir also die kosmopolitische Realität Europas verstehen wollen, müssen wir die konventionellen Kategorien der gesellschaftlichen und politischen Analyse radikal überdenken und das neue kosmopolitische Narrativ der Moderne erforschen. Dazu gehört, dass Grundbegriffe wie Macht, Staat, Gesellschaft, Identität, Klasse, Recht, Migration, nicht zuletzt auch Demokratie in der kosmopolitischen Konstellation von uns neu gefasst werden.

Um nur eine Schlüsselidee zu nennen: Wie der Westfälische Friede den Religionskriegen des 17. Jahrhunderts durch die Trennung von Kirche und Staat ein Ende setzte, so stellt die Trennung von Staat und Nation die angemessene Reaktion auf die Schrecken des 20. Jahrhunderts dar. Und wie der säkulare Staat die Ausübung verschiedener Religionen ermöglicht, so muss das kosmopolitische Europa die Koexistenz verschiedener ethnischer, religiöser und politischer, auf dem Prinzip kosmopolitischer Toleranz beruhender Lebensweisen über Staatsgrenzen hinweg garantieren.

Wie sollen wir das unbekannte Land Europa, in dem wir leben, verstehen? Gibt es ein politisches Narrativ Europas? Ich kann auf diesen komplexen Gegenstand nur kurz eingehen, und zwar in sechs Dimensionen: (I) die Dimension der sozialen und politischen Theorie: Wie können wir den Unterschied zwischen dem Diskurs der »Globalisierung« und dem neuen Schlüsselwort »Kosmopolitismus« oder »Kosmopolitisierung« verstehen? (II) Was bedeutet Kosmopolitismus in der Gesellschaftstheorie der Moderne? (III) Die Dimension von Herrschaft und Staat. (IV) Die Dimension der europäischen Geschichte. (V) Die Dimension wachsender sozialer Ungleichheiten: Woher kommt der Widerstand gegen die EU? und schließlich (VI) die emotionale Dimension: Wie könnte die EU eine Gemeinschaft der Emotionen werden?

I. Wie können wir den Unterschied zwischen dem Diskurs der »Globalisierung« und dem neuen Schlüsselwort »Kosmopolitismus« oder »Kosmopolitisierung« verstehen?

Sind letztere einfach ein weiteres Beispiel für das »Neusprech« (Orwell) der Sozialwissenschaften? Keineswegs: Je mehr wir darüber nachdenken, was »Globalisierung« für die Sozialwissenschaften bedeutet, desto deutlicher treten uns Bedeutung und Bedeutsamkeit des neuen Kosmopolitismus entgegen.

Wir können vier Phasen der Globalisierungsdiskussion in den Sozialwissenschaften unterscheiden: erstens Leugnung, zweitens Begriffsklärung und empirische Forschung, drittens »Kosmopolitisierung« und viertens erkenntnistheoretische Wende. Die erste Reaktion des Mainstreams bestand in der Leugnung der Realität oder Relevanz der (wirtschaftlichen) Globalisierung und in der Behauptung, alles, was von den Sozialwissenschaften unter »Globalisierung« verstanden werde, sei, historisch gesehen, keineswegs neu.

Diese Leugnung des Phänomens verlor in der zweiten Phase an Glaubwürdigkeit, als Sozialwissenschaftler verschiedenster Disziplinen die Globalisierungsphänomene einer begrifflichen Analyse zu unterziehen und in die theoretische und empirische Semantik der Sozialwissenschaften zu integrieren begannen. Dank dieser Klärung setzte sich die Erkenntnis durch, dass eine neue Landschaft von Gesellschaften im Werden ist. Zu ihren maßgeblichen Eigenschaften gehört »interconnectedness« die weltweite wechselseitige Beziehung und Abhängigkeit der Menschen; wachsende Ungleichheit auf globaler Ebene; die Entstehung überstaatlicher Organisationen auf dem Sektor der Wirtschaft (grenzüberschreitende Kooperationen), der Politik (nicht-staatliche Akteure wie Internationaler Währungsfonds, Weltbank, Welthandelsorganisation, Internationaler Gerichtshof) und der Zivilgesellschaft (Engagement für weltweit operierende soziale Bewegungen wie Amnesty International, Greenpeace, feministische Organisationen, Attac); neue normative Regeln wie Menschenrechte, neue Arten und Profile globaler Risiken (Klimaveränderung, finanzpolitische Gefahren und Turbulenzen), neue Formen des Krieges, des global organisierten Verbrechens und des Terrorismus.

In der dritten Phase zeigten sich wichtige sozialwissenschaftliche Konsequenzen dieser Entwicklung, deren gemeinsamer Nenner »Kosmopolitisierung« heißt. Wie lässt sich dieses Schlüsselkonzept definieren? »Kosmopolitisierung« bedeutet (a) die Durchlässigkeit eindeutiger Grenzen, welche die Märkte, Staaten, Zivilisationen, Religionen, Kulturen, Lebenswelten gewöhnlicher Menschen trennen, und infolgedessen (b) die unfreiwillige Konfrontation mit dem fremden anderen überall auf der Erde. Die Welt ist heute gewiss nicht »grenzenlos«, aber diese Grenzen sind unscharf geworden – durchlässig für die Ströme von Information, Kapital und Risiken, weniger dagegen für Menschen (Touristen ja, Migranten nein). Was natürlich nicht heißt, dass jeder zum »Kosmopoliten« wird. Häufig scheint das Gegenteil der Fall zu sein: In vielen Teilen der Welt erleben wir eine Welle der Renationalisierung und Reethnisierung. Doch gleichzeitig bedeutet es auch, dass ein neuer Bedarf an einer Hermeneutik des fremden anderen entsteht, damit wir in einer Welt leben und arbeiten können, in der gewaltsame Spaltungen und nie dagewesene Vermischungen nebeneinanderher bestehen und in der Gefahren und Chancen miteinander wetteifern. Das könnte die menschliche Identitätskonstruktion beeinflussen, die nicht mehr durch den Gegensatz zu anderen, die negative, konfrontative Dichotomie des »wir« und »sie«, bestimmt wird.

Merkmal der vierten Phase ist eine erkenntnistheoretische Wende. Langsam setzte sich die Einsicht durch, dass die Forschungseinheit der jeweiligen sozialwissenschaftlichen Disziplin fragwürdig wird, wenn die Unterscheidung zwischen Innerem und Äußerem, Nationalem und Internationalem, Lokalem und Globalem ihre klaren Konturen verliert. Nach der epistemologischen Wende stellt sich der soziologischen Forschung die Frage: Was geschieht, wenn sich die ihre Untersuchungseinheiten trennenden Prämissen und Grenzen auflösen? Meine Antwort: Dann zerfällt die begriffliche Welt des »nationalen Blicks«; das heißt, sie wird deontologisiert, historisiert und ihrer inneren Notwendigkeit entkleidet. Das lässt sich indessen erst rechtfertigen und im Hinblick auf seine Konsequenzen durchdenken im Rahmen einer alternativen Interpretation, die Ontologie gegen Methodologie vertauscht, das heißt, anstelle der gegenwärtig vorherrschenden Ontologie und Vorstellungswelt der Nationalgesellschaft das setzt, was ich »methodologischen Kosmopolitismus« nennen möchte.

Was bedeutet methodologischer Nationalismus in der Europaforschung? Die entscheidende Frage: Gibt es so etwas wie eine »europäische Gesellschaft«, wird analytisch ausgeschlossen. Europa wird als Plural der Gesellschaften verstanden – also additiv. Mit anderen Worten, die europäische Gesellschaft ist gleichbedeutend mit der Summe der Nationalgesellschaften Europas, nämlich Frankreich, Deutschland, den Beneluxstaaten und den skandinavischen Ländern, Spanien, Portugal, Polen und so fort. Mit dieser begrifflichen Weichenstellung ist das Unverständnis der Soziologie für Europa, ja, die soziologische Irrelevanz Europas, vorprogrammiert und die Europablindheit der Soziologie auf dem Höhepunkt. Der additive, nationale Gesellschaftsbegriff kann die Europäisierung nur komparativ begreifen, durch methodologische Vergleiche von Nationalgesellschaften und Nationalgeschichten. Die Thematisierung Europas auf diese Art zu unterlassen, ist ebenso fundamental wie falsch, da verhindert wird, dass die entscheidende Frage einer makrosoziologischen Dynamik und Erforschung Europas überhaupt in den Blick gerät.

Der Skeptiker könnte darauf verweisen, dass die Soziologie schon lange mit Konzepten wie Kulturrelativismus, Multikulturalismus, Toleranz, Internationalismus arbeite und dass daher der Kosmopolitismus vielleicht nur neuer Wein in alten Schläuchen sei (und noch nicht einmal ein neuer Begriff, wie sich mit einem Verweis auf seine Verwendung durch die antiken Stoiker, durch Kant, Arendt und Jaspers belegen ließe). Doch ich würde erwidern, dass alle diese Ideen unzulänglich sind, da sie auf der Prämisse von der Differenz, Fremdheit, Andersartigkeit der anderen aufbauen. Multikulturalismus bedeutete beispielsweise pluraler Monokulturalismus, das heißt, das Nebeneinander verschiedener Menschen innerhalb eines Staates; friedliche Koexistenz und Nichteinmischung in innere Angelegenheiten als Grundsätze des Völkerrechts setzten separate, autonome, souveräne Staaten voraus; Toleranz bedeutete widerwillige Hinnahme, Anerkennung von Differenz als unvermeidliche Bürde. Die kosmopolitische Toleranz ist mehr als das: Sie ist nicht defensiv und passiv, sondern aktiv – öffnet sich für die anderen, begreift die Differenz als Bereicherung und erlebt den anderen als fundamental gleich mit uns selbst. Wie ich in diesem Zusammenhang schon oft gesagt habe: Die »Entweder-oder-Logik« wird durch eine »Sowohl-als-auch-Logik« ersetzt.

II. Ansätze zur Sozialtheorie einer kosmopolitischen Moderne

Heute ist die Welt voller Herausforderungen, die nicht mehr von einzelnen Staaten bewältigt werden können. Diese Herausforderungen sind das Ergebnis einer weltweit radikalisierten Modernisierung. Sie sind keine »Krisen« (im traditionellen Sinn), sondern erwachsen aus dem Sieg der industriellen Modernisierung, deren ungewollte Nebenfolgen die grundlegenden Institutionen der ersten nationalstaatlichen Moderne untergraben (z. B. Klimawandel). Sie konstituieren das, was ich »Weltrisikogesellschaft« nenne. Diesen »selbst erzeugten Risiken ohne Pass« kann man nur durch kollektives Handeln begegnen. Keine Regierung vermag sie allein zu bewältigen, egal, wie mächtig sie ist. Paradoxerweise erwächst daraus das »kosmopolitische Moment« der Risikogesellschaft. Doch dann müssen wir fragen: Wie können wir Kosmopolitismus mithilfe der Sozialtheorie verstehen?

Wir können zwei Prämissen bestimmen, die den Kern des kosmopolitischen Projekts bilden. Kosmopolitismus verbindet die Anerkennung von Differenz und Andersartigkeit mit Bemühungen um den Entwurf neuer demokratischer Formen politischer Herrschaft jenseits des Nationalstaats.

Bislang war das Verständnis von Kosmopolitismus in erster Linie normativ und philosophisch. Ich möchte den Begriff neu definieren – nämlich als sozialwissenschaftliches Konzept – und für ganz bestimmte soziale Fakten – nämlich als eine spezifische Weise des sozialen Umgangs mit kultureller Differenz. So lässt sich das Konzept des Kosmopolitismus idealtypisch von einer Anzahl anderer gesellschaftlicher Formen des Umgangs mit Differenz unterscheiden, insbesondere von hierarchischer Unterordnung (Rassismus), universaler und nationaler Gleichheit und postmodernem Partikularismus.

Erstens, Kosmopolitismus unterscheidet sich grundsätzlich von allen Formen vertikaler Differenzierung, die bestrebt sind, soziale Differenz in eine hierarchische Beziehung der Überlegenheit und Unterordnung zu überführen. Einerseits lässt sich dieses Prinzip innerhalb von Gesellschaften anwenden, insoweit diese hochdifferenzierte Kasten- und Klassensysteme bilden. Andererseits hat man sich seiner aber auch bedient, um die Beziehungen zu anderen Gesellschaften zu definieren. Charakteristischerweise spricht man dabei »den anderen« den Status der Gleichheit und Gleichberechtigung ab und nimmt sie in einer Beziehung hierarchischer Unterordnung oder Minderwertigkeit wahr. Im Extremfall gelten die anderen als rechtlose »Barbaren«.

Zweitens, es gibt einen Universalismus, der in der Auflösung der Unterschiede besteht und damit das Gegenprinzip zur hierarchischen Unterordnung darstellt. Universalismus zwingt uns, andere als prinzipiell Gleiche zu achten, doch aus eben diesem Grund verlangt er von uns keine Neugier oder Achtung hinsichtlich dessen, was andere anders macht. Im Gegenteil, die Besonderheit anderer wird einer angenommenen universellen Gleichheit geopfert, die die eigenen Ursprünge und Interessen verleugnet. So wird der Universalismus zum Januskopf: Respekt und Hegemonie. Häufig handelt es sich um einen kontextuellen Universalismus. Dann ist es ein europäischer Universalismus. Ein afrikanischer Universalismus würde bedeuten: Der echte Europäer hat eine schwarze Seele.

Von diesem haben wir – drittens – den Nationalismus zu unterscheiden. Der Nationalismus standardisiert Unterschiede, während er sie gleichzeitig in Übereinstimmung mit nationalen Gegensätzen voneinander abgrenzt. Als Strategie zum Umgang mit Differenz folgt auch er einer Entweder-oder-Logik, obwohl er nicht zwischen oben und unten unterscheidet, sondern zwischen innen und außen. Der Nationalismus hat zwei Seiten, eine nach innen und die andere nach außen gewandt. Nach innen ist der Nationalismus bestrebt, Unterschiede aufzulösen und einheitliche Normen zu fördern. Das hat er mit dem Universalismus gemein. Doch infolge seiner begrenzten territorialen Reichweite muss die Auflösung von Unterschieden immer unvollständig bleiben: Die Differenz wird nach außen hin betont. In diesem Sinn löst der Nationalismus nach innen Unterschiede auf, während er sie gleichzeitig nach außen erzeugt und stabilisiert. Daher dürfen wir davon ausgehen, dass Universalismus und Nationalismus (und ihre immanenten Widersprüche) in der Ersten Moderne typische Arten des Umgangs mit Differenz waren.

Der Kosmopolitismus unterscheidet sich insofern von den vorher erwähnten Formen, als die Anerkennung von Differenz nach innen wie außen zu einer Maxime des Denkens, des sozialen Lebens und der Praxis wird. Weder ordnet er Unterschiede hierarchisch noch löst er sie auf, sondern akzeptiert sie, ja, er schreibt ihnen sogar positiven Wert zu. Er ist empfänglich für die traditionellen kulturellen Besonderheiten und berücksichtigt die besondere Würde und Bürde einer Gruppe, eines Volks, einer Kultur, einer Religion. Kosmopolitismus unterstreicht, was von hierarchischer Differenz und universeller Gleichheit ausgeschlossen wird, dass nämlich andere als verschieden und gleich anzusehen sind.

Während Universalismus und Nationalismus (sowie vormoderner, essenzialistischer Partikularismus) auf dem Entweder-oder-Prinzip beruhen, gründet sich der Kosmopolitismus auf das »Sowohl-als-auch-Prinzip«. Das Fremde wird nicht als gefährlich, zersetzend und fragmentierend, sondern als bereichernd erfahren und gewertet. Meine Neugier auf mich selbst und auf Differenz macht andere unersetzlich für mich. Kosmopolitisches Interesse hat auch eine egoistische Komponente. Wer die Perspektive anderer in sein Leben integriert, erfährt nicht nur mehr über andere, sondern auch über sich selbst.

Folglich verlangt der Kosmopolitismus nach neuen Integrations- und Identitätskonzepten, welche die Koexistenz und Interaktion über Grenzen hinweg erleichtern und festigen, ohne zu verlangen, dass Eigenart und Differenz auf dem Altar vermeintlicher (nationaler) Gleichheit geopfert werden. »Identität« und »Integration« sind dann nämlich nur noch andere Ausdrücke für die Hegemonie über den anderen oder die anderen, der Mehrheit über Minderheiten. Kosmopolitismus akzeptiert Differenz, aber verabsolutiert sie nicht, sondern sucht nach Möglichkeiten, sie universell tolerierbar zu machen. Damit stützt er sich auf ein System vereinender und allgemein verbindender Normen, die das Abgleiten in einen postmodernen Partikularismus verhindern sollen. Was heißt das in der Dimension von Herrschaft und Staat?

III. Die EU hat den Begriff von Herrschaft und Staat revolutioniert

In nationalen Denkkategorien lässt sich die Realität Europas nicht begreifen. Der nationale Blick erlaubt zwei, und nur zwei, Auffassungen von der gegenwärtigen europäischen Politik und Integration. Entweder versteht er sie als Föderalismus, der zu einem föderativen Superstaat führt, oder als Intergouvernementalismus mit der Entwicklung zu einem Staatenbund. Beide Modelle sind empirisch unzulänglich. Sie vernachlässigen wichtige Aspekte des heutigen Europas wie der Nationen, die es bilden. Aber sie sind auch, in einem tiefen Sinne, antieuropäisch. Sie verleugnen das erstrebenswerteste Ziel: ein Europa der Vielfalt, ein Europa, das der Vielfalt zur Blüte verhilft.

Sowohl der Staatenbund als auch der föderative Superstaat beschreiben das gleiche Nullsummenspiel aus verschiedenen Blickwinkeln. Entweder haben wir einen einzigen Staat Europa (Föderalismus), dann gibt es keine nationalen Mitgliedstaaten; oder die nationalen Mitgliedstaaten bleiben Europas Herrscher, dann gibt es kein Europa (Intergouvernementalismus). In diesem Denksystem verlieren die einzelnen Nationen jeweils das, was Europa hinzugewinnt. Und das gilt unabhängig davon, ob wir für oder gegen eine gegebene Option sind. In den falschen Alternativen des nationalen Blicks gefangen, haben wir die Wahl zwischen kein Europa und kein Europa!

Die EU hat die Begriffe von Herrschaft und Staat revolutioniert, ohne dass es irgendjemand richtig verstanden hätte. In der Vergangenheit wurden Systeme politischer Autorität durch Gewalt, vor allem militärische Gewalt, errichtet und aufrechterhalten. Die EU hat diese scheinbar ewige Wahrheit in ihr Gegenteil verkehrt. Sie wurde nicht durch Feuer und Schwert, sondern durch Feder und Tinte geschaffen; und sie beruht zum gegenseitigen Nutzen der beteiligten Staaten im Wesentlichen auf Recht, Konsens und Kooperation, nicht auf militärischer Unterwerfung. Die europäische Integration orientiert sich am Modell der kooperativen, »transformativen Macht«, und die ist die bemerkenswerteste Neuerung in den internationalen Beziehungen seit der Erfindung des Nationalstaats. In einem Zeitalter weltweiter Krisen und Risiken ist eine Politik »goldener Handschellen« – die Schaffung eines dichten Netzes transnationaler Interdependenzen – genau das, was erforderlich ist, um nationale Autonomie wiederzugewinnen, nicht zuletzt gegenüber einer hochmobilen Weltwirtschaft. Es ist zwingend erforderlich, dass die Maxime einer national ausgerichteten Realpolitik – derzufolge nationale Interessen unbedingt mit nationalstaatlichen Mitteln zu verfolgen sind – durch die Maxime kosmopolitischer Realpolitik ersetzt wird. Je kosmopolitischer unsere politischen Strukturen und Aktivitäten sind, desto stärker fördern sie in diesem globalen Zeitalter unsere nationalen Interessen und unsere individuelle Macht.

Es wurde ein Netzwerk kosmopolitischer Herrschaft geschaffen, das Nationen an Nationen und Staaten an Staaten bindet und das sie auf der Grundlage der Gegenseitigkeit und des europäischen Rechts auf gemeinsame Institutionen verpflichtet. Transformative Macht ist selbsttransformative Macht. Die Nationalstaaten lösen sich nicht auf, sondern werden zu Hauptakteuren im Prozess der Selbsteuropäisierung. Die deutschen und britischen Parlamente, die spanischen Gerichte und Ministerien etc. arbeiten auf verschiedenen Ebenen mit ihren europäischen Partnern zusammen und wirken dadurch gleichzeitig in nationalem und europäischem Sinne. Hier findet eine Art politischer Alchimie statt: Anfangs grenzen sich die Nationalgesellschaften voneinander ab, und am Ende haben wir europäisierte Nationalinteressen.

Das lässt sich an einem Prozess beobachten, der so bemerkenswert wie missverstanden ist: dem regionalen Dominoeffekt. Europa hat keine Feinde! Vielmehr ist es von Ländern »umzingelt«, die unbedingt Mitgliedstaaten der EU werden wollen. Ganz anders dagegen die Situation der Vereinigten Staaten. Die Bush-Administration schafft sich und fürchtet Rivalen, während benachbarte Staaten in wechselnden Bündnissen eine ständige Verteidigung gegen den »amerikanischen Imperialismus« organisieren. Die wachsende Macht der EU dagegen weckt bei den Nachbarstaaten nicht etwa den Willen zum Widerstand, sondern den Wunsch zum Beitritt. Die transformative Macht ist nicht die Macht zu einer (potenziellen) Invasion, sondern die Macht, die aus der Vertagung oder Ablehnung eines Beitrittsersuchens erwächst.

Für die zentrale Frage – wer setzt die Entscheidungen und Regeln gegen Widerstand durch? – ergibt sich eine neue historische Antwort: Nicht die EU als Superstaat, nicht das imperiale Zentrum, nicht eine militärisch gerüstete UN oder EU, kein Hegemon, sondern die Herrschaftssubjekte, die EU-Staaten, selbst! Die transformative Macht der EU beruht nicht, wie bei der Bildung staatlicher Herrschaft, auf der Entwaffnung ihrer Mitglieder; vielmehr müssen diese in ihrem Herrschaftsbereich auch weiterhin das Monopol über die Gewaltmittel ausüben, damit die Staaten unabhängig über die staatliche Gewaltausübung entscheiden können. Die Kritiker der »charakteristischen Schwäche« der EU begreifen den Kern des europäischen Herrschaftssystems nicht: dass es seine innere Autorität nämlich nicht durch Gewalt, sondern vielmehr durch ein Gewalttabu sichert.

Der Niedergang des Nationalstaats ist in Wirklichkeit ein Niedergang seines nationalen Inhalts und eine Chance, ein kosmopolitisches Staatensystem zu schaffen, das besser in der Lage ist, all jene Probleme zu bewältigen, denen sich die Nationen der Welt heute gegenübersehen. Wirtschaftliche Globalisierung, transnationaler Terrorismus, globale Erwärmung: Die Litanei ist vertraut und erschreckend. Politik muss wieder an Glaubwürdigkeit gewinnen, um echte Lösungen zu entwickeln.

Mehr als jede andere Weltregion zeigt Europa, dass dieser Schritt möglich ist. Europa lehrt die moderne Welt, dass die politische Entwicklung von Staaten und Staatensystemen keineswegs beendet ist. Nationale Realpolitik wird unrealistisch, nicht nur in Europa, sondern weltweit. Sie verwandelt sich in ein Verlust-Verlust-Spiel (alle verlieren).

Europäisierung heißt, eine neue Politik zu schaffen, heißt Beteiligung am Meta-Macht-Spiel, am Bemühen, die Regeln für eine Weltordnung zu entwerfen.

IV. Europäische Geschichte und Kosmopolitismus

Das kosmopolitische Europa wurde nach dem Zweiten Weltkrieg bewusst als politische Antithese zu einem nationalistischen Europa und den physischen und moralischen Verwüstungen, die auf sein Konto gingen, konzipiert und auf den Weg gebracht. In diesem Geist verkündete Winston Churchill 1946 inmitten der Ruinen eines zerstörten Kontinents: »Wenn Europa einmal einträchtig sein gemeinsames Erbe verwalten würde, dann könnten seine drei- oder vierhundert Millionen Einwohner ein Glück, einen Wohlstand und einen Ruhm ohne Grenzen genießen.« Die Gründungsakten des europäischen Kosmopolitismus, die geschrieben wurden, als der Krieg gewissermaßen noch warm war, sind im Statut des Nürnberger Gerichtshofs niedergelegt. Dieser schuf Rechtskategorien und Verfahrensregeln, die weit über die Souveränität des Nationalstaats hinausgingen. Etabliert wurde nicht ein neues Gesetz und auch nicht ein neuer Rechtsgrundsatz, sondern eine neue Rechtslogik, die mit der bis dahin geltenden nationalstaatlichen Logik des Völkerrechts brach. Der Begriff der Verbrechen gegen die Menschheit ist revolutionär. Betrachten wir seine Definition in Artikel 6c: »Verbrechen gegen die Menschheit: nämlich Ermordung, Ausrottung, Versklavung, Verschleppung oder andere an der Zivilbevölkerung vor Beginn oder während des Krieges begangene unmenschliche Handlungen; oder Verfolgung aus politischen, rassischen oder religiösen Gründen in Ausführung eines Verbrechens oder in Verbindung mit einem Verbrechen, für das der Gerichtshof zuständig ist, unabhängig davon, ob die Handlung gegen das Recht des Landes, in dem sie begangen wurde, verstieß oder nicht.«

Die entscheidende Formulierung lautet »vor Beginn oder während des Krieges«. Sie unterscheidet Verbrechen gegen die Menschheit von Kriegsverbrechen: Es muss nicht Krieg herrschen. Und die zweite befindet, dass ein solches Verbrechen vorliegt, »unabhängig davon, ob die Handlung gegen das Recht des Landes, in dem sie begangen wurde, verstieß oder nicht«. Diese radikalen Brüche mit national ausgerichteten Rechtsbegriffen waren erforderlich, weil die Judenverfolgung in NS-Deutschland legal war und vor Kriegsausbruch begann. Doch zusammengenommen verändern sie alles. Sie postulieren für alle Täter eine individuelle Verantwortung, die außerhalb des nationalen Rechtszusammenhangs, in der Staatengemeinschaft, angesiedelt ist. Wenn also der Staat verbrecherisch ist, muss der Einzelne, der ihm dient, trotzdem damit rechnen, dass er für seine Taten vor einem internationalen Gerichtshof angeklagt und verurteilt wird.

Die Traditionen, aus denen die kolonialen, nationalistischen und genoziden Schrecken hervorgingen, waren zweifellos europäisch. Doch das waren auch die neuen Rechtsmaßstäbe, nach denen diese Taten von der Weltöffentlichkeit bewertet und verurteilt wurden. In diesem entscheidenden Augenblick seiner Rechtsgeschichte besann sich Europa auf seine Traditionen, um etwas historisch Neues hervorzubringen. Das Bekenntnis zur Humanität des kulturellen anderen wurde zur grundlegenden Idee einer historisch neuen Gegenlogik. Europa konzipierte diese Logik, um der ethnischen Perversion der europäischen Tradition entgegenzuwirken, für die sich die national ausgerichtete

Erscheinungsform der europäischen Moderne als so schrecklich anfällig erwiesen hatte. Es war der Versuch, die Rezeptur eines europäischen Gegenmittels gegen Europa zu finden.

V. Die Radikalisierung sozialer Ungleichheiten und der innere Widerstand gegen die EU

Doch der soziologische Realismus erzählt uns eine ganz andere Geschichte – dass nämlich Renationalisierung und Reethnisierung heftige Reaktionen auf die Europäisierung sind. Um diese Entwicklung zu verstehen, müssen wir wohl wieder zum nebulösen Begriff der Globalisierung zurückkehren und uns noch einmal fragen: »Was bedeutet Globalisierung eigentlich?« Besonders in Hinblick auf Sozialstrukturen, auf Ungleichheit in nationalem und globalem Maßstab.

Wie sich allerorten zeigt – von der massiven Welle der Renationalisierung, die Russland erfasst hat, bis zum Erfolg der Populisten in Lateinamerika, Italien und Osteuropa –, ruft der ungehemmte Kapitalismus Ängste und Abwehrreaktionen hervor, die alles in den Schatten stellen, was wir seit dem Fall der Berliner Mauer erlebt haben. Der Widerstand wächst in dem Maße, wie sich in den mittleren Segmenten der globalen Gesellschaft die Erkenntnis ausbreitet, dass sie keinen Anteil an den Gewinnen der gegenwärtigen wirtschaftlichen Wachstumsphase haben – dass ihr Stück vom Kuchen sogar kleiner wird. Ökonomische Globalisierung schlägt zurück. Sie erzeugt neue Formen der Ungleichheit, die man in zunehmendem Maße transnational wird bekämpfen müssen.

Daher ist eine Umdeutung sozialer Ungleichheiten jenseits des methodologischen Nationalismus erforderlich, die drei entscheidende Punkte umfasst:

- dass die Klasse nur eine der historischen Formen der Ungleichheit ist;
- dass der Nationalstaat nur einer der historischen Deutungsrahmen ist, und

- dass »das Ende der nationalen Klassengesellschaft« nicht »das Ende der sozialen Ungleichheit« ist, ganz im Gegenteil – nämlich die Radikalisierung der Ungleichheiten auf nationaler wie transnationaler Ebene.

Wir erleben heute, am Anfang des 21. Jahrhunderts eine Art Wiederholung des Prozesses, der Max Weber vor Augen stand, als er die Ursprünge des modernen Kapitalismus analysierte. Mit dem Unterschied, dass er sich jetzt in globalem Maßstab vollzieht. Weber sagte, wir müssen die Trennung von Haushalt und kapitalistischem Betrieb betrachten – mit anderen Worten die Emanzipation der ökonomischen Interessen. Heute erleben wir die Emanzipation der Geschäftsinteressen von den nationalen Bindungen und Kontrollinstitutionen. Das bedeutet (im Sinne meines Konzepts der »Zweiten Moderne«) die Trennung von Herrschaft und Politik.

In der Ersten Moderne gelang es dem gerade entstehenden Nationalstaat, die Politik- und Herrschaftsinstitutionen zu entwickeln, mit denen sich die sozialen und kulturellen Schäden des modernen Industriekapitalismus begrenzen ließen. Es geschah innerhalb der territorialen Grenzen des Nationalstaats und war eine Art Ehe zwischen Herrschaft und Politik, die jetzt mit einer Scheidung endet. In der Zweiten Moderne wird die Herrschaft teilweise in den Cyberspace, in Märkte und mobiles Kapital ausgelagert und teilweise sogar in die »life politics« individualisierter Individuen abgewälzt, die die entstehenden Risiken allein bewältigen müssen. Und gegenwärtig ist kein Äquivalent des souveränen Staats in Sicht, das die Antworten auf die Grundfragen der Weltrisikogesellschaft geben könnte. Infolgedessen erzeugt die Globalisierung riesige Ungleichheiten und Gräben zwischen den Gewinnern und Verlierern der Globalisierung. Die Gewinner der Globalisierung sind die globalen Eliten, die nicht mehr nur in nationalen Räumen handeln und leben, sondern hochmobil sind. Sie führen ein transnationales Leben;

auch Teile der Mittelschicht, besonders die jüngere Generation, transnationalisiert sich durch Bildungsmobilität, Freundschaften, durch das Internet und Kommunikationsmöglichkeiten jeder Art. Doch die stärksten Gruppen der modernen Gesellschaft sind bislang die Verlierer der Globalisierung: der Rest der Mittelschicht und die Unterschichten, die auch ihre ökonomische Existenz territorial gebunden definieren, insofern an nationalen und territorialen Identitäten festhalten und die den Schutz des Nationalstaats einklagen.

Zum wichtigsten Stratifizierungsfaktor im globalen Zeitalter sind die Möglichkeiten oder Fähigkeiten grenzüberschreitender Interaktion und Mobilität geworden. Dies schließt natürlich Ressourcen aller Art ein – Pässe, Bildungspatente, Sprachen, Geld, also kulturelles, soziales und ökonomisches Kapital. Auf der anderen Seite gibt es diejenigen, die nicht über die Fähigkeiten und Möglichkeiten solcher grenzenübergreifender Interaktion verfügen und sich daher über eine existenziell bedrohte Nationalität definieren. Der Grund für die Renationalisierung ist wohl in den Bevölkerungsteilen zu suchen, die sich in diesem Sinne als Verlierer der Europäisierung und Globalisierung erleben.

Natürlich kann man fragen: Spricht dieses Argument nicht auch für eine europäische Wiedererfindung des Sozialen? Und was heißt das aus kosmopolitischer Sicht? Ich komme noch darauf zurück.

VI. Wie könnte die EU eine Gemeinschaft der Emotionen werden?

Lassen Sie mich zum Schluss einen Einwand aufgreifen, der vielleicht viele von Ihnen beschäftigt: Der EU fehlt es nicht an Begriffen und Theorien, wohl aber an einer Art positiver oder konstruktiver emotionaler Dimension. Benötigt die EU nicht irgendein ästhetisches Projekt zur Erzeugung von Emotionen transnationaler Identifikation – einer Gemeinschaft der Emotionen? Ist denn nicht jede Gemeinschaft ebenso auf emotionale Bindungen wie auf intellektuelle oder rationale Beziehungen gegründet?

Bislang habe ich versucht, diese Frage zu beantworten, indem ich mir überlegte: Was ist das europäische Wunder? Es ist die Geschichte von Feinden, aus denen am Ende kooperierende Nachbarn mit normalen Konflikten werden. In der europäischen Geschichte war dies einst völlig undenkbar, aber es entwickelte sich aus einer spezifischen europäischen Antwort auf die moralischen und physischen Katastrophen des 20. Jahrhunderts, insbesondere auf den Holocaust und den Zweiten Weltkrieg.

Doch es gibt noch ein zweites emotionales Element im europäischen Narrativ: Wie lässt sich nationale Autonomie verringern und gleichzeitig Souveränität vermehren? Somit geht es beim europäischen Narrativ um die Frage, wie sich Nationalstaaten durch Kooperation und Schaffung kooperativer Strukturen und Institutionen für globale Probleme öffnen können, OHNE ihre nationale Identität zu verlieren, sondern diese sogar noch samt ihrer nationalen Souveränität stärken. Denn nur durch die scheinbar paradoxe Verbindung von kooperativen Strukturen und nationaler Souveränität lassen sich die nationalen Probleme lösen.

Doch bislang scheint das für viele Europäer noch nicht sehr überzeugend zu sein, und ich sehe den Grund darin, dass wir auf persönlicher Ebene noch keine positive emotionale Beziehung haben zu dem, was Europa oder die EU bedeuten. Es kann nicht dieselbe Bindung wie in einem Nationalstaat sein. Niemand ist heute bereit, für Europa zu sterben, aber ehrlich gesagt, das könnte auch schwerlich die Grundlage für eine emotionale Bindung sein. Meiner Meinung nach müssen wir drei Elemente miteinander verbinden: erstens, die Kritik an der neoliberalen Selbsttäuschung, zweitens, die soziale Vision und Mission der EU, drittens die ökologische Vision und Mission der EU.

1. Wie die neonationale Selbsttäuschung beruht die neoliberale Selbsttäuschung auf der Annahme, die wirtschaftliche Integration Europas sei möglich und hinreichend. Eine weiter reichende soziale und politische Integration sei nicht nur überflüssig, sondern sogar schädlich. Nach dieser Auffassung wäre Europa lediglich ein riesiger Supermarkt, der ausschließlich der Logik des Kapitals gehorchte. Doch ein solcher Entwurf lässt die stillschweigende Interdependenz zwischen der Neoliberalisierung und der Neonationalisierung Europas außer Acht. Die Schaffung eines europäischen Marktes, einer europäischen Währungsunion und eines europäischen Rechtssystems setzt eben jenes Subsidiaritätsideal außer Kraft, welches dieses europäische Projekt aus nationalem Blickwinkel legitimierte, und löst dadurch eine Fülle nationalistischer Abwehrreflexe aus. Unter der Flagge der Marktintegration ist ein Modernisierungsprozess in Gang gesetzt worden, der Grenzen und Grundlagen untergräbt und die nationalen Prämissen der parlamentarischen Demokratie, des Wohlfahrtsstaats und des Klassenkompromisses aufhebt.
2. Wir müssen es umgekehrt betrachten: Angesichts der Ängste der Mittelschicht ist eine positive, die europäische Dimension ernst nehmende Vision eines sozialen Europas unabdingbar. Das Anrecht auf soziale Solidarität – auf »Brüderlichkeit« – gehört ebenso zum Bestand unverzichtbarer europäischer Werte wie die der Freiheit und der Gleichheit. Eine europäische Zivilgesellschaft und ein kosmopolitisches Europa sind nur als solidarische Zusammenschlüsse denkbar. Zwei Schritte müssen wir tun, um zur Vision eines solidarischen Europas zu gelangen. Dem Konzept der nationalen Solidarität muss seine Monopolstellung genommen und sein Unvermögen zur Erklärung europäischer Verhältnisse nachgewiesen werden. Und wir müssen fragen: Wie viel Solidarität können wir von den Bürgern eines kosmopolitischen Eu-

ropas in den beiden Dimensionen erwarten – der Freude an der Anerkennung von Differenz auf der einen Seite und der Bereitschaft zur Hinnahme von Umverteilung im Interesse eines sozialen Europas auf der anderen?

3. Klimawandel ist ein Problem, das die jüngeren Generationen (besonders in Europa) persönlich wie politisch sehr ernst nehmen. Zwar ist die Klimaveränderung zunächst und vor allem eine schreckliche Gefahr für die Menschheit, sie eröffnet aber auch eine wunderbare Chance, die Politik in kollektiveres Handeln zu verwandeln. Die EU verdient sicherlich ein Lob für ihre wegweisenden Bemühungen im Kampf gegen den Klimawandel; dort könnte sie weltweit eine Führungsrolle übernehmen, hat sie doch die Möglichkeit, einen Paradigmenwechsel in der Globalpolitik zu bewirken. Aber die Situation weckt auch große Erwartungen: Die Welt erhofft sich von Europa Fortschritte des kosmopolitischen Projekts und den Beweis, dass es möglich ist, die Kohlenstoffemissionen zu verringern, ohne deshalb Sozialleistungen oder Wirtschaftswachstum zu verringern.

Daher müssen wir uns meiner Meinung nach fragen: Was hemmt die Begeisterung für einen grundlegenden ökologischen Politikwandel? Warum gibt es nicht so etwas wie einen ökologischen Sturm auf die Bastille? Oder einen roten Oktober der Ökologie? Warum gibt es keine revolutionäre Ökologiebewegung? Meine Antwort lautet: weil wir uns nicht wirklich geöffnet haben für Europa und diese Vision einer pluralistischen und kosmopolitischen Anerkennung des »anderen« im Kontext der fundamentalen globalen Probleme, denen wir uns gegenübersehen.

Zum ersten Mal in der Geschichte lebt jede Bevölkerung, jede Kultur, jede ethnische Gruppe und jede Religion der Welt in der gemeinsamen Gegenwart einer Zukunft, die alle gemeinsam bedroht. Mit anderen Worten, wenn wir überleben wollen, müssen wir jene einbeziehen, die bislang ausgeschlossen waren. Die Politik des Klimawandels ist zwangsläufig inklusiv und global – sie ist, wie ich es nennen möchte, kosmo-politische Realpolitik. Denn der Klimawandel zwingt uns zu der Einsicht, dass wir uns, wenn wir Gleichheit und Fairness wirksam kontrollieren wollen, die Sichtweisen »der anderen«, das heißt, der armen Länder, zu eigen machen müssen, die einerseits am stärksten unter dem Klimawandel zu leiden haben werden und andererseits am wenigsten zur potenziellen Klimakatastrophe beitragen.

Daher sollte das europäische Narrativ deutlich machen, dass das Ungleichheitsproblem sehr viel allgemeiner angegangen werden muss als in dem irreführend engen, auf BSP oder »Pro-Kopf-Einkommen« fokussierten Rahmen, in den es gewöhnlich gezwängt wird. Und es muss sich auf die fatale Anziehung zwischen Armut, sozialer Verwundbarkeit, Korruption, Erniedrigung, Gefahrenakkumulation und Verlust der Würde konzentrieren – diese einstellungs- und verhaltensprägenden, Gruppengrenzen auflösenden Faktoren, die in der Weltrisikogesellschaft rasch an Bedeutung gewinnen. Nur wenn wir die betroffenen Menschen in unsere Entscheidungsfindung einbeziehen, werden wir in der Lage sein, uns wirksam vor den Folgen der Klimaveränderungen zu schützen.

In dieser Hinsicht könnte das Problem der globalen Erwärmung einen Wechsel des zentralen Politikparadigmas bewirken, wodurch Kosmopolitismus zu Realpolitik und Nationalismus beziehungsweise nationale Politik zu rückwärtsgewandtem Idealismus würden. Der Klimawandel legitimiert mehr als irgendein anderes globales Problem die Suche nach einem regelbasierten System internationaler Politik und bietet die Chance, Ansätze zur Wahrung von Sicherheit und globalen öffentlichen Gütern zu finden.

Der Fall der Berliner Mauer führte zur Entstehung feindloser Staaten auf der Suche nach neuen Feindbildern. Einige Menschen fürchten oder hoffen, der Terrorismus könnte die Rolle des

Kommunismus als das den Westen einigende Feindbild übernehmen. Doch diese Annahme wurde spätestens durch das Fiasko des Irakkriegs widerlegt. Gleichzeitig konkretisiert sich eine Alternative von historischer Bedeutung. Der alle gleichermaßen betreffende Charakter der Herausforderungen, die durch die drohenden Umweltkrisen entstehen, könnte das Bindemittel darstellen, das den Westen in Zukunft ohne Rekurs auf negative Feindbilder zusammenschließen könnte. Denn nichts bedroht die westliche Lebensweise und Lebensqualität mehr als das Zusammenwirken von Klimawandel, Umweltzerstörung, schwindenden Energie- und Wasserressourcen sowie den Kriegen, die sie auslösen könnten.

Wir müssen begreifen, dass die angstvoll antizipierten Risiken – Klimawandel etwa oder Finanzkatastrophen – global sind und dass wir zur Bewältigung dieser Probleme deshalb ein kosmopolitisches System der Kontrolle und Teilhabe brauchen.

Lassen Sie mich mit der Feststellung schließen, dass Europa die Chance hat, ein Paradigma zu entwickeln, das zeigt, wie sich das Problem des Klimawandels und andere globale Gefahren durch eine zwischenstaatliche Kooperation angehen lassen, die nationale Identitäten und Souveränitäten bereichert und für die kosmopolitische Realpolitik gewinnt. In diesem Sinne könnte Europa als Modell und Mission eine starke Motivationskraft vor allem für die jüngere Generation entwickeln und den nichteuropäischen Nationen gleichzeitig die verlockende Möglichkeit einer neuen Aufklärung für unsere heutige wortlose Weltgesellschaft vor Augen führen.

Michael Bünker

Versöhnte Verschiedenheit: Die Vielfalt Europas als Einheit empfinden

Die folgenden Ausführungen verstehen sich aus einer doppelten Perspektive: Einmal aus der Sicht der »Gemeinschaft Evangelischer Kirchen in Europa (GEKE)«. Das ist die Gemeinschaft von mehr als 100 evangelischen Kirchen des Kontinents, die seit dem Gründungsjahr 1973 ständig gewachsen ist. Die meisten dieser Kirchen sind zahlenmäßig Minderheiten, wie die lutherische Kirche in Österreich. Dieser Umstand gibt die zweite Blickrichtung der folgenden Überlegungen ab.

Religion kehrt zurück?

Alle Vorhersagen, dass Religion durch die fortschreitende Säkularisierung verschwinden würde, haben sich als falsch erwiesen. Spätestens seit den 90er-Jahren, endgültig aber seit den Terroranschlägen vom 11. September 2001 ist klar. Religion ist nicht verschwunden, sie hat sich auch nicht aus dem öffentlichen Bereich zurückgezogen oder abdrängen lassen in den Bereich des privaten Lebens. Seit den 90er-Jahren erfahren wir »la revanche de Dieu«, wie es der französische Religionssoziologe Gilles Kepel formuliert.

Dabei ist die »religiöse Landschaft« Europas sehr vielfältig und bunt. Die meisten europäischen Kirchen haben Jahr für Jahr weniger Mitglieder. Das Vertrauen der Menschen in die religiösen Institutionen ist speziell im Westen Europas gering. Dennoch bekundet eine starke Mehrheit auf dem ganzen Kontinent (rund 75 Prozent) die große Bedeutung der religiösen/kirchlichen Begleitung bei den großen Wendepunkten des Lebens wie Geburt, Heirat und Tod. Nur in der Tschechischen Republik und den Niederlanden wird dies weniger als die Hälfte der Bevölkerung sein, in Polen, Kroatien, Malta, Rumänien und Finnland hingegen sind dies mehr als 90 Prozent der Bevölkerung. Beinahe 40 Prozent der Europäer besuchen Kirchen zu besonderen Anlässen, rund 30 Prozent tun dies regelmäßig und etwa ebenso viele tun dies nie. Menschen, die sich selbst ausdrücklich als »atheistisch« bezeichnen, stellen eine kleine Minderheit in Europa dar. Die Ausnahme ist Frankreich, wo beinahe 15 Prozent von sich sagen, sie seien atheistisch.

Die religiöse Landschaft Europas ist durch verschiedene »Reliografien« bestimmt. Ein sichtbarer Gegensatz besteht zwischen dem säkularisierten Nordwesten und dem traditionell religiösen Südosten (mit Ausnahme Bulgariens); der reformfreudige Katholizismus einiger Länder steht neben dem tief verwurzelten Volkskatholizismus in anderen Ländern, der niederländisch-britische Protestantismus ist eine Form neben dem deutsch-skandinavischen. Dazu kommen derzeit rund 17 Millionen Muslime, ihre Zahl ist zunehmend.

Zuerst einmal werden sich die Reliografien Europas, also die religiösen Landschaften, weiter ausdifferenzieren und pluralisieren. Die Hälfte der Europäer betet/meditiert wöchentlich. Dennoch wird die Zahl der Menschen, die ohne Religion leben, also sogenannte »Gewohnheitsatheisten« oder »Alltagsatheisten« zunehmen. Die Menschen werden ihr religiöses Leben nicht mehr gleichsam automatisch mit der lebenslangen Mitgliedschaft in einer religiösen Institution, einer Kirche oder Glaubensgemeinschaft, verbinden. Zu beobachten ist weiters die Spannung von »belonging and believing«, wie es die Religionssoziologin Grace Davie formulierte: Erhebliche Teile der Bevölkerung, die sich selbst für religiös halten, gehören keiner Kirche oder Religionsgemeinschaft an (»believing without belonging«). Andere wiederum nehmen an kirchlichen Angeboten, vor allem im kulturellen Bereich oder im Feld der Bildung teil, ohne sich selbst als religiös zu verstehen (»belonging without believing«). Religion und Glaube ist also nicht mehr an die Zugehörigkeit zu einer Kirche oder Gemeinschaft gebunden. Die Menschen wählen ihre Religion selbst, wobei sie nicht selten die Inhalte ihres Glaubens aus verschiedenen Traditionen beziehen. Daher spricht man von einer »Cafeteria-Religion« oder einer »Patchwork-Religion«. Der österreichische Pastoraltheologe Paul M. Zulehner will an Stelle dieser eher abwertend gemeinten Bezeichnungen die modernen Europäer/innen in einem positiven Sinn als »Religionskomponisten/innen« verstanden wissen.

Im weltweiten Horizont ist Europa als »säkulares Universum« eine Ausnahme. Nun muss sich Europa nicht einfach den anderen Kontinenten anpassen. Das wäre eine falsche Erwartung. Es darf, ja es muss wohl – gerade auch was die Religion betrifft – einen eigenen, seinen eigenen Weg gehen. Aber was ist dieser Weg? Sicher scheint auf jeden Fall zu sein, dass dieser Weg von religiöser Vielfalt und fortschreitender Individualisierung geprägt ist. Die Vorstellung eines möglichst homogenen »christlichen Abendlandes« entpuppt sich zunehmend als illusionäres Wunschdenken. Ulrich Ruh, Chefredakteur der katholischen »Herder Korrespondenz« schrieb in seinem Leitartikel zu Heft 10 aus 2008 unter dem Titel »Baustelle Europa«: »Das europäische Christentum dürfte also auch in Zukunft eine spannungsreiche Mischung aus traditionsreichen, zum Teil stark mit Nationen verbundenen Konfessionskirchen mit einer großen Bandbreite in der religiösen Prägung und im kirchlichen Engagement ihrer Mitglieder und Gruppen innerhalb wie außerhalb der Kirchen sein, die einen Aspekt des christlichen Glaubens besonders hervorheben und daraus leben. Dieses vielgestaltige Christentum wird ein auch öffentlich wahrnehmbarer, wenn auch unterschiedlich lebendiger Faktor in Europa bleiben, im Zusammenhang mit Angehörigen anderer Religion und Nichtglaubenden verschiedener Couleur. Das künftige Europa lässt sich nicht religiös integrieren – damit müssen die Christen und Kirchen rechnen.«

Es entsteht sofort die Frage, wie sich Europa definieren lässt.

Europa – wie definieren?

Was verstehen wir unter Europa? Da befinden wir uns sofort in ersten Schwierigkeiten. Europa kann nicht verstanden werden ohne geografische und historische Bestimmung. Niemand kann sagen, wo die Grenzen Europas genau verlaufen. Aber gleichzeitig zweifelt niemand daran, dass es solche Grenzen gibt. Europa kann auch nicht nur definiert werden durch die Werte der Aufklärung und der bürgerlichen Revolution. Selbstverständlich bilden diese Werte die Basis des heutigen Europa, speziell der EU. Die Union beruht auf grundlegenden Prinzipien wie Demokratie, politischer Pluralismus, Menschenrechte, Rechtsstaatlichkeit. Aber diese Werte sind nicht auf Europa begrenzt, sie sind universal. Diese Werte definieren Europa z. B. nicht gegenüber Indien, Japan, Neuseeland oder Chile. Es muss etwas anderes sein. Europa ist unterscheidbar zu definieren gegenüber seiner Geschichte, die geprägt ist von den Religionskriegen des 16. und 17. Jahrhunderts und ihrer Überwindung; sodann von zwei

Weltkriegen, vom Holocaust, von den Erfahrungen mit totalitären Regimes im 20. Jahrhundert. Der Unterschied zum heutigen Europa ist das Europa von gestern. Es ist ein Kontinent – wie es Joschka Fischer einmal nannte – der »aus Schmerz geboren« ist. Die spirituelle und kulturelle Dimension Europas muss sich daran messen lassen, wie gut es gelingt, dieses Europa der Vergangenheit zu überwinden. Das gegenwärtige und zukünftige Europa muss vom vergangenen, vom gestrigen Europa unterschieden werden. Nur dann wird es eine spezifische spirituelle und kulturelle Dimension haben.

Rolle der Religion

Pluralität kann leicht zu Identitätsverlust und den damit verbundenen Ängsten führen. Ins Negative gewendet bewirkt diese Entwicklung Radikalisierung und Fundamentalisierung von Religion. Da muss gegengesteuert werden. Das Grundrecht der individuellen und kollektiven Religionsfreiheit ist von größter Bedeutung. Es darf nicht durch populistische ausländerfeindliche Interessen rechtsgerichteter politischer Kräfte gefährdet werden. Gleichzeit müssen die Probleme, die das Zusammenleben unterschiedlicher und zum Teil durch die Migration auch bislang fremder Religionen und Kulturen mit sich bringt, in aller Offenheit gesehen und angesprochen werden. Ich bin überzeugt, dass nur auf der festen Basis säkular verankerter Grundrechte, die die Hausordnung in Europa abgeben, gegenseitiger Respekt und Anerkennung möglich sind. Wesentliche Elemente einer solchen Hausordnung sind die universale Geltung der Menschenrechte, politischer Pluralismus, Demokratie und Rechtsstaatlichkeit. Wenn sich Religionen gemeinsam für eine solche Hausordnung für alle einsetzen, werden sie selbst davon profitieren, weil sie ihren positiven Beitrag zum friedlichen Zusammenleben unter Beweis gestellt haben.

Üblicherweise wird Religion als Teil des Problems gesehen. Dann diskutiert man die angeblich den monotheistischen Religionen innewohnende Gewaltbereitschaft, die offenkundige Gefahr des Fundamentalismus und die Sicherheitsrisiken, die eine starke religiöse Prägung bedeuten können. Ohne die religiöse Dimension mancher Probleme des Zusammenlebens und speziell der Integration von Migranten und Migrantinnen übersehen zu wollen, plädiere ich dafür, Religion nicht zuerst als Teil des Problems zu sehen, sondern genauso gut, ja noch mehr als Teil der Lösung.

In Österreich – um ein Beispiel zu nennen – wurde Anfang des Jahres 2008 die gemeinsame Position der fünf großen Religionen zur Frage der Integration vorgestellt. Die Israelitische Kultusgemeinde, die Islamische Glaubensgemeinschaft und die großen christlichen Kirchen (römisch-katholisch, orthodox und evangelisch) miteinander. Dieses Positionspapier hält zu Beginn fest: »Integration ist ein wechselseitiger Prozess, bei dem alle Beteiligten Schritte aufeinander zugehen müssen. Konkret bedeutet dies Anstrengungen für beide Seiten. In diesem auch für Österreich wichtigen und herausfordernden Prozess, verstehen sich die Kirchen und Religionsgemeinschaften als Teil der Lösung, und sie sind bereit, ihre Fähigkeiten, Fertigkeiten und Erfahrungen in diesen Prozess einzubringen, nicht zuletzt ein Menschenbild, das auf der Überzeugung beruht, dass der Mensch mehr ist als eine beliebige biologische Tatsache und dass jede und jeder gleich ist an Würde, vom ersten bis zum letzten Augenblick des Daseins, alt oder jung, gesund oder krank, fremd oder hier geboren. Wir unterstreichen gemeinsam: Es gibt nur ein Maß, die Maßeinheit Mensch.«

Religiöse Dimension im interkulturellen Dialog

Dazu möchte ich auf die Initiativen zum interkulturellen Dialog verweisen, die vom Europarat, aber auch von der EU gesetzt werden.

Zum ersten Mal wird die Bedeutung der Zivilgesellschaft und speziell auch der Kirchen und Religionsgemeinschaften für die demokratische Entwicklung Europas explizit in einem Dokument der EU, im *Weißbuch über europäisches Regieren* (2001), gewürdigt: »Die Zivilgesellschaft spielt insofern eine wichtige Rolle, als sie den Belangen der Bürger eine Stimme verleiht und Dienste erbringt, die den Bedürfnissen der Bevölkerung entgegenkommen. Kirchen und Religionsgemeinschaften spielen dabei eine besondere Rolle. Die Organisationen der Zivilgesellschaft mobilisieren die Menschen und unterstützen beispielsweise all jene, die unter Ausgrenzung oder Diskriminierung leiden. Die Union hat die Entwicklung der Zivilgesellschaft in den Beitrittsländern als Teil ihrer Vorbereitung auf die Mitgliedschaft gefördert. Nichtregierungsorganisationen spielen weltweit eine wichtige Rolle in der Entwicklungspolitik. Oftmals fungieren sie als Frühwarnsystem, das den politischen Diskurs in eine bestimmte Richtung lenkt.«

Der Europarat hat das Jahr 2008 zum »Jahr des interkulturellen Dialogs« erklärt und betont, dass interkultureller und interreligiöser Dialog nicht zwei voneinander getrennte Bereiche sind, sondern »dass religiöse Überzeugungen und Traditionen – wie agnostische, atheistische oder säkulare Überzeugungen – eine Dimension von Kultur darstellen.« Der Europarat verweist in diesem Zusammenhang auf die Artikel 9 und 10 der Europäischen Menschenrechtskonvention und darauf, dass religiöse Überzeugungen wie Sprache, geschichtliches und kulturelles Erbe zu den Quellen persönlicher Identität gehören. Als Antwort auf die Frage des Europarates nach den Kernelementen des europäischen Gesellschaftsmodells, die unabhängig von aller

Verschiedenheit für alle gelten müssen, weist das Konsultationspapier auf jene Grundelemente des Europarats hin, die als »Basis« jeglichen gesellschaftlichen Dialogs gelten und nicht infrage gestellt werden (dürfen):

- die Universalität und Unteilbarkeit der Menschenrechte
- Demokratie und
- Rechtsstaatlichkeit

Mit großem Nachdruck wehrt sich der Europarat gegen die Behauptung eines »clash of civilizations« und stellt im Gegenteil fest: Gerade »ein stärkeres Engagement in der kulturellen Zusammenarbeit – in breitem Wortsinn – und im interkulturellen Dialog wird langfristig Frieden und internationale Stabilität fördern«.

Die Evangelischen Kirchen in Europa, die in der »Gemeinschaft Evangelischer Kirchen in Europa (GEKE)« miteinander verbunden sind, hat auf die Initiative des Europarates reagiert und erklärt:

Die zunehmende kulturelle Vielfalt Europas stellt vor neue soziale und politische Herausforderungen. Interkultureller Dialog ist deshalb kein Randphänomen der europäischen Gesellschaften, sondern ein Prozess, der in die Mitte der Gesellschaft gehört.

Für die evangelischen Kirchen in Europa ist es selbstverständlich, dass die Menschenrechte, die Demokratie und die Rechtsstaatlichkeit den staatlichen Rahmen für den interkulturellen Dialog bilden. Sie begrüßen, dass alle 47 Mitgliedstaaten des Europarates dies durch die Annahme des Weißbuches im Ministerkomitee unmissverständlich deutlich gemacht haben. Die evangelischen Kirchen begrüßen, dass der Europarat im Weißbuch ausführlich auf die Bedeutung der Religionen für den interkulturellen Dialog eingeht. Sie sind überzeugt, dass die Gewissheit über die eigene religiöse Identität und das Verständnis für die Glaubensüberzeugungen und Weltanschauungen anderer wichtige Elemente im interkulturellen Dialog sind. Es ist wichtig, die Religionen im interkulturellen Dialog nicht nur als Konfliktfaktoren wahrzunehmen. Die evangelischen Kirchen ermutigen den Europarat, den tagtäglichen positiven Beitrag der religiösen Gemeinschaften zum Gemeinwohl in den europäischen Gesellschaften wahrzunehmen.

Im interkulturellen Dialog muss die Identität des anderen geachtet werden. Zum interkulturellen Dialog gehört aber auch das Recht, den anderen zu kritisieren. Die Kirchen der Reformation sind aus der Kritik an bestehenden kirchlichen Verhältnissen und Lehren hervorgegangen und wissen sich in besonderer Weise der Freiheit des Glaubens und Gewissens verpflichtet. Der Anspruch der Religionen, in der Öffentlichkeit an anderen Religionen oder gesellschaftlichen Verhältnissen Kritik üben zu dürfen, muss die Bereitschaft, sich selbst infrage stellen zu lassen, einschließen.

Der Europarat setzt im interkulturellen Dialog bei der Menschenwürde des Einzelnen ein. Das entspricht evangelischer Auffassung. Das Recht auf individuelle Freiheit ist untrennbar mit der Verantwortung für die Gemeinschaft verbunden. Die Kräfte, die unsere Gesellschaften zusammenhalten, müssen gestärkt werden.

In der Europäischen Union stand seit der Gründung die Dimension der Wirtschaftsgemeinschaft im Vordergrund. Im Reform-Vertrag, der am 13. Dezember in Lissabon beschlossen wurde, sieht das anders aus. Hier erinnert schon die Präambel an das »kulturelle, religiöse und humanistische Erbe Europas, aus dem sich die unverletzlichen und unveräußerlichen Rechte des Menschen sowie Freiheit, Demokratie, Gleichheit und Rechtsstaatlichkeit als universelle Werte entwickelt haben, ...« und im Vertrag selbst wird im Hinblick auf die besondere Bedeutung der Kirchen und Religionsgemeinschaften festgehalten: »Die Union pflegt mit diesen Kirchen und Gemeinschaften in

Anerkennung ihrer Identität und ihres besonderen Beitrags einen offenen, transparenten und regelmäßigen Dialog.«

Erwartungen an Kirchen und Religionsgemeinschaften

Welche Aufgabe kommt im heutigen zusammenwachsenden Europa den Kirchen und Religionsgemeinschaften zu? Ich zitiere aus einer Rede, die der EU- Kommissionspräsident José Manuel Barroso anlässlich der 3. Europäischen Ökumenischen Versammlung in Sibiu/Hermannstadt in Rumänien im September 2008 gehalten hat. Barroso sieht einen engen Zusammenhang von Einheit und Werteorientierung: »Einer Union, die nur auf ihre geografischen und wirtschaftlichen Dimensionen reduziert wird, mangelt es an Einheit. Nur die Teilhabe an den gemeinsamen Werten kann einem politischen Gebilde wie der EU Gehalt und Form geben [...]

Kirchen und Religionsgemeinschaften haben die Aufgabe, einen Beitrag zu leisten für besseres gegenseitiges Verständnis und die Förderung der gegenseitigen Achtung innerhalb der gemeinsamen Grundwerte. Religion ist in zahlreichen Gesellschaften eine immer wichtigere Dimension und Quelle von Werten für den Einzelnen. Sie kann eine entscheidende Rolle bei der Förderung der Anerkennung anderer Kulturen, Religionen und Lebensstile spielen und eine Harmonie zwischen ihnen schaffen.« Barroso schließt: »Ich bin sicher, dass Europa auf Ihren Beitrag zählen kann, damit wir die Spaltungen überwinden und die ersehnte Einheit in Vielfalt, oder, wie es im ökumenischen Zusammenhang häufig heißt, die ›versöhnte Verschiedenheit‹ herstellen können.«

Der Beitrag des Protestantismus für das Europa der Zukunft

- Versöhnte Verschiedenheit

Unter »Einheit in versöhnter Verschiedenheit« fassen die evangelischen Kirchen der »Gemeinschaft Evangelischer Kirchen in Europa (GEKE)« ihr ökumenisches Modell der Einheit, der Gemeinschaft von Kirchen zusammen. Aus einer jahrhundertelangen Geschichte der gegenseitigen Verwerfung und Verurteilung ist eine Form der Kirchengemeinschaft entstanden, die auf Versöhnung beruht. Die evangelischen Kirchen geben daher zuerst einen Beitrag zum Europa der Zukunft, der aus dieser Erfahrung von Versöhnung erwächst. Das bedeutet Einsatz für Dialog, für Respekt und Verständnis zwischen verschiedenen Kulturen und Religionen und eine größere Sensibilität im Umgang mit religiösen Überzeugungen.

- Einsatz für Minderheiten

In der Charta Oecumenica haben sich die evangelischen Kirchen gemeinsam mit allen christlichen Kirchen des Kontinents verpflichtet, die Integration Europas zu fördern. Die Kirchen bringen ihre besondere Nähe zu den Menschen und ihren Fragen und Problemen ein. Daraus ergibt sich ihre besondere Sorge für Minderheiten und sozial an den Rand Gedrängte. Die Kirchen wissen, was Assimilationsdruck bedeutet, und unterstützen daher eine integrative Gesellschaft, die Minderheiten entsprechende Möglichkeiten und Rechte einräumt.

Freiheit und Verantwortung

Nach evangelischem Verständnis ist Freiheit nie zu verstehen ohne Verbindlichkeit. Freiheit ist erst dann gegeben, wenn sie in Liebe und Verantwortung gelebt wird. In den Worten Martin

Luthers (»Von der Freiheit eines Christenmenschen«, 1521) ist der Christenmensch ein freier Herr aller Dinge und niemandem untertan. Gleichzeitig ist der Christenmensch ein dienstbarer Knecht aller Dinge und jedermann untertan. Die paradoxe Spannung ergibt sich aus dem Gebot der Nächstenliebe, der Forderung, die eigene persönliche Freiheit einzusetzen für Gerechtigkeit und Frieden.

Europa als Zukunftsprojekt

Das gegenwärtige und zukünftige Europa unterscheidet sich vom Europa der Vergangenheit. Aber Europa ist niemals nur ein rückwärtsbezogenes Projekt. Für evangelisches Verständnis geht es nicht um eine Wiederherstellung eines christlichen Abendlandes. Verheißung hat Europa nur, wenn es zu einem Aufbruch führt, bei dem nicht irgendeine vergangene Realität, und sei sie noch so respektabel, die leitende Vision darstellt. Die Einheit Europas liegt vor uns. Auf dem Weg werden die Kirchen ihre christlichen Werte einbringen. Aber auch andere werden ihre Werte einbringen. Europa wird aus diesem Austausch gestärkt hervorgehen. Entscheidend ist, dass alle die »Hausordnung« beachten, die nicht zur Disposition stehen darf. Dazu gehören die unverlierbare Würde des Einzelnen vor Gott, die Menschenrechte, die Demokratie und die Rechtsstaatlichkeit.

Als im Jahr 2005 die 50-Jahrfeier der Wiedereröffnung des Burgtheaters in Wien gefeiert wurde, hielt Navid Kermani, Iraner, Kölner, Europäer, die Festrede. Er gab ihr den Titel »Nach Europa« und kritisierte darin scharf die Asyl- und Flüchtlingspolitik der europäischen Länder. Kermani zitiert in seiner Rede ausführlich österreichische Dichter, die vor den Nazis fliehen mussten oder von ihnen ermordet wurden, wie Stefan Zweig. Stefan Zweig hat 1932 in klarer Analyse der politischen Situation und der zu befürchtenden Entwicklungen nach dem »Irrwitz des Krieges und dem Aberwitz des Nachkrieges« seine Hoffnungen beinahe verzweifelt auf Europa gerichtet. Sein Plädoyer für Europa – so Navid Kermani – war nicht realistisch, sondern messianisch. Zweig glaubte an Europa, wie er selbst schreibt, wie »an ein Evangelium« und sah die Chance, trotz aller bestehenden Grenzen die vielfältige Welt Europas von innen her als eine Einheit zu empfinden.

Die Geschichte hat Zweigs Befürchtungen wahr werden lassen und an verbrecherischer Realität noch weit übertroffen. Dass sein Glaube nicht Lügen gestraft wird und seine Vision wahr wird, ist heute Aufgabe der europäischen Politik. Religion recht verstanden und recht gelebt leistet dazu einen wichtigen Beitrag. Wenn das Modell einer »Einheit in versöhnter Verschiedenheit« nicht nur für die Gemeinschaft von Kirchen, sondern auch für das zusammenwachsende Europa passt, freut es mich, wenn in diesem Sinn Europa etwas »evangelischer« wird.

Halleh Ghorashi

Demokratie und Freiheit des anderen – Warum das Integrationsmodell der Niederlande gescheitert ist

Die heutige Zeit ist durch das Aufkommen eines extremen Individualismus gekennzeichnet, in dem die Hauptaufmerksamkeit auf den Erhalt des Freiraumes und der Freiheit des Individuums gerichtet ist und geradezu eine Blindheit für die relationale Dimension des Individuums besteht – diejenige nämlich, die ein Individuum zu einem Bürger macht. Dieser extreme Individualismus birgt die größte Gefahr für die Gesellschaft in der ausgehenden Moderne, wie Zygmunt Bauman, einer der wichtigsten Soziologen unserer Zeit, darlegt.

In seinem Buch *Liquid Modernity* aus dem Jahr 2000 skizziert Bauman die ausgehende Moderne, in der wir leben, als eine Zeit, in der die individuellen Interessen alles bestimmend geworden sind. Gemeinschaftliche und öffentliche »issues« hingegen werden zumeist auf die Ebene der individuellen Ereignisse und Bewertungen heruntergebrochen. Auf diese Weise überwachen die Bürger primär ihre persönlichen Grenzen und Rechte, selbst auf Kosten der Rechte und Grenzen anderer. Demokratie wird auf diese Weise zu bloßen Unmutsbekundungen von Individuen und deren an die Politik gerichteten Forderungen nach Verbesserung der Zustände reduziert. Das Gleichgewicht zwischen Bürgern und ihrer Gemeinschaft ist gestört. Die alte Erkenntnis, dass eine Gemeinschaft mehr ist, als die Summe ihrer Teile, scheint passé; die Gemeinschaft ist zur bloßen Summe ihrer Teile geworden, schreibt Bauman.

In dieser so sehr individualisierten Zeit erscheint es unlogisch, sich für die Öffentlichkeit respektive die allgemeinen Belange einzusetzen, sofern dies nicht auf direktem Wege dem Eigeninteresse zugutekommt. Strebte das Individuum in früheren Zeiten danach, sich zu befreien und seine/ihre Autonomie den kollektiven Kräften gegenüber zu wahren, so können wir nun einen gegenläufigen Prozess beobachten, wie Bauman darlegt: Das öffentliche Interesse wird durch das private Interesse kolonisiert. Betrachten wir beispielsweise den gegenwärtigen Diskurs zur freien Meinungsäußerung. Darin geht es vor allem um die individuelle Freiheit, alles sagen und tun zu dürfen, ungeachtet der Effekte, die sich daraus für die Gemeinschaft ergeben. Das ist, was Baukje Prins das Zeitalter des »neuen Realismus« nennt; ein Zeitalter, in dem auszusprechen erlaubt sein muss, was gedacht wird. Die Vorherrschaft dieses neuen Realismus hat dazu geführt, dass Freiheit häufig verwechselt wird mit dem Recht, andere vor den Kopf zu stoßen.

Diese übermäßige Fokussierung des persönlichen Freiraumes und der Durchsetzung des persönlichen Rechts, hemmt die Entfaltung einer Erkenntnis von Gemeinschaftlichkeit aus den Unterschieden heraus. Im Zeitalter des extremen Individualismus gleicht die Erkenntnis von der Gemeinschaftlichkeit eher einer konstruierten Illusion von Gleichheit, die das (unliebsame) andere auszuschließen trachtet. Eine Alternative zu dieser reaktiven Form der Erkenntnis von der Gemeinschaftlichkeit ist das Schaffen einer Kohärenz zwischen Gemeinschaftlichkeit und Verschiedenheit, was freilich bedeutet, dass man sich auf die Suche nach neuen Quellen der Gemeinschaftlichkeit begeben und, ausgehend vom Anderssein, Verbindungen ausmachen muss. Denn die gesellschaftliche Anerkennung der Diversität ist für die menschliche Fortentwicklung von großer Bedeutung. Eine solche Einsicht könnte den Individuen und Gruppen zu einer positiven Selbstdefinition verhelfen. Aus diesem Grund bildet die Anerkennung der Unterschiede die wichtigste Grundlage für eine »gesunde, demokratische Gesellschaft« und ihre Verkennung bedeutet eine Schädigung für diejenigen, denen Anerkennung verwehrt wird. Mehr noch, der UNDP-Bericht alarmiert, dass das Ausbleiben der gesellschaftlichen Anerkennung eine Gefahr für die Gesamtgesellschaft bedeuten kann. Die Notwendigkeit zur Anerkennung von Diversität im öffentlichen Raum ist bereits in der Kultur der Demokratie verankert. Um jedoch diese Anerkennung der Diversität zu ihrer Wirkung kommen zu lassen, ist es notwendig, wie ich an späterer Stelle in diesem Essay darlegen werde, Zwischenräume zu kreieren, in denen eine Verbindung zustande kommen kann. Denn einzig aus einer Balance zwischen Verschiedenheit und Gemeinschaftlichkeit heraus, können sich Berührungspunkte zwischen den Individuen ergeben und neue Bedeutungen hervortreten.

Gemeinschaftlichkeit und Unterschied

»Ohne Gleichartigkeit gäbe es keine Verständigung unter Lebenden, kein Verstehen der Toten und kein Planen für die Welt, die nicht mehr von uns, aber doch immer noch von unseresgleichen bevölkert sein wird. Ohne Verschiedenheit, das absolute Unterschiedensein jeder Person von jeder anderen, die ist, war oder sein wird, bedürfte es weder der Sprache noch des Handelns für eine Verständigung« (Hannah Arendt, *Vita activa*).

In diesem Zitat von Arendt wird die Essenz des menschlichen Handelns auf den Punkt gebracht. Sie liegt im Finden einer Balance zwischen Gleichheit und Verschiedenartigkeit. Die wesentliche Frage ist: Wie können wir uns eine Gesellschaft vorstellen, in der Menschen gleich behandelt werden, in der sie dennoch ebenso durch ihre Verschiedenartigkeit hervorstechen dürfen? Eine übermäßige Betonung von Gemeinschaftlichkeit und Gleichheit kann zur Blindheit gegenüber der Verschiedenheit führen, die Menschen aufgrund ihrer diversen kulturellen Hintergründe aufweisen. Das Resultat einer solchen Kulturblindheit ist, dass die Verschiedenheit, die als Quelle der Erneuerung fungieren könnte, unterdrückt wird. Andererseits kann eine übermäßige Betonung der Unterschiede dazu führen, dass diese verabsolutiert werden, was Ausgrenzung und Unverständnis unter den Menschen nach sich ziehen kann. Letztere Situation ist kennzeichnend für die Umstände in den Niederlanden der Gegenwart. Durch eine übergebührliche Aufmerksamkeit für die Unterschiede – in diesem Fall die kulturellen Unterschiede – in den Niederlanden, sind wir außerstande gesetzt, uns in unserer Gleichartigkeit und in dem, was wir gemein haben, zu begegnen. Dieser Befund wird vor allem in der in den Niederlanden vorherrschenden Meinung zum Thema Immigranten mit einem islamischen Hintergrund sichtbar. Dies ist zurückzuführen auf das stark kategorial geprägte Denken, das den niederländischen Diskurs zur Migrationsproblematik bestimmt. Mit kategorialem Denken meine ich eine Denkweise in absoluten Kontrasten, die einander prinzipiell ausschließen. Dieses kategoriale Denken hat zwei Komponenten. Die erste besteht in der Annahme, dass Immigranten in sozial-kultureller Hinsicht per se von der niederländischen Norm abweichen. Die zweite darin, dass sie darüber hinaus unweigerlich einen sozial-ökonomischen Rückstand aufweisen.

Um das kategoriale Denken als einen dominanten Diskurs innerhalb der niederländischen Gesellschaft ergründen zu können, müssen wir es im Kontext zweier historischer Phänomene ansiedeln: der sogenannten Versäulung (nach dem Zweiten Weltkrieg) und des Wohlfahrtsstaats.

Die Konstruktion von den Säulen der »eigenen Welten« hat in den Niederlanden seit Jahren die Rahmenbedingungen für ein Denken in Termini von Unterschieden gestellt. Studien zu diesen Säulen fallen so heterogen aus, dass es unmöglich ist, eine umfassende Betrachtung hierzu in diesen Beitrag aufzunehmen. Und doch ist für meine weitere Argumentation zumindest eine kurze Übersicht unverzichtbar. Der Politologe Paul Pennings nennt Säulen institutionell getrennte Komplexe von gottesdienstlich oder ideologisch motivierten Einrichtungen und Teilnehmern, die in unterschiedlichen gesellschaftlichen Sektoren entlang derselben Trennungslinien abgegrenzt sind. Versäulung umschreibt er als Prozess, in dem Katholiken, orthodoxe Protestanten und Sozialdemokraten nach 1880 ihre jeweiligen Unterschiede mehr und mehr institutionalisiert. Ob die Säulen nun durch Eliten im Dienste nationaler Pazifikation gebildet wurden oder ob sie ihre Gestalt im Rahmen einer bereits bestehenden pluralistischen politischen Kultur erhalten haben, ändert nichts an der Tatsache, dass die Versäulung ihren kanalisierenden Effekt auf die Kulturunterschiede bewiesen hat, wodurch die Basen voneinander abgetrennt blieben und die Säuleneliten miteinander in Verbindung standen. Der Begriff der »eigenen Welten« missachtete die Kontraste innerhalb der Säule und wurde von den Mitgliedern so aufgefasst, dass die Konturen der eigenen Säule bereits als scharf unterstellt werden konnten und die eigene Säule durch zahlreiche gesellschaftliche Aktivitäten im Inneren gut organisiert sei. Diese Dichotomie zwischen dem Wir und dem Sie entzieht sich einer essenzialistischen Annäherung der eigenen Gruppe an den anderen, ein Aspekt, der – auf latente Weise – richtungweisend war für die Art und Weise, wie man in den Niederlanden auf die neuen Immigranten zuging.

Es ist anzunehmen, dass sich der Habitus der Versäulung mit der Ankunft der neuen Immigranten in den Niederlanden fortsetzte, deren Kultur als so grundlegend verschieden von der niederländischen angenommen wurde. Das Verhältnis der niederländischen Gesellschaft zu ihren Immigranten ist in starkem Maße in der Tradition der Versäulung fundamentiert. Das Versäulungssystem, das sich zu Beginn des 20. Jahrhunderts als so erfolgreich für die Pazifizierung in Konflikten zwischen lokalen, religiösen und politischen Gruppen erwies, wird nun als Instrument der Integration erneut eingesetzt.

Das Ergebnis dieser Geschichte wird am deutlichsten bei den Immigranten aus islamisch geprägten Ländern sichtbar. Nachdem der Wohlfahrtsstaat die Existenz der Säulen streng genommen überflüssig gemacht hatte, wurde in den Niederlanden über die Bildung einer neuen Säule nachgedacht und gesprochen – der islamischen Säule. Einerseits war die Entstehung einer solchen neuen Säule in den Niederlanden in gewissem Maße unangebracht; andererseits war jedoch noch eine genügende Zahl der Erscheinungsformen und Muster aus der Versäulung erhalten geblieben, die die Entwicklung der neuen Säule ermöglichen oder gar fördern konnten.

Es gab jedoch noch eine weitere Entwicklung, die die Rückstandskomponente innerhalb des kategorialen Denkens auf den Weg bringen konnte, nämlich das Aufkommen des Wohlfahrtsstaates. Ein unbeabsichtigter Effekt dieses Wohlfahrtsstaatsmodells mit seiner Betonung auf Gleichheit kann sein, dass sogar sehr aktive und tüchtige Menschen vorschnell zu hilflosen Wesen stilisiert werden. Das bedeutet, dass trotz der positiven Bedeutung, die der Wohlfahrtsstaat für den individuellen Raum und den Kampf wider die Klassengesellschaft hatte, er im gleichen Zug auch einen günstigen Nährboden für das kategoriale Denken hinsichtlich der Immigranten als Gruppen mit gesellschaftlichem Rückstand darstellte.

Vor diesem historischen Hintergrund wurde in den letzten

Jahrzehnten das Hauptaugenmerk auf die Unterschiede zwischen Immigranten und Niederländern gelegt. Sowohl zu der Zeit, als die Kultur und Religion der Immigranten noch als etwas Positives angesehen wurden, als auch jetzt, da sie als potenzielle Bedrohung wahrgenommen werden, ist das kategoriale Denken als konstanter Faktor augenfällig. Die Kultur der Immigranten ist per Definition verschieden zu der der Niederländer. Das war auch der Grund, warum die positive Beachtung für die Diversität in den 1980er-Jahren sich seit 2000, seit Immigranten (manche mehr noch als andere) als Bedrohung angesehen werden, so dermaßen ins Negative verkehren konnte.

Die Niederlande: ein polarisierter Kontext

Durch die übermäßige Konzentration auf die Unterschiede ist es heute beinahe undenkbar, dass Menschen aus islamisch geprägten Ländern als Gleichgestellte angesehen werden; sie sind per Definition anders, wenn nicht sogar zweitklassig. Die notwendige Konsequenz aus der Wirkmächtigkeit dieses unter den niederländischen Bürgern vorherrschenden Gedankens ist, dass sie zwar ihrer Überzeugung nach einander nicht auf explizite Weise diskriminieren, einander faktisch aber ausgrenzen, sofern ein Gefühl der Angst oder des Unbehagens im Hinblick auf den anderen besteht. Der Grundgedanke von den absoluten Kontrasten lässt in Zeiten des Unbehagens kaum Raum für das leiseste Zusammengehörigkeitsgefühl unter Menschen mit unterschiedlichen kulturellen und/oder religiösen Hintergründen. Darüber hinaus bietet dieser spezifische Ansatz von den »Problemgruppen« keine Möglichkeit zur Differenzierung innerhalb der Gruppe und damit der Bestimmung der Probleme auf einer reellen Skala. Eine mutmaßlich durch eine bestimmte Einzelgruppe beabsichtigte Bedrohung wird somit auf die Gesamtgruppe projiziert, was in der Folge

Distanzierung und Abkehr – kurz Isolation – mit sich bringen kann.

Diese Form impliziter Diskriminierung basiert auf der Nachwirkung negativer Grundannahmen, durch die der absolute andere eher als Bedrohung empfunden wird denn als gleichwertiger Partner für die Zukunft. Das ist nur logisch: Aus welchem Grund sollten wir mit jemandem, der vollkommen anders ist als wir selbst, überhaupt eine gemeinsame Lösung finden wollen? Welche Basis für Sicherheit und Vertrauen besteht, wenn wir »den anderen« vor allem als Bedrohung betrachten? Eine Ausgewogenheit zwischen Gemeinschaftlichkeit und Raum für Diversität wird niemals zustande kommen können, sofern wir diese Grundannahmen nicht zur Diskussion zu stellen bereit sind. Denn Manifestationen expliziter Diskriminierung können auf Gesetzesebene bekämpft werden; implizite Formen von Ausgrenzung und Diskriminierung jedoch wirken auf Basis von naturimmanenten Prinzipien im Handeln und sind darum sehr widerspenstig. Wenn die Unterschiede dermaßen verabsolutiert werden, welche Basis besteht dann für die Menschen, zusammen zu arbeiten oder zu wohnen? Nur weil wir zufällig in ein und demselbem Gefüge stecken oder im gleichen Land leben? Dann wird die Quelle der Kooperation zu schwach, und zu verpflichtend. Darin liegt auch der Grund dafür, dass wir – und das gilt ebenso für wohlwollende Menschen – nicht miteinander auskommen können. Diversität nämlich wird häufig als ein Problem und der Kulturunterschied als Ursprung dieses Problems betrachtet. Es ist wichtig zu betonen, dass diese Form der Fixierung auf Kultur besonders für die Immigranten mit einem islamischen Hintergrund gilt. Die Diskussion jedoch geht weniger auf das religiöse Fundament ein, sondern eher auf die kulturelle Bedeutung des Islam, die im menschlichen Verhalten seine Übersetzung findet.

Will man eine langfristige Antwort finden, so ist es nötig, dieses homogene Bild des anderen zur Diskussion zu stellen, damit eventuelle Übereinstimmungen zwischen dem anderen und dem Ich zu den Möglichkeiten zählen können. Hierfür wiederum ist es nötig, Zwischenräume zu schaffen, sodass der Perspektivwechsel eine Chance bekommt. Erst dann können wir auf eine nachhaltige Zukunft von trans-ethnischen Verbänden in den Niederlanden hinarbeiten. Die Realisation von Zwischenräumen ist die wichtigste Bedingung für das zuwege bringen erneuerter Formen gesellschaftlicher Verbindung.

Demokratie und Anderssein

Demokratie ist weit mehr als die Freiheit, seine Stimme abgeben zu dürfen. Im Gegensatz zu dem, was oft behauptet wird, geht es bei der Demokratie nicht allein um die Mehrheit, sondern vor allem um den Raum für die Minderheit. Hierin liegt eben der Unterschied zwischen einem demokratischen Rechtsstaat und einer populistischen Demokratie, in der die Mehrheit der Stimmen eine relative Freiheit kennt, aber die Stimme der Minderheit nicht länger gewährleistet ist. Demokratie ohne Opposition ist keine Demokratie. In Anlehnung an Lefort behauptet Ijsseling, es gehe bei Demokratie nicht in erster Linie um Gleichheit, sondern eher um die Anerkennung von Verschiedenheit. Dies verlangt nach einer Kultur, in der dem Anderssein Raum eingeräumt wird. Demokratie ist nach Tocqueville neben einer Staatsform auch eine Lebensform, was einen Wandel der Sozialverhältnisse bedeutet. Die Befürworter der »deliberativen« Demokratie verweisen auf das öffentliche Forum, in dem die Bürger im freien und offenen Gespräch in die Lage versetzt werden, ihre eigenen Vorlieben verstärkt in öffentliche Zielsetzungen umzusetzen. Einer der gewichtigsten Kritikpunkte an diesem Ansatz ist, dass Demokratie hier auf Dialog reduziert werden könnte, wodurch Machtbeziehungen und deren Einfluss auf den Zugang zu den wichtigsten solcher öffentlichen Podien zu wenig berücksichtigt würden. Demokratie ist mehr als nur Dialog; es geht um eine Kultur, eine Haltung und eine Lebensweise. Eine demokratische Haltung beinhaltet, dass von vornherein akzeptiert wird, dass der andere anders sein darf. Eine demokratische Struktur ist nicht viel wert ohne eine demokratische Kultur, und diese ist einzig dann möglich, wenn der Ausgangspunkt nicht das Ich, sondern der andere ist.

Ein demokratischer Rechtsstaat wie die Niederlande hat zwei Komponenten der Demokratie, die Staatsform und die Lebensform der »civil society«. Die Theoretiker der 70er- und 80er-Jahre des vorigen Jahrhunderts haben vor allem den Nachdruck darauf gelegt, was Rawls die Grundstruktur der Gesellschaft nannte: die konstitutionellen Rechte, die politischen Beschlussbildungsprozesse und die sozialen Institutionen, durch die Demokratie möglich werden soll. Inzwischen ist allgemein akzeptiert, dass neben dieser »Grundstruktur« auch den Qualitäten und der Haltung der handelnden Bürger innerhalb dieser Grundstrukturen Aufmerksamkeit geschenkt werden muss. Diese »Grundhaltung« – die Tocqueville »Lebensstil« nennt – ist unverzichtbar für den Erhalt und die Kontrolle einer Kultur der Demokratie. Hierin spielt der bereits zuvor erwähnte Terminus der »public virtues« von Tocqueville eine entscheidende Rolle. Toleranz ist eine der wichtigsten demokratischen Tugenden, mit der die niederländische Tradition aufwarten kann.

Toleranz: Essenz der Demokratie?

Toleranz stellte in den Zeiten der Versäulung in den Niederlanden die Basis dar für das Bewahren einer Einheit aus der Verschiedenheit heraus. Van der Zee unterscheidet diverse »Regime der Toleranz«, wovon eines in dieser Periode in jedem Fall als dominant angesehen werden muss. Es ist das resignierende Regime der Toleranz, das die Pazifikation zum wesentlichen Ziel hat. Die Idee dahinter ist, das Anderssein des Gegenübers zu akzeptieren, ohne jedoch darüber hinaus eine inhaltliche Verbindung herzustellen. Diese Form der Toleranz ist bezeichnend für die Zeit der Versäulung. Die einzelnen Säulen tolerierten ihre gegenseitige Existenz, hatten aber im Allgemeinen keinen Bedarf an Interaktion. In einem früheren Text habe ich die These aufgestellt, dass es während der Versäulung eher um den Respekt für »die Mauer« zwischen den Säulen ging, als um den Respekt für den Inhalt innerhalb der Säulen. Dommering sieht in dieser Form der Toleranz eine Selbsteinschränkung, die durch Nichtäußerung einer Missbilligung – in dem Bestreben sich nicht durch abweichendes Verhalten bloßzustellen – zugunsten von Pazifikation in Konfliktsituationen gekennzeichnet ist. Diese Form der Toleranz ist auch, was Schuyt als die Auswahl aus zwei Übeln, das Abwägen einer negativen Sache gegen eine weniger negative Sache beschreibt. Diese Form der Toleranz wurde auch auf die sogenannte neue islamische Säule angewendet. Die Menschen, die dieser Säule zugerechnet wurden, wurden deshalb toleriert, weil es nun einmal so Brauch war und weil vorherige Erfahrung gelehrt hatte, dass dies zur Pazifikation führe. Was allerdings in Zeiten der Versäulung zum Teil erfolgreich zu sein schien, wirkte bei der neuen Gruppe von Niederländern bzw. Immigranten nicht optimal. Denn für die Immigranten ist allgemein das Finden einer Verbundenheit mit der neuen Heimat, in der sie ankommen, von Relevanz. Für die gegenwärtigen Niederlande scheint darum eine passive und ziemlich gleichgültige Form der Toleranz, in der vor allem Raum gelassen, aber keine Verbindung gesucht wird, unzureichend. Obendrein brauchen wir in dieser Zeit des extremen Individualismus und der Verherrlichung des Ichs eine Verbindung zwischen dem Individuum und der Öffentlichkeit. In dieser Zeit sollte eben die relationale Dimension des Individuums stimuliert werden, denn durch das Einfordern des eigenen Raumes, des eigenen Rechts und der eigenen Freiheit, ist diese relationale Sensibilität ansatzweise verloren gegangen. Hierdurch kommt die eigentliche Bedrohung für das Individuum nicht mehr länger aus dem Druck vonseiten des Kollektivs, sondern aus der absoluten Individualisierung selbst. Um den Kontakt mit der Öffentlichkeit wieder herzustellen, ist Selbsteinschränkung nach Art der passiven Form von Toleranz lediglich ein erster Schritt. Der notwendig darauf folgende Schritt ist Selbstreflexion, Raum und Möglichkeit zum Austausch von Perspektiven. Dies erfordert eine aktive Form von Toleranz.

Kurz, die erste Form der Toleranz, die den Aspekt Raum lassen betont – was zu Gleichgültigkeit führen kann, ist die erste Bedingung einer demokratischen Kultur, aber sie reicht allein nicht aus. Der zusätzliche Schritt, der nötig ist, heißt Raum schaffen. Dies ist eine verbindlichere Form von Toleranz, in der Interesse und Offenheit gegenüber dem Anderssein im Zentrum steht. Der Philosoph Theo de Boer beschreibt diesen Schritt anhand des Konzepts des »epochè«, den er als essenziellen Schritt in Richtung eines interkulturellen Dialogs ansieht. »Epochè« meint ein zeitweiliges Zurückstellen der Wahrheit des eigenen Urteils. Wir können dem anderen nicht zuhören, ohne vorläufig ein Fragezeichen hinter unsere eigene Überzeugung zu setzen. Das bedeutet nicht den Zweifel an den eigenen Ideen, sondern den Auftakt zu einem gemeinschaftlichen Zwischenraum, einem temporären Raum für das Zuhören und das Annähern an den anderen. De Boer formuliert treffend, dass ohne das Zurückstellen eine Diskussion keinen Sinn mache; ohne Überzeugung jedoch keinen Einsatz habe. Im Sinne eines gesellschaftlichen Konsens sollten wir imstande sein, uns dem anderen anzunähern, ihn zu sehen und zu hören. Hierfür ist nicht allein eine überzeugende Argumentation vonnöten, sondern vor allem die Fähigkeit, beiseitezutreten. Es ist wichtig, durch vorläufiges Ausweichen, Zwischenräume für den anderen zu kreieren, bevor wir ihn beurteilen oder gar verurteilen. Außerdem ist das Raumschaffen die einzige Möglichkeit, dem alles beherrschenden Diskurs (der Vorurteilen als Nahrung dient) ein Gegengewicht zu bieten. Auf diese Weise kann das Schaffen zeitweiliger Zwischenräume zu Perspektivwechseln führen, eventuell gefolgt vom Aufkommen neuer Ideen, Kreationen und neuen Verbindungen.

Bisher habe ich sowohl die passive als auch die aktive Form von Toleranz beschrieben. Wenn die erste (Raum lassen) als notwendige Voraussetzung für Demokratie angesehen werden kann, dann ist die zweite (Raum schaffen) eine essenzielle Voraussetzung für die Kultur der Demokratie, in der Verbundenheit zwischen den Individuen aus den Unterschieden heraus im Fokus steht. Aber es gibt noch eine dritte Voraussetzung, die an den Kern der Demokratie heranreicht und zwar Raum überwachen. Das soll heißen, dass Menschen sich bereitwillig dafür einsetzen, die Freiheit und den Raum des anderen sicherzustellen und nötigenfalls zu verteidigen.

In einer Gesellschaft, in der die demokratische Struktur und Kultur in Balance sind, überwachen der Staat und seine Bürger den öffentlichen Raum als einen offenen und freien Raum, sodass die Individuen sich sicher fühlen, ihre eigenen Entscheidungen zu treffen. Dieser Raum bietet den Individuen die Möglichkeit, in relativer Freiheit ihrer Identität stets eine neue Gestalt zu geben; diese Freiheit beinhaltet, dass man sowohl kritisch als auch bekennend zu dem eigenen (kulturellen und/oder religiösen) Hintergrund stehen darf. Menschen müssen den öffentlichen Raum als offen genug erfahren, um sich im Hinblick auf ihre eigenen Wünsche und Ansichten in ihrer Beziehung zum anderen weiterzuentwickeln. Für diese persönliche Entwicklung ist es essenziell, dass Menschen vor Unverschämtheit und Respektlosigkeit im öffentlichen Raum geschützt werden. Dabei besteht ein Unterschied zwischen singulären Zwischenfällen und einem konstanten Muster und dessen erkennbarer Dominanz im öffentlichen Diskurs. Im letzteren Fall kann der öffentliche Raum als zu verschlossen oder unsicher erfahren werden. Dieses Gefühl von Unsicherheit im öffentlichen Raum führt häufig zu einem reaktiven Verhalten oder auch einer extrem passiven Haltung bzw. einer extrem negativen Haltung der Gesellschaft gegenüber. Wenn es der Staat und seine demokratischen Bürger nicht schaffen den öffentlichen Raum zur offenen Sphäre für alle Individuen mit all ihren Unterschieden werden zu lassen, dann bleibt nur noch Raum für Extremfälle, die einander provozieren (Ex-Muslime, die sich mit aller Kraft gegen ihren eigenen Hintergrund wenden oder extrem gläubige Muslime, die sich verteidigen). Dann wird kaum mehr Raum sein für nuancierte Kritik aus den eigenen Reihen und Verbundenheit der Individuen von verschiedenen Standpunkten aus.

Kurz: Eine demokratische Gesellschaft ist eine, in der sowohl die Grundstruktur – in Form von Gerechtigkeit, freier Meinungsäußerung und Gleichheit der Rechte – als auch die Grundhaltung – in Form von gesellschaftlichen Tugenden wie Respekt, Toleranz, Neugierde und Offenheit – durch demokratische Instanzen und Bürger überwacht werden. Die Regierung sollte hierin nicht eine erzwingende, sondern vor allem eine fördernde und betreuende Rolle innehaben.

Das Individuum als Bürger

Demokratie zeichnet sich durch Bürger aus, die sich für die Gemeinschaft, deren Bestandteil sie sind, einzusetzen vermögen, ohne zu erwarten, selbst eo ipso daraus Profit zu schlagen. Sie setzen sich für Freiheit als ein gemeinschaftliches Ziel ein. Das bedeutet, die Aufmerksamkeit nicht allein auf die kurzfristigen und zweckdienlichen Problemlösungen zu richten, sondern langfristige und nachhaltige Lösungen vorzuziehen, auch wenn diese oft viel Geduld erfordern. Es bedeutet auch, dass Menschen in gewisser Weise von den Problemen, mit denen sie täglich zu tun haben, Abstand nehmen können, um sie kontextualisieren und dadurch besser analysieren zu können. Erst dann werden aus Individuen Bürger, die über den Horizont ihrer eigenen Probleme und Interessen hinaussehen können. Diese Bürger sind die wahren Hüter der Demokratie: Sie sind Menschen, die bereit sind, sich für den Erhalt der Freiheit und des Raumes eines anderen einzusetzen und diesen im Notfall zu verteidigen. Durch ihr Engagement wird Demokratie durchsetzungsfähig gegenüber undemokratischen Tendenzen, die in jeder Gesellschaft auftreten. Ihre Aufgabe ist es, scharfsinnig zu bleiben, sodass die Demokratie und die Freiheit nicht als Selbstverständlichkeit hingenommen oder zu unbeabsichtigten Taten ohne Reflexion stilisiert wird.

Obwohl die Stimme der Mehrheit die wichtigste Bedingung für Demokratie ist, scheint das Geltungsbedürfnis eben dieser Mehrheit auch eine Gefahr für die Demokratie darzustellen. Die stärkste Waffe zur Verteidigung dieser verletzlichen Freiheit und der Demokratie ist, sie wie einen kostbaren Besitz zu umsorgen. Toleranz ist eine der wertvollsten Kräfte eines jeden demokratischen Landes wie den Niederlanden, das in den letzten Jahren ins Fadenkreuz des extremen Individualismus und des neuen Realismus geraten ist. Diese Tugend war insbesondere in der niederländischen Geschichte von essenzieller Bedeutung, um demokratische Kultur und die Freiheit des Andersseins zu schützen. In diesem Essay habe ich jedoch versucht darzulegen, dass der traditionelle Ansatz von Toleranz unzureichend für die heutigen Niederlande ist. Und doch ist es gerade die konstruktive Überarbeitung und Neudefinition dieses Konzeptes, die uns Perspektiven bietet, wenn wir diesen historischen Reichtum nicht einfach negieren, sondern uns für die Zukunft einsetzen wollen. Denn es sind letztlich Offenheit und Toleranz, die dem Anderssein Raum bieten. Der Perspektivwechsel, der durch aktive Toleranz zustande kommen kann, ermöglicht Selbstreflexion und Erneuerung und er bietet den nötigen Abstand zur Macht der dominanten undemokratischen Tendenzen. Wie bereits zuvor skizziert, besteht eine der widerspenstigsten Tendenzen dieser

Zeit im extremen Individualismus, durch den die relationale Dimension der Demokratie angreifbar wird. Eine weitere starke Tendenz dieser Zeit ist der Aufstieg extremer Formen von Kollektivismus als Widerstand gegen den (unerwünschten) anderen. Das wichtigste Ethos dieses Zeitalters ist deshalb, die Kultur der Demokratie vor dieser Primitivierung zu retten, indem die Balance zwischen Gemeinschaftlichkeit und Unterschied gesucht wird. Hierin liegt der Kern des demokratischen Bürgerwesens. Bürger, die sich frei machen können von den selbstverständlichen Mächten der Dominanz, in welcher Form auch immer. Dann erst wird es möglich sein, dass dem Individuum der Status eines demokratischen Bürgers zukommt; eines Bürgers, der die Bedeutung von Selbstreflexion in seinem Freiheitserlebnis nicht unterschätzt.

Tariq Ramadan

Die Zukunft liegt im Dialog! – Neue Herausforderungen für Muslime in Europa

Die Situation des Islam in Europa hat sich in jüngster Zeit zu einem viel behandelten Thema an den Universitäten wie auch in den Medien entwickelt, und zwar in allen europäischen Ländern. Man war sich schon länger bewusst, dass Länder wie Frankreich, Großbritannien oder Deutschland über eine bedeutende muslimische Minderheit verfügten. Heute jedoch handelt es sich dabei um eine Realität, die sich vom Süden Spaniens bis in den Norden der skandinavischen Länder erstreckt. Wir verfügen über keine exakten Zahlen, aber man zählt zwischen 14 und 18 Millionen Muslime allein in Westeuropa. Im Übrigen konstatiert man auch beinahe täglich den Anstieg der Bedeutung des islamischen Anteils in ganzen Bevölkerungsschichten der osteuropäischen Länder. Mit der Bewusstwerdung der Folgen dieses Umstands gestaltet sich die politische und kulturelle Zukunft der Alten Welt in einem ganz neuen Licht.

In politischen Kreisen ging man lange Zeit davon aus, dass es letztlich nur zwei Alternativen gäbe: Entweder die Moslems assimilieren sich auf die eine oder andere Weise, sowohl was ihre Religion als auch was ihre Kultur angeht, und werden somit zu »echten« Europäern. Oder sie bleiben ihren Wurzeln verhaftet und verharren wohl oder übel am Rand der Gesellschaft, ohne je »echte« Mitbürger zu werden.

In den letzten 20 Jahren hat sich die Qualität der muslimischen Präsenz in Europa gewandelt und lässt nun diese überpointierte Prognose als veraltet erscheinen. Ganz neue Prozesse der Verwurzelung sind in der gesellschaftlichen Öffentlichkeit in Erscheinung getreten und die Reden der Vertreter muslimischer Vereinigungen erhielten einen neuen Ton. Zuerst in solchen Ländern, wo der islamische Bevölkerungsanteil historisch stärker verankert ist, wie in Frankreich, Großbritannien oder Belgien; später auch in Deutschland, Holland und anderen Ländern. Es geht heute darum, seine Zugehörigkeit zum Islam offen zur Schau zu stellen, ohne zugleich ein soziales, politisches und kulturelles Engagement zu verwehren, und somit ein neues, selbstbewusstes Zugehörigkeitsgefühl im Schoße der europäischen Gesellschaften zu offenbaren. Man sieht mehr und mehr muslimische Einzelpersonen und Organisationen, welche sich um eine aktive und verantwortungsbewusste Teilnahme als Mitbürger am gesellschaftlichen Leben bemühen und somit die Qualität ihrer Präsenz in den europäischen Gesellschaften verbessern. Als europäische Staatsangehörige von islamischer Konfession beanspruchen sie das Recht, Moslems zu bleiben und fördern zugleich ein neues Bewusstsein ihrer Verantwortung, was die Erfüllung der Pflichten als Mitbürger betrifft. Wir wohnen in der Tat einer Entwicklung bei, die ich bereits vor zehn Jahren, als »eine stille Revolution« in der Mentalität der Moslems, egal welcher Herkunft, bezeichnet habe. Die kommenden Jahre werden mit großer Wahrscheinlichkeit eine noch sichtbarere, intensivere und umfassendere Teilnahme an den Tag legen.

Zu dem Zeitpunkt, da man einen tief greifenden Wechsel in der Haltung seitens der neuen amerikanischen Regierung wahrnimmt, wäre es von Bedeutung, dass die europäischen Staaten in kritischer und zuweilen radikaler Weise alteingesessene Gewissheiten hinterfragen, welche noch immer ihre Politik gegenüber dem Islam und den Moslems prägen. Präsident Barack Obama hat am 2. Juni 2009 ohne Vorbehalt die Vereinigten Staaten als »ein großes muslimisches Land« bezeichnet und somit anerkannt, dass die amerikanischen Moslems mit ihrer muslimischen Identität sehr wohl auch die amerikanische Identität bereichern. In Europa zögert man noch zu glauben, dass der Islam mittlerweile eine europäische Religion ist und die Muslime vollwertige Mitbürger darstellen. Nun hat der Islam heute nicht mehr einzig mit der Problematik der Immigration zu tun. Genauso wie der Katholizismus, der Protestantismus oder das Judentum ist der Islam Teil von Europa und die Konfession mehrerer Millionen Mitbürger, die realiter und auch de jure in Europa zu Hause sind.

Soll das heißen, dass alle Probleme somit gelöst sind? Bedeutet das, man hat Angst, Zurückweisung und Rassismus überwunden?Mitnichten. Auch wenn man sagen kann, dass die regionalen Begebenheiten einer schnellen Wandlung unterzogen sind, so ist es doch evident, dass sich die Mentalität noch kaum ändert und der Islam sowie die Muslime für viele Menschen weiterhin ein Problem darstellen und die religiöse wie die kulturelle Homogenität des Alten Kontinents stören. (Man erinnere sich an die Rede des Papstes in Regensburg über die europäischen Wurzeln.) Es braucht Zeit, um die alten Reflexe der gegenseitigen Zurückweisung zu überwinden.

Wenn wir die zukünftige Entwicklung prognostizieren möchten, müssen wir uns zunächst über die Gründe Klarheit verschaffen, welche das negative Bild des Islams und der Muslime heute verantworten. Dann gilt es, die Entwicklungen im zeitgenössischen islamischen Denken in Europa aufzuzeigen. Es wird sich zeigen, dass im Gegensatz zu den bisherigen Erfahrungen die Erneuerung offensichtlich ist. Schließlich werden wir uns bemühen, eine neue Vision zu umreißen, geeignete Ansätze sowohl für die Moslems wie für die europäischen Gesellschaften zu präsentieren und die Entwicklungen in positiver Manier neu zu bestimmen.

Negative Wahrnehmungen: direkte und indirekte Ursachen

Die neue Präsenz des Islam auf dem Alten Kontinent ist noch relativ frisch. Sie währt etwa 60 bis 70 Jahre, je nach dem betreffenden Land, und ihre deutliche Spürbarkeit ist noch wesentlich jünger. Diese neue Realität betrifft also historisch gesehen einen sehr kurzen Zeitraum. Die anderen religiösen und nationalen Minderheiten (je nach den einzelnen Ländern Juden, Katholiken, Protestanten, Orthodoxe, Polen, Italiener, Portugiesen) haben jahrhundertelange Konflikte und Diskussionen hinter sich gebracht, bis sie in den jeweiligen Aufnahmeländern ihren Platz fanden und ihre Rechte errangen. Wie sollte somit im Falle der Moslems die Frage in lediglich zwei bis drei Generationen zu einer Lösung gelangen?

Darüber hinaus bestanden die ersten muslimischen Einwanderungswellen aus Arbeitern von sehr bescheidener Herkunft aus Nordafrika, der Türkei oder Indien und Pakistan, welche durch den wirtschaftlichen Druck angetrieben waren. Ihr Bildungsniveau und ihr unsicherer Status erlaubten es nicht, innerhalb einer Generation die Präsenz einer islamischen Wirklichkeit in Europa zu reflektieren. Es brauchte jeweils eine zweite und dritte Generation, damit die Arbeiter die Wahrnehmung ihrer eigenen Präsenz in den jeweiligen Aufnahmeländern veränderten. In Frankreich ist das offenkundig, während in Großbritannien etwa die Bildung der Minoritätengemeinschaften oft die Sozialstruktur ihrer Herkunftsländer, ja sogar einzelner Regionen, widerspiegelten. In Deutschland hat die Einbürgerungspolitik den Integrationsprozess gebremst, der sich erst jetzt deutlich zu entwickeln beginnt.

Ein dritter Faktor sind die Auswirkungen internationaler Ereignisse. Man kann die Auswirkungen gar nicht überschätzen, welche die Entwicklungen ausgehend von der islamischen Revolution im Iran 1979 auf die Mentalität und die negative Wahrnehmung des Islam auf breiter Fläche in den europäischen Gesellschaften gezeitigt haben. All diese Ereignisse von der Rushdie-Affäre und der Gewalt im Nahen Osten bis zu den Terrorattacken und dem Wahn der Taliban, eingeschlossen die endlosen Kontroversen hinsichtlich Kopftuchdebatte, Karikaturenstreit, soziale Spannungen, Berichterstattung in den Medien etc., haben eine Spannungssituation gefördert, welche zu der allgemeinen sozialen Krise in ganz Europa (Arbeitslosigkeit, Aussperrungen, Unruhen in den Vorstädten) hinzukam.

Hiermit sind die Gründe genannt, die eine unbeschwerte Debatte über die Präsenz der Moslems in Europa schwierig, ja, vielleicht unmöglich machen. Oft wird ihre Anwesenheit ohnehin kurzsichtig mit dem Problem der Einwanderung verwechselt. Eine ernsthafte Einordnung der Dynamiken, welche die muslimischen Gemeinschaften in Europa durchziehen, wird letztlich durch die Dämonisierung der Moslems verhindert.

Zu alledem gilt es die Spannungen hinzuzufügen, welche die europäischen Gesellschaften selbst ohnehin durchziehen; sie fördern Konflikte, Ängste, Abschottungen und negative Wahrnehmungen. Die Globalisierung und auch die Schaffung der Europäischen Union bringen historische Prozesse ans Licht, die die alteingesessenen Maßstäbe des Nationalstaats und der homogenen kulturellen Entwicklung überschreiten. Die Bürger verspüren den Verlust ihres gewohnten Bezugsrahmens. Sie reagieren oftmals reflexhaft mit einem Identitätsproblem. Die letzten Europawahlen im Juni 2009 offenbarten diesbezüglich in zahlreichen Ländern beunruhigende Tendenzen. Man ist sich in Europa bewusst, dass es angesichts der dramatischen Überalterung der einheimischen Bevölkerung zum wirtschaftlichen Überleben der Einwanderung bedarf. Hier tut sich ein weiterer Spannungsherd auf zwischen den ökonomischen Bedürfnissen und den Widerständen gegenüber solchen Kulturen und Religionen, die als »fremd« empfunden werden. Der Konflikt zwischen den wirtschaftlichen Erfordernissen und dem Bedürfnis nach »kultureller Sicherheit« stellt eine tief greifende Realität in der kollektiven Psychologie des heutigen Europas dar. Diese Ängste gipfeln übrigens oft in der Vorstellung, der Islam und die Moslems seien von Natur aus expansionistisch und man müsse am Ende eine langsame Kolonisierung, die »Islamisierung Europas«, befürchten, wie es Slogans bei einer Demonstration in Deutschland 2009 gegen die Errichtung einer Moschee ausdrückten oder auch die Kampagne der »Schweizerischen Volkspartei« (SVP) gegen den Bau von Minaretten, welcher angeblich »eine Expansionspolitik darstellt und die schleichende Kolonisierung durch die Moslems«.

Diese tief greifende europäische Identitätskrise fördert auf der Ebene der kollektiven Psychologie und der allgemeinen Wahrnehmung die Befürchtungen, welche durch den objektiven Umstand der Installierung der Moslems in Europa und des Aufkommens der neuen europäischen Mitbürger muslimischen Glaubens entstehen. Zumal die neuen Generationen aus den Ghettos hervortreten, in denen sich ihre Eltern ansiedelten (oder angesiedelt wurden), wird ihre Präsenz deutlicher sichtbar und als unangenehm empfunden. Die gesellschaftliche Debatte wird hitzig und starrsinnig geführt, wodurch der notwendige politische Dialog über die Befolgung der Gesetze und des Gleichheitsgrundsatzes sich in einen Streit um Religion und Kultur verwandelt, welche nun einzig und allein als ursächlich für die Probleme und Missstände angesehen werden. Probleme, die ursprünglich im gesellschaftlichen Rahmen und auf politischer Ebene hätten diskutiert werden müssen, werden somit in Grundfragen von »Kultur« und »Religion« verwandelt und somit letztlich entstellt durch die Auswirkungen der Identitätskrise, die Europa durchzieht.

Die Allgemeinheit wird somit blind für die Wirklichkeit, wie sie sich in Zahlen und Tatsachen ausdrückt. Diese besagt nämlich, dass die sehr große Mehrheit der Moslems in Europa sich gut einfügt und ohne Probleme lebt. Desgleichen wird man taub für die Ansichten der vorherrschenden Strömungen in den muslimischen Gemeinschaften, die ihre Loyalität gegenüber den europäischen Aufnahmeländern ausdrücken; man nimmt anscheinend bloß jene Stimmen für bare Münze, die sich in radikaler Manier äußern, obwohl sie eine ganz kleine Minderheit darstellen. Um sich abzugrenzen und zu polarisieren, zeichnet man das Bild eines monolithischen und expansionistischen Islam, der in Stagnation verharrt und das einzige Ziel hat, eine Vormachtstellung zu erreichen. Das Ansehen des Islam ist in der Tat sehr negativ und der fremdenfeindliche einheimische Populismus braucht gar nichts mehr hinzuzuerfinden, um seine Ziele zu erreichen.

Entwicklungen

Ganz im Gegensatz zu dem Vorurteil eines monolithischen, statischen und/oder dogmatischen islamischen Denkens, stellt man bei näherem Hinsehen fest, dass dieses sich sehr wohl entwickelt hat. Aus zwei vordergründig widersprüchlichen Gründen haben die zweite und dritte Generation eine entscheidende Rolle in der Entwicklung der Mentalität innerhalb der verschiedenen muslimischen Gemeinschaften in Europa gespielt. Einerseits ist der Anteil derjenigen jungen Leute, die ihre Religion praktizieren, relativ gering, sodass die Eingliederung in die Gesellschaft der Empfängerländer für die meisten von ihnen im Alltag mehr einer Assimilierung glich. Diese Tatsache zwang die Verantwortlichen in den Moscheen und die Vorsitzenden der muslimischen Gesellschaften der ersten Generation ihre Handlungsweisen zu überdenken. Waren sie ursprünglich von Regierungen und militanten Moslems im politischen Exil beauftragt, so mussten sie sich in der Folge den Gegebenheiten der jungen Leute angleichen, ihre neue Sprache sprechen, die religiöse Praxis neu orientieren und die sozialen und kulturellen Aktivitäten umdefinieren.

Im Gegensatz dazu hat die Erneuerung der religiösen Praxis bei einer Minderheit der jungen Menschen zur Schaffung zahlreicher neuer Gemeinschaften geführt. In 20 Jahren hat sich ihre Zahl fast verdreifacht. Es sind mittlerweile junge, immer aktivere Moslems um die 30, die die Entwicklung gefördert haben; sie sind in Europa geboren und haben oft an europäischen Universitäten studiert. Ihr Engagement hat tief greifende Veränderungen in der Mentalität bewirkt. Denn sie wissen, dass sie mittlerweile in Europa zu Hause sind und nicht nur über Pflichten, sondern auch über Rechte verfügen. Dies hat zu einem Generationsbruch geführt, zumal diese jungen Leute im Gegensatz zu den Immigranten der ersten Generation offensiv das soziale und intellektuelle Terrain zu besetzen gedenken.

Ihre Dynamik und ihre neue europäische Kultur haben die Älteren dazu gezwungen, ihr Handeln und ihr Denken gegenüber dem Alten Kontinent, in dem sie leben, völlig zu überdenken. Diese Tatsache hat in der Folge bedeutende Debatten innerhalb der muslimischen Gemeinschaften provoziert, insbesondere unter den muslimischen Gelehrten (Ulemas). In Bezug auf Fragen der islamischen Gesetzsprechung (Fiqh) wurden diese dazu angeregt, ihre Ansichten in neuen Gesetzesbeschlüssen (Fatwas) den westlichen Gegebenheiten anzugleichen.

In den 80er- und 90er-Jahren des letzten Jahrhunderts hat sich ein stärkeres Bewusstsein für den Bedarf einer Erneuerung des islamischen Denkens in der westlichen Welt entwickelt. Die jungen Muslime, die jetzt europäisch denken, stellen, auf direkte oder indirekte Weise, jetzt Fragen, die explizite Antworten erfordern.

Muss Europa immer noch (nach der geopolitischen Terminologie der Ulemas des 9. Jahrhunderts) als Dar al-Harb (Welt des Krieges) im Gegensatz zum Dar al-Islam (Welt der muslimischen Mehrheit, wo die Moslems in Sicherheit nach ihrer Gesetzgebung leben) angesehen werden? Anders ausgedrückt: Ist es möglich, dort zu leben? Wenn ja, wie müssen die Muslime sich dann in Bezug auf die jeweilige nationale Gesetzgebung verhalten? Kann ein junger Moslem eine europäische Nationalität erlangen und voll und ganz in seine Rolle als Mitbürger eintreten? Das sind Fragen, auf welche die muslimischen Gelehrten noch nie auf einheitliche, vollständige und ausführliche Weise geantwortet haben.

Seit den 90er-Jahren hat es immer mehr theologische und juristische Grundsatzdebatten gegeben, an denen Ulemas der muslimischen Welt und auch immer mehr Imams und Intellektuelle aus Europa teilgenommen haben. Dabei hat es auf der Ebene der islamischen Gesetzsprechung äußerst bedeutende Neuerungen gegeben. Fünf Prinzipien zeichnen sich ab, die nunmehr nahezu übereinstimmend von fast allen Gelehrten der muslimischen Gemeinschaften Europas vertreten werden:

- Einem Moslem mit Aufenthaltserlaubnis oder Staatsangehörigkeit ist geboten, sich durch einen sittlichen und sozialen Vertrag an das Land, in dem er lebt, gebunden zu fühlen und dessen Gesetze zu respektieren.
- Die Gesetzgebung in den europäischen Ländern (und in der Praxis der Rahmen der Säkularisierung) gestatten es dem Moslem, seine Religion im essenziellen Ausmaß auszuüben.
- Die alte Bezeichnung Dar al-Harb, welche nicht aus dem Koran hervorgegangen ist und nicht der Tradition der Propheten angehört, wird als hinfällig betrachtet.
- Die Moslems sind gehalten, sich als Mitbürger in vollem Ausmaß zu betrachten und im Rahmen der Respektierung ihrer Werte am sozialen, wirtschaftlichen und politischen Leben der Länder, in denen sie leben, teilzunehmen.

- Im Rahmen der Gesetzgebung der europäischen Länder hindert den Moslem, genau wie jeden anderen Mitbürger, nichts daran, Entscheidungen zu treffen, welche den Erfordernissen seines Glaubens entsprechen.

Viele Muslime haben sich dem Ausdruck »Europäischer Islam« widersetzt, denn dies schien zu bedeuten, einen »Kompromiss« zu akzeptieren und einen »Neuen Islam« zu fördern. In der Tat besteht ein großes Risiko, alte Reflexe der Assimilierung in neue Formeln zu übertragen, indem man den Moslems vorschlüge, um Europäer zu sein, »weniger muslimisch« zu sein. Es bedarf der Klarheit bezüglich der zu benutzenden Termini und der zu erreichenden Ziele.

Wenn man den Begriff »Europäischer Islam« so versteht, dass die Moslems entscheidende Elemente ihrer Religion vernachlässigen müssen, dann scheint klar, dass dieses Projekt Unruhe und starken Widerstand innerhalb der muslimischen Bevölkerung hervorrufen wird. Heutzutage kann es sich nicht darum handeln, diesen Gemeinschaften zu empfehlen, ihrer Identität zu entsagen. Vielmehr sollte man ihnen einen Weg aufzeigen, welcher den Moslems erlaubt, wirklich sie selbst zu bleiben und sich zugleich in Europa zu Hause zu fühlen. Der Europäische Islam sollte also ein von offenherzigen und loyalen Mitbürgern voll ausgelebter Islam sein. Ist das möglich?

Die neuen Generationen sind dabei, diese Frage positiv zu beantworten und Millionen von Moslems in Europa bestätigen es Tag für Tag, wie es der im April 2009 veröffentlichte Bericht des amerikanischen Gallup-Instituts über die Präsenz der Moslems in Europa zeigt. Während die Ausarbeitung des theoretischen Bezugsrahmens langsam voranschreitet, ist die Erneuerung des Identitätsbewusstseins in der Praxis offenkundig. Trotz des Drucks wissen die jungen Menschen besser einzuschätzen, dass die jeweilige nationale Gesetzgebung den Respekt ihrer Identität garantiert. Infolgedessen entwickelt sich das Engagement einer großen Zahl muslimischer Vereinigungen. Sie insistieren nun mehr auf einer Entwicklung des Bürgerbewusstseins und der Teilnahme am öffentlichen Leben, was stärker als notwendiger Schritt zur Erringung der vollen Rechte angesehen wird. Die Verständigung nimmt Formen an: Die Verhaltensmaßregel lautet nicht, zuvörderst für einen Moslem zu stimmen, sondern für den kompetentesten und integersten Kandidaten, welcher Konfession er auch immer sei.

Ein weiteres Indiz für den Wunsch, aus der Isolierung herauszutreten, ist die Förderung der jeweiligen europäischen Nationalsprache in den Konferenzen und den Freitagsgebeten. In Großbritannien, Frankreich, Belgien, Deutschland und der Mehrheit der europäischen Länder kämpfen die jungen Leute in den Vereinigungen gegen Abgrenzungstendenzen. Mittlerweile sind es immer mehr die europäischen Nationalsprachen, die als Mittel der Kommunikation genutzt werden, und die Übertragungswege gestalten sich derart, dass die traditionellen Modelle des Maghreb, Asiens oder der Türkei vernachlässigt werden.

Der Europäische Islam scheint auch den Weg seiner politischen und finanziellen Unabhängigkeit eingeschlagen zu haben. Große Moscheen und Einrichtungen bleiben zwar gebunden an Weisungen von Regierungen, aber immer mehr Vereinigungen machen sich gänzlich unabhängig. Zugleich wird eine große Zahl von Kultstätten mittlerweile mit Geldern erbaut, die innerhalb der Religionsgemeinschaften gesammelt werden. Die Aktivitäten der jungen Leute werden eigenfinanziert und profitieren auch von Subventionen der Verwaltung. Diese Unabhängigkeit wird in den nächsten Jahren einen wichtigen Trumpf darstellen.

Letztes Indiz für den tief greifenden Wandel, der vonstattengeht, sind die neuen künstlerischen und kulturellen Leistungen der Muslime. In Großbritannien, Dänemark, Spanien oder Frankreich sind zahlreiche Gruppen dabei, eine wahrhaftige »islamische europäische Kultur« zu schaffen. Einige von ihnen begnügen sich damit, bekannte Formen wie Rap, Varieté oder Volkstheater fortzuführen; andere beweisen eine regelrechte Fähigkeit der Adaptation.

Diese Gruppen entfernen sich immer mehr von der arabischen, türkischen und indo-pakistanischen Kultur und suchen einen künstlerischen Ausdruck, der eine eigenständige Ethik befolgt und zugleich den Gebräuchen und dem Geschmack der europäischen Länder Rechnung trägt. Bald wird es noch originellere Produktionen geben, die Ausdruck der mittlerweile akzeptierten muslimischen europäischen Identität sein werden. Das Feld ist weit und es bedarf seitens der Moslems eines kritischen, wählerischen und kreativen Geistes, wie er sich bereits offenbart.

Die Ära der Post-Integration

Es gilt, diese Entwicklungen im Auge zu behalten, die in der Tat die europäische Verwurzelung und die Entstehung eines vielfältigen und sehr tief greifenden Zugehörigkeitsgefühls bezeugen. Was heute einen deutlicheren Fortschritt verhindert, beruht einerseits auf den sozialen, politischen und ideologischen Aspekten, die sich in letzter Zeit sehr wenig entwickelt haben, und andererseits auf gewissen Verhaltensweisen in manchen Schichten der muslimischen europäischen Gemeinschaften, die sich noch wandeln müssen. Die Vorgänge schreiten also in zwei Richtungen voran und werden zwangsläufig komplementär sein.

Wir müssen dringend aus dem Teufelskreis heraustreten, in den unsere Stellungnahmen, Darstellungen und Reden seit Jahren eingeschlossen sind. Man wiederholt in einem fort, dass wir es mit kulturellen und religiösen Fragen zu tun hätten und die Probleme des »Zusammenlebens« enden würden, sobald die Frauen und Männer, die aus der Immigration hervorgegangen seien, sich endgültig integriert hätten. Man vermag nicht einzusehen, dass die religiöse und kulturelle Integration für viele Mitbürger bereits erfolgt ist. Das trifft nicht nur auf Frankreich und Großbritannien zu, wo die muslimische Präsenz bereits älter ist, sondern ebenso auf die neuen Generationen in Deutschland und den meisten anderen europäischen Ländern.

Hunderttausende von Frauen, Männern und Kindern leben in Europa und haben überhaupt kein Problem mit der Gesetzgebung in ihren Ländern. Ebenso wenig mit der Erinnerungskultur und den staatlichen Institutionen. Sie entstammen der ersten, zweiten oder sogar dritten Generation und sind bereits »integriert«. Wenn man bezüglich dieser Mitbürger weiterhin von »Integration« spricht, projiziert man auf sie Umstände und Befürchtungen, die sie bereits hinter sich gelassen haben. Vor allem erzeugt dies in der Gesellschaft auch die Vorstellung, es gäbe eine »andere Bevölkerung«, die noch nicht die »unsrige« sei. Wer sich noch »integrieren« muss, wird als »Fremder im Inland« gesehen. Eine solche Darstellung ist nicht bloß falsch; sie verkehrt die Natur der Probleme. Vor allem zumal die Integration vollbracht ist (oder zumindest sehr weit fortgeschritten) und den wahren Erfolg der Integration – in einem präzisen historischen Augenblick des Prozesses – die Tatsache darstellt, nicht mehr von Integration zu sprechen. Es ist heute vonnöten, den Ansatz eines »post-integrativen« Diskurses zu erarbeiten, welcher die Errungenschaften und den vollgültigen Status aller Mitbürger berücksichtigt, ganz egal woher sie kommen.

Der Diskurs der »Post-Integration« darf uns nicht über die Diagnose der Probleme, mit denen es unsere Gesellschaft zu tun hat, hinwegtäuschen. Gewiss gibt es Einzelne (und das sind manchmal neue Migranten), die noch Probleme mit der kulturellen oder religiösen Integration haben. Aber mit diesen Schwierigkeiten haben die neuen Generationen der Mitbürger, die bereits länger im Land sind, nichts zu tun. Der Diskurs der »Post-Integration« muss sich auf zwei Hauptansätze stützen: Zum einen muss er die vielfältige Wirklichkeit unserer Gesellschaften einschließen, zum anderen die wirtschaftlichen und gesellschaftlichen Probleme für das halten, was sie sind und sie mithilfe der speziellen sozialpolitischen Analysemodelle behandeln, derer sie bedürfen. Mit anderen Worten: Man muss alle Mitbürger dazu bringen, sich im Namen ihrer Zugehörigkeit zu derselben Gesellschaft und für ihre Zukunft zu engagieren. Des Weiteren sollten sich alle gemeinsam mobilisieren gegen die wahren Probleme: gesellschaftliche und ökonomische Ausschließung, symbolische und territoriale Marginalisierung und Absonderung sowie die strukturelle und institutionelle Diskriminierung (Schulen, Arbeitsmarkt, Wohnungen, sogar Medien etc.). Man darf es nicht mehr akzeptieren, immer von Neuem in die Fallen der alten Vorurteile von der »anderen Kultur« und der »anderen Religion« und dem negativen Bild des Islam, wie wir sie erörtert haben, zurückzufallen. Wir müssen gemeinsam im Namen unserer Mitbürger, im Bewusstsein der geteilten Verantwortung und unserer gleichen Rechte, gegen die Ohnmacht und die inneren Widersprüche im Funktionieren unserer Institutionen sowie gegen die Inkohärenzen zwischen den demokratischen Idealen und der Wirklichkeit ankämpfen. Man darf die egalitäre Rechtsanwendung und die Gleichheit der Chancen nicht auf eine Frage der kulturellen und religiösen Integration reduzieren. Auf diese Weise werden wir endlich das höhere Ziel erreichen, das Zugehörigkeitsgefühl, von dem wir sprachen, zu fördern und zu gestalten, welches sich mit einer emotionalen und psychologischen Disposition allererster Ordnung verknüpft: Sich zu Hause zu fühlen, wie auch immer sich die wirtschaftlichen und gesellschaftlichen Probleme gestalten, welche der Alltag von uns zu meistern verlangt.

Das war der Sinn unseres Manifests, das wir vor einigen Jahren formulierten, indem wir ein neues WIR propagieren. Wir tragen darin der Notwendigkeit Rechnung, uns auf den neuen »post-integrativen« Diskurs zu berufen (der auf Vertrauen und Anerkennung baut und sich der Verdrängung der alten sozial-ökonomischen Probleme in allgemein gehaltene, verfälschende Fragen der Kultur und der Religion verweigert). Es erscheint uns von Bedeutung, neue Strategien zu entwickeln, die zu konkreten Resultaten auf dem Gebiet führen. Angesichts des immer noch herrschenden Misstrauens und der anhaltenden paradoxen und kontraproduktiven Debatten über eine immer noch zu leistende »Integration«, müssen wir eine wirkliche »Vertrauenspolitik« propagieren, welche die Unterschiedlichkeit akzeptiert und auf gemeinsame Lösungen der Probleme der Gesellschaft drängt. Das ist der tiefere Sinn dieses »neuen WIR«, das es zu schaffen und zu formen gilt, und das wird nur möglich sein durch lokale Aktionen in den Städten und den einzelnen Bezirksinstitutionen. Am Ende wird eine nationale Bewegung stehen, die zugleich visionär und konzertiert sein muss. Zurzeit ist es aber schon möglich, sofortige Fortschritte auf lokaler Ebene zu erzielen. Man erkennt das bereits in vielen europäischen Städten, wo sich die Initiativen vervielfachen und in resoluter Weise eine Politik des Vertrauens und der Öffnung verfochten wird. Ein neues »Wir-Gefühl« und »Zugehörigkeitsgefühl« entsteht so auf lokaler Ebene, das auf die Gemeinsamkeiten der Mitbürger und die Wahrnehmung der Unterschiede als eine (kulturelle) Bereicherung gründet.

Die Bewegung muss also vorrangig auf lokaler Ebene der Städte und Bezirke initiiert werden. Man muss über Mitbürger reden, die gemeinsam die Herausforderungen angehen: Bildung, Arbeitslosigkeit, Gewalt, Drogen etc. Sie gehen sie alle an und ebenso die Zukunft ihrer Kinder. Durch gezielte Projekte im Bereich der Schulen und im Namen guter Nachbarschaft, müssen die Öffnung zwischen den Menschen, ein besseres Kennenlernen und größeres Vertrauen ermöglicht werden. Den einen wie den anderen sollte die Möglichkeit gegeben werden, im Alltag dem Reichtum ihrer Identität Ausdruck zu verleihen, sei er kultureller, künstlerischer, kulinarischer, sportlicher oder sonstiger Art. Das alles kann nur auf lokaler Ebene und in bescheidenen

Schritten à la longue erreicht werden. Die gute Nachricht bleibt, dass weit entfernt von den politischen Diskursen auf nationaler Ebene und in den städtischen Verwaltungen Prozesse in Gang gesetzt werden, die uns Gründe geben, optimistisch zu sein und auf eine bessere Zukunft zu hoffen.

Herausforderungen für die Muslime

Wie wir bereits ausgeführt haben, wäre eine Realisierung dieser Prozesse ohne das entschiedene Engagement der Musliminnen und Muslime in Europa nicht möglich. Wir haben mehrfach betont, dass es gegen zwei unschöne Tendenzen in den religiösen Gemeinschaften in Europa anzukämpfen gilt.

Zum einen das Syndrom der »Minderheiten«, die sich systematisch in einer Schutz- und Verteidigungshaltung verschanzen, und zum anderen die Mentalität der Opferhaltung, welche ständig der Gesellschaft eine rassistische und islamfeindliche Haltung unterstellt, sobald eine Kritik ertönt oder ein Problem angegangen werden muss.

Bei den verschiedenen theoretischen Ansätzen und vor allem in unserer Erfahrung vor Ort in London, in Rotterdam und in vielen Städten in ganz Europa haben wir versucht, einen Bezugsrahmen für die Musliminnen und Muslime in Europa zu schaffen, der sich positiver und interaktiver gestaltet. Wir haben betont, dass sie bereits die jeweilige Landessprache, die Einhaltung der Gesetze und schließlich die Loyalität gegenüber dem Staat und der Heimat errungen hätten – oder im Begriff wären, diese immer schneller und besser zu erringen. (Eine niemals blinde, sondern konstruktiv kritische Loyalität, wie sie von jedwedem Bürger erwartet wird.)

Dem haben wir bereits hinzugefügt, dass ein positives und voranschreitendes Engagement eines besseren Verständnisses seiner selbst und der eigenen Rolle in der gesellschaftlichen, kulturellen und politischen Landschaft bedarf. Was die Moslems besonders dringend brauchen, ist Vertrauen. Ihre Identitätskrise ist schwerwiegend und es ist zwingend, durch die Bildung eine bessere Kenntnis seiner selbst und der eigenen Geschichte zu erlangen. Die Muslime müssen ein zutrauliches Bewusstsein und ein offenherziges Selbstverständnis entwickeln. Am Ende muss man seiner selbst sicher sein und gleichzeitig bescheiden gegenüber den anderen auftreten, denn es handelt sich darum, das Selbstvertrauen mit dem Vertrauen in sein Gegenüber zu verbinden. Diese »Arbeit« muss sich verknüpfen mit einer strengen und andauernden Verpflichtung zur Konsistenz. In der Tat darf es nicht darin ausarten, die eigenen Werte und die eigene Botschaft zu idealisieren, sodass man nicht mehr kritikfähig ist gegenüber den Widersprüchen, dem mangelnden Funktionieren und dem manchmal verräterischen Verhalten innerhalb der muslimischen Gemeinschaften. Ein kritischer Geist, eine kritische Loyalität und eine handelnde Rationalität sind nicht nur die besten Freunde einer tiefen Geistigkeit, sondern auch die Voraussetzungen für Entwicklung und Erneuerung. Wo auch immer sie sich befinden, egal in welcher Weltregion, sollten die Muslime stets Zeugen (shâhid, Plural shuhadâ) des Reichtums und des positiven Potenzials ihrer Botschaft sein. Um dies zu erreichen, muss ihnen das Wohlbefinden aller am Herzen liegen, egal welcher Religion und welcher Herkunft: Der Arme, der Kranke und der Unterdrückte haben keine Religion. Der Beitrag der Mitbürger muslimischen Glaubens muss die positive Antwort auf das überholte Gerede von der sogenannten »Integration« darstellen. Es ist von großer Bedeutung, dass die Musliminnen und Muslime in allen Bereichen – Wissenschaften, Künste, Kultur, Gesellschaft, Politik, Wirtschaft, Ökologie, Ethik usw. – Energie und Kreativität aufbringen, Unternehmergeist und Risikobewusstsein. Die Talente und die Intelligenz müssen befreit werden. Man muss den Frauen und Männern Bereiche öffnen, in denen sie ihre Versuche der kritischen Erneuerung entwickeln können. Gleichzeitig dürfen sie auch nicht vergessen, dass zahlreiche Mitbürger (auch solche muslimischer Konfession) nach wie vor Furcht haben, vieles nicht verstehen und mehr wissen möchten: Verständigung ist alles. Die Wahl der Termini, die Definition der Konzepte, die Fähigkeit zur Entflechtung und zur intellektuellen (und kulturellen) Empathie sind essenziell, um nicht bloß dem eigenen Standpunkt Rechnung zu tragen, sondern auch die Situation desjenigen und derjenigen zu berücksichtigen, die einem zuhören (mit ihren Ängsten, ihrer Geschichte und ihren Beiträgen). Es bleibt noch der Hinweis auf einen weiteren Anspruch: Die Fähigkeit zur Selbstkritik erspart einem nicht die Kritikfähigkeit gegenüber untragbaren Verhaltensweisen anderer. Gegenüber Regierungen und Gesetzeslagen wie etwa der südafrikanischen Apartheid muss man seine Verpflichtung zum Widerstand und zu den Menschenrechten aufrechterhalten. Es gibt eine Verpflichtung, sich dem Verrat an den Grundwerten zu widersetzen, und sei es ein Verrat innerhalb der eigenen Familie, der eigenen Religionsgemeinschaft, der eigenen Regierung oder wo auch immer. Man darf nicht schweigen angesichts des Unrechts, das westliche wie auch islamische Staaten weltweit begehen. Es gilt, eine Fähigkeit zur Empathie zu entwickeln, zum Verständnis, zum Verzeihen, ja zu einer Mitleidshaltung sich selbst wie anderen gegenüber (gemäß dem Anspruch des buddhistischen Glaubens). Das ist eine weitere Forderung. Damit ist nicht Mitleid und Sentimentalität im passiven Sinne gemeint, sondern ein aktives Verständnis und Verzeihen im Handeln und im Pochen auf Gerechtigkeit, ohne dabei die Stimme des Herzens zu überhören.

Die sieben »C« im Französischen (Confiance, Cohérance, Contribution, Créativité, Communication, Contestation und Compassion), also Vertrauen, Kohärenz, Leistung, Kreativität, Kommunikation, Widerstand und Mitgefühl bieten einen deutlichen Rahmen und vor allem eine Vorstellung klarer Prioritäten. Bildung, Selbsterkenntnis, ein kritischer Geist und Kreativität sind die Bereiche, in die man mit größter Dringlichkeit investieren muss. Musliminnen wie Muslime machen eine psychologische und intellektuelle Vertrauenskrise durch. Durch ein solches Vorgehen, wie wir es beschrieben haben, und diese Arbeit an sich selbst werden sie mit ihrer Umgebung anders kommunizieren können. Besser als bisher auf reaktive, emotionale und allzu oft defensive Weise. Dies ist auch die Voraussetzung, um über Strategien des Widerstands gegenüber Diktaturen und Diskriminierungen nachzudenken, die nicht chaotisch und isoliert, visionslos und unorganisiert sein dürfen. Es ist dringlich, dass die Muslime im Laufe dieses Reifungsprozesses den radikalen Stimmen nicht zu viel freien Raum lassen, welche die Aufmerksamkeit der Medien ganz für sich beanspruchen. Zusammen mit ihren Mitbürgern und für ihre Mitbürger müssen sie ihre Stimme erheben und den Weg des Vertrauens, der Abwägung und der kritischen Rationalität beschreiten, und auch denjenigen der Weisheit, der Liebe und des Verzeihens. Sie müssen sie selbst bleiben und es zurückweisen, zu den Türken, den Arabern oder auch den Muslimen zu werden, die stets zu Diensten stehen. Sie sollten einen Diskurs verbreiten, der heiter, nuanciert und kritisch ist und großzügig zu Zeiten der Krise und der Spannung. Ebenso sollten sie nachdrücklich widersprechen bei jeder Gelegenheit, wenn Frauen oder Männer, seien es Muslime oder nicht, die universellen Werte der Würde, der Freiheit und der Gerechtigkeit verraten.

Schlussbemerkung

Die Zukunft liegt im Dialog und in gemeinsamen Aktionen mit der Perspektive des neuen WIR. Um gegen die negativen Darstellungen anzukämpfen, die Ablehnung und den Ausschluss, gibt es keinen anderen Weg als den Dialog. Letzterer sollte sich verbinden mit gemeinsamen Aktionen der unterschiedlichsten Art.

Es gibt natürlich den interreligiösen Dialog, der vertieft und ausgebreitet werden muss (indem man etwa auch Atheisten und Agnostiker mit ins Boot nimmt). Dann ist es unbedingt vonnöten, aus dieser ewigen Wettbewerbslogik herauszufinden, wobei man Freund und Feind auseinanderhalten muss. Es ist eine Gebot aller großen religiösen Traditionen, der Ethik, dem Respekt und der Solidarität Rechnung zu tragen. Dies gilt ebenso für die humanistischen Philosophen. Die Qualität ihres Dialogs und ihres gemeinsamen Engagements sollte vorbildlich sein, auch wenn Spannungen bleiben werden. Aber in ganz Europa gibt es immer mehr interreligiöse Plattformen, die die Richtung zu viel versprechenden neuen Partnerschaften weisen. In sozialer wie politischer Hinsicht werden zahlreiche Initiativen ergriffen, um gemeinsame Projekte in Sachen soziale Integration, Berufseinstieg und partnerschaftliches Engagement zu fördern. Es ist eine neue Dynamik entstanden, doch es wird noch Zeit brauchen, um hinsichtlich der Präsenz der Muslime in Europa zu einer Normalität zu gelangen. Der Prozess ist jedenfalls einmal angestoßen und die Qualität des Zusammenlebens in unseren multikulturellen Gesellschaften hängt sehr stark vom Engagement jeder einzelnen Bürgerin und jedes einzelnen Bürgers ab. Jeder Einzelne von uns muss an der Basis gegen Verzerrungen und Vorurteile kämpfen. Der religiöse und kulturelle Pluralismus erfordert eine anhaltende Erziehung jedes Einzelnen, ob es sich nun um Muslime handelt oder um Mitbürger anderer Konfessionen. Man muss wissen, wer man selber ist, diejenigen kennen, mit denen man zusammenlebt, sich gemeinsam für die Einhaltung der Grundwerte und der gemeinsamen Grundlage von Gerechtigkeit, Freiheit und Gleichheit einsetzen. Das ist es, was die religiösen Traditionen immer von ihren Gläubigen verlangt haben und was die Zukunft den Menschen auferlegt.

Frank-Walter Steinmeier

Die Welt im Umbruch – Wo steht Europa?

»Der Sturm ist in die Zeit gefahren!« – so schrieb Ludwig Uhland, als in der Mitte des 19. Jahrhunderts revolutionäre Bewegungen in weiten Teilen Europas die alte Ordnung herausforderten – in Berlin nicht weniger als in Paris oder Prag.

Und stürmisch waren auch die letzten Monate! Unsere Zeit erlebt Umwälzungen historischen und globalen Ausmaßes, deren Ende und Auswirkungen wir noch gar nicht übersehen können.

Sie alle kennen die Chiffren, die Überschriften, die für den Umbruch und die Herausforderungen der Welt von heute stehen: die Krise auf den Finanzmärkten ist nur eine davon. Klimawandel, Ressourcenverknappung und Umweltbelastungen, Migration und Terrorismus, der atemberaubende Aufstieg neuer Mächte in manchen Regionen der Welt und Staatszerfall in anderen. Alles das fordert uns heraus!

Man kann sich kaum vorstellen, dass einige uns vor gerade einmal 15 Jahren ernsthaft das Ende der Geschichte prophezeit haben. Nach der Implosion der Sowjetunion und dem Ende der Blockkonfrontation sahen sie einen Zustand voraus, in dem nur noch eine Weltmacht gestaltet. Vom Ende der Geschichte kann wahrlich keine Rede sein, eher schon von einem Ende der – vermeintlichen – Gewissheiten.

Eine Gewissheit aber haben wir doch: Die großen Zukunftsaufgaben kann kein Land der Welt alleine lösen – und schon gar nicht lösen sie sich von alleine.

Die Selbstheilungskräfte der Natur haben wir schon lange überfordert. Und auf die Selbstheilungskräfte von Märkten sollten wir uns nach den Erfahrungen der letzten Monate besser nicht mehr verlassen. Im Gegenteil – Es ist an der Zeit, den Trend umzukehren: einen Trend, in dem Wirtschaft und Märkte den politischen Gestaltungsmöglichkeiten davonlaufen, wie es Jürgen Habermas einmal formuliert hat.

Es geht in den kommenden Monaten und Jahren darum, politische Gestaltungsmacht zurückzugewinnen. Globalisierung lässt sich nicht rückabwickeln. Aber der Globalisierung der Märkte müssen wir die politische Globalisierung folgen lassen.

Es geht darum, verschobene Gewichte auf der internationalen Bühne neu auszutarieren, neue Akteure in eine globale Verantwortungsgemeinschaft zu führen. Ohne China, Indien, Russland, Brasilien und andere aufstrebende Staaten wird die Welt nicht mehr gestaltet werden können. Darin liegt die große Aufgabe unserer Zeit. Für Europa ist sie Bewährungsprobe und Chance zugleich.

Und es ist richtig, wenn gesagt wird: Nur ein Europa, das mit einer Stimme und einer gemeinsamen Überzeugung auftritt, kann beanspruchen, als ernsthafter Akteur wahrgenommen zu werden. Wenn es Europa gelingt, die richtigen Antworten auf die großen Zukunftsfragen zu geben, kann es daraus aber auch neue Legitimation und Kraft schöpfen.

Es mag auf den ersten Blick paradox erscheinen: Aber gerade das vergangene Jahr, trotz der vielfältigen Herausforderungen – dem Ausgang des Referendums in Irland, dem Krieg in Georgien, dem Ausbruch der Finanzkrise – stimmt mich vorsichtig zuversichtlich, dass Europa den Erwartungen gerecht werden kann.

Denn als es darauf ankam, haben wir im letzten Jahr als Europäer sehr wohl verantwortungsvoll und wirksam gehandelt.

Ich gebe ja gerne zu: Auch im vergangenen Jahr war nicht jede neue Initiative der Kommission dazu angetan, das Herz der Bürger höher schlagen zu lassen.

Und häufig genug wurden unterschiedliche Interessen der 27 deutlich und öffentlich. Das ist dann Anlass für inszenierte oder manchmal vielleicht ehrliche Entrüstung. Liegt nicht hier eines der vielen Missverständnisse Europas? Niemand war bei Gründung der Europäischen Gemeinschaften so naiv, dass er glaubte, alle Unterschiede in Tradition, Sichtweisen und Interessen seien aufgehoben. Der zivilisatorische Fortschritt Europas liegt doch darin, dass Unterschiede – nach Jahrhunderten des Krieges – friedlich zum Ausgleich gebracht werden. Einigkeit steht deshalb häufig erst am Ende, nicht am Anfang eines Prozesses.

Schaut man durch diese Brille, so hat sich bei den großen Herausforderungen des vergangenen Jahres der europäische »common sense« behauptet.

Erstens: bei der Finanz- und Wirtschaftskrise. Diese hat, wie wir wissen, ihren Ursprung nicht in Europa. Aber als die Krise im Herbst 2008 eine neue Dimension erreichte, gingen die entscheidenden Impulse zur Rettung des Finanzsystems von Europa aus. Und es waren europäische Beiträge, die maßgeblich die Ergebnisse des ersten Weltfinanzgipfels in Washington prägten. Zweitens: bei der Bewältigung des Klimawandels. Unter deutscher Präsidentschaft haben wir uns ehrgeizige Ziele gesetzt: Mit der Reduktion von Treibhausgasen und dem Ausbau erneuerbarer Energien die EU zum weltweiten Vorreiter beim Klimaschutz zu machen.

Und Europa hat Wort gehalten. Im Dezember letzten Jahres haben wir – inmitten der sich abzeichnenden Wirtschaftskrise und entgegen mancher Erwartung – die ehrgeizigen Ziele konkret und verbindlich umgesetzt und damit Maßstäbe gesetzt für die Kyoto-Folgekonferenz Ende des Jahres in Kopenhagen. Drittens: die EU ist in den vergangenen Monaten auch in außenpolitischen Fragen und Krisen ihrer Verantwortung gerecht geworden. Und ich meine nicht nur den Gasstreit! Den aber auch: Europa hat hier erfolgreich Krisenmanagement betrieben.

Aber vielleicht noch wichtiger: die Mitgliedstaaten haben unter Beweis gestellt, dass Solidarität in der EU mehr ist als nur ein Schlagwort. Indem sie sich untereinander geholfen und Gasreserven zur Verfügung gestellt haben, konnten die Folgen der Versorgungskrise für die Hauptbetroffenen gelindert werden. Und schließlich: als im vergangenen Sommer im Südkaukasus, gleich in unserer Nachbarschaft, ein veritabler Krieg ausbrach, da war es die Europäische Union, die die Waffen zum Schweigen gebracht hat.

Ich denke, das ist eine Bilanz, die sich sehen lassen kann. Sie wäre nicht denkbar gewesen ohne die tatkräftige französische und jetzt auch tschechische Ratspräsidentschaft. Selbstzufriedenheit und Selbstgenügsamkeit können wir uns dennoch nicht leisten. Kompetentes Krisenmanagement reicht nicht. Unser Anspruch ist größer. Wir müssen Beispiel geben in der Welt.

Sie werden jetzt zu Recht fragen: Was hat Europa der Welt zu bieten? Sein relatives Gewicht in der Welt schwindet. Seine Werte werden infrage gestellt. Seine Bevölkerung schrumpft. Aber lassen sie mich als jemanden, der ein wenig herum kommt in der Welt, versichern: Die Attraktivität Europas außerhalb seiner Außengrenzen ist ungebrochen. In Asien, in Lateinamerika – überall werden Formen regionaler Kooperation angestrebt, die Europa zum Maßstab nehmen.

Vielleicht ist es deshalb auch kein Zufall, dass eines der schönsten Bücher über unser Bemühen der letzten 50 Jahre aus amerikanischer Feder stammt. Wenn Sie »Der europäische Traum« von Jeremy Rifkin lesen, werden Sie manche Unzulänglichkeit und Unvollkommenheit in diesem Europa neu bewerten.

Europas politisches Kapital ist noch immer beträchtlich. Und es liegt in Bereichen, auf die es gerade in der Welt von morgen ankommt. Erstens: Die Kraft der europäischen Idee. Europa hat vorgelebt, was auch in der Ordnung der neuen, zusammengerückten Welt unerlässlich sein wird: Das friedliche Zusammenleben über einstige Grenzen hinweg. Verständigung und Zusammenarbeit auf der Basis der Gleichberechtigung. Den friedlichen Ausgleich von Interessen. Die Vorherrschaft des Rechts. Das Bemühen um soziale Gerechtigkeit – diese europäischen Grundorientierungen taugen auch als Bausteine für die Ordnung der Welt von morgen. Zweitens: Glaubwürdigkeit. Europa steht auch jenseits seiner Grenzen für seine »Markenzeichen«: Kooperation, Solidarität und Ausgleich. Europa denkt nicht in den Kategorien des Hinterhofs, des »cordon sanitaire« der »Zonen erweiterter Einflussnahme« oder wie die Stichworte der gescheiterten Großmachtpolitik des vergangenen Jahrhunderts auch heißen.

All das wird außerhalb Europas mehr geschätzt, als wir es innerhalb Europas wahrnehmen. Mit diesem Kapital lässt sich arbeiten. Aber Stillstand können wir uns nicht leisten. Die größer gewordene EU braucht neue Arbeitsgrundlagen, straffere Entscheidungsfindung, klarere Verantwortlichkeiten. Das wollten wir mit dem Vertrag von Lissabon erreichen. Im vergangenen Jahr ist das Referendum über den Vertrag in Irland gescheitert. Im Dezember haben wir gemeinsam mit unseren irischen Freunden die Voraussetzungen für ein neues Referendum geschaffen. Ich bin zuversichtlich, dass der Vertrag noch in diesem Jahr in Kraft treten kann. Das ist eine der Chancen, die das Jahr 2009 bietet.

Eine andere Chance dieses Jahres liegt auf der Hand – am Ende einer Woche, die uns die beeindruckenden Bilder von der

Amtseinführung des neuen US-Präsidenten Obama brachte. Die neue Außenministerin Hillary Clinton hat mich an ihrem ersten Arbeitstag im neuen Amt angerufen, und nach dem Gespräch bin ich mir sicher: Die Weichen für einen Neuanfang in den Beziehungen zwischen Europa und Amerika, für eine »Neue Transatlantische Agenda« sind gestellt. Themen gibt es genug: Die globale Verantwortung für Energie und Klima, die Stabilisierung von Konfliktregionen, die gemeinsame Sicherheit von Ost und West – auch ein scheinbar verstaubtes Thema wie Abrüstung. Keine der großen Zukunftsfragen darf auf der Agenda fehlen. Keine ist ohne die USA zu lösen – aber jede ist besser zu lösen, wenn Europa und Nordamerika am gleichen Strang ziehen. Europa ist keine Großmacht! Aber machen wir uns nicht kleiner als wir sind! Europa hat 500 Millionen Einwohner. Es ist der größte Binnenmarkt der Welt. Wir blicken auf über 50 Jahre Frieden und Ausgleich zurück. In Europa ist nicht alles vollkommen; aber es ist auch die Weltregion mit den geringsten sozialen Verwerfungen. »Mit solchen Bausteinen muss man viel und sehr hoch bauen.« So sagte Javier Solana, das Gesicht unserer Außenpolitik, einmal. Europa hat allen Grund, das selbstbewusst zu versuchen.

Karel Schwarzenberg

Das Biedermeier ist zu Ende, wir haben es nur noch nicht realisiert

Die tschechische Präsidentschaft hat merkwürdigerweise »Europa ohne Barrieren« als ihr Motto aufgestellt. Was sollte das bedeuten? Wir müssen nicht nur innerhalb Europas die wenigen noch übrigen Barrieren beseitigen, sondern wir müssen auch energisch zwei Angelegenheiten angehen. Das eine ist die Fertigstellung der Europäischen Union zu einem Gesamteuropa. Wir dürfen nicht vergessen, dass die Europäische Union, respektive damals die EWG, ja eigentlich zunächst einmal ein mehr westeuropäisches Konstrukt war. Nach dem Niederreißen des Eisernen Vorhanges, nach der Implosion des Sowjetimperiums ist dann ein großer Teil Mitteleuropas und des östlichen Europas dazugekommen. Aber wir haben es noch immer nicht geschafft, einen ganz wesentlichen Teil Europas anzugliedern, und das ist der Balkan, der seinerzeit immer »das Pulverfass Europas« genannt wurde. Man betrachtete diesen Ausdruck als verstaubt und veraltet, bis plötzlich in den 90er-Jahren genau dieses Pulverfass wieder einmal explodiert ist.

Wir haben jetzt einen Schritt getan, wir haben Bulgarien und Rumänien als Mitglieder der Europäischen Union aufgenommen. Aber jetzt verzögert sich die Sache. Wir haben große Schwierigkeiten mit einem typisch regionalen Streit, zwischen Kroatien und Slowenien, den wir noch lösen müssen. Aber ich stelle fest, dass es eine gewisse Zögerlichkeit gibt, diese Unruhezone Europas in die Europäische Union aufzunehmen. Das wird sicherlich nicht ohne große Mühe gehen, denn die Staaten und Nationen, die den Balkan bevölkern, müssen sehr viel an sich arbeiten. Da gibt es gewisse Standards, die wir alle kennen, die Kopenhagener Kriterien etc., die diese Staaten erfüllen müssen. Dann aber müssen auch wir konsequent sein und sagen: »Jawohl, das sind europäische Staaten, das sind europäische Nationen. Sie haben völlig recht, nach den Regeln, die wir selber aufgestellt haben, Mitglieder der Europäischen Union zu werden.« Denn bei der Kompliziertheit der Verhältnisse, mit vielen Minderheiten, Regionen, Nationen und Nationensplittern, mit Grenzen, die irgendwann einmal gezogen wurden, werden wir ansonsten früher oder später dieselben Schwierigkeiten wieder haben. Auch würden wir dazu einladen, dass sich Mächte aus ganz anderen Weltgegenden im Balkan festsetzen. Und das kann doch nicht das sein, was Europa will. Wir müssen uns dazu entschließen Europa ganz zu haben. Nicht nur mit den Teilen, die reich und problemlos sind, sondern auch mit Teilen, die vielleicht ärmer sind und wo es noch viele Probleme gibt. Dabei sollten wir nicht vergessen, dass wir durch die Politik der europäischen Mächte im letzten und vorletzten Jahrhundert ja sehr viele dieser Probleme mitgeschaffen haben. Also sind wir alle miteinander daran schuld.

Das ist das eine. Wir sollten die Barrieren innerhalb Europas beseitigen. Wir müssen uns auch gründlich mit den großen Ländern im Osten auseinandersetzen. Das fasziniert uns, das beschäftigt uns. Aber es geschieht selten eine wirkliche, gründliche Auseinandersetzung. Wir wissen noch immer viel zu wenig voneinander. Wir wissen wenig über die Ukraine, so wie die Ukrainer noch nicht sehr viel über die Europäische Union wissen. Wir müssen uns mit dem ewigen faszinierenden Phänomen Russland befassen. Wenn ich mir die dicken Bände der Kreml-Astrologen und Sowjetologen anschaue, von denen noch etliche in meiner Bibliothek Staub ansammeln, dann ist sehr viel von dem, was wir noch in meiner Jugend eifrig studiert haben, heute völlig überholt. Wir haben ein neues Russland, ein aufsteigendes Russland, und wir wissen noch immer nicht genau, wie wir damit umgehen sollen. Auch das ist eine Herausforderung, der wir uns stellen sollten. Tatsächlich ist unser aller größter Nachbar zum Teil ein europäischer Staat und zu einem noch größeren Teil ein asiatischer Staat. Auch mit dieser Doppelnatur müssen wir uns auseinandersetzen. Denn wir können das Problem weder einfach ignorieren, noch dadurch lösen, dass wir unsere aufrichtige Freundschaft und Partnerschaft losgelöst von jenen Problemen sehen. Umgekehrt wäre es ein genauso großer Fehler, Russland zum ewigen Gegner zu erklären, ohne das ungeheuer Positive zu sehen, was in seiner Entwicklung dort geschieht, ohne zu sehen, wie viel gemeinsames europäisches Erbe seit der Antike eigentlich in Russland aufbewahrt, entwickelt wurde und manchmal andere Formen gefunden hat. Es gibt aber noch etwas ganz anderes: Im 20. Jahrhundert haben wir noch mit dem beruhigenden Bild gelebt, es gebe nur die drei großen Wirtschaftsmächte Europa, Japan und die Vereinigten Staaten. Hinzu kam der Sowjetblock (aber das ist was ganz anderes) und die Dritte Welt, die sozusagen nur die zweite Geige spielte. Heute müssen wir jedoch realisieren, dass die Wirtschaftsmächte der Zukunft eben nun mal China, Indien, Brasilien sind, wobei auch noch Indonesien und manche andere dazukommen werden.

Und wiederum, gerade jetzt in den Zeiten der Krise, höre ich protektionistische Töne: »Wir müssen uns abschotten ... Die Globalisierung ist zu schnell passiert und wir müssen da unsere Grenzen setzen ... usw.« Ich glaube, das ist genau das Falscheste, was wir machen können. Vielmehr müssen wir uns der Herausforderung stellen. Aber nicht mit den klassischen Instrumenten der Machtpolitik, so wie wir es im 19. Jahrhundert getan haben. Dazu sind wir schlichtweg einfach nicht mehr fähig. Was mich dabei am meisten beunruhigt – ich habe es schon öfters gesagt, gewisse Wahrheiten kann man nicht genügend oft wiederholen – ist, dass beim Verzeichnis der besten Universitäten und Hochschulen dieser Welt es mit Ausnahme der Eidgenössischen Technischen Hochschule Zürich (und die ist bekanntlich außerhalb der Europäischen Union) es auf dem europäischen Kontinent abgesehen von zwei englischen Universitäten keine Hochschule oder Universität geschafft hat, in dieses Verzeichnis zu kommen. Das ist eine Folge dessen, was wir seit Langem wissen, dass wir viel zu wenig in unsere Universitäten, unsere wissenschaftlichen Anstalten, in unsere Forschungsstätten investieren. Während Europa vor dem Zweiten Weltkrieg noch an der Spitze der Entwicklung stand, nach dem Zweiten Weltkrieg noch einige Zeit gleichauf mit den Vereinigten Staaten und mit Japan lag, sind wir jetzt in einem Maße zurückgefallen, wie wir es uns gar nicht vorstellen können. Wir leben noch in einer Art Biedermeier! Die jetzige Wirtschaftskrise beendet dies. Aber wir haben noch immer ein sehr beruhigendes Pensionssystem und die besten Autos der Welt. Wir besitzen noch immer einen beträchtlichen, wenn auch zum großen Teil ererbten Reichtum. Das war alles sehr schön und wir haben uns in Sicherheit gewiegt. Diese Sicherheit ist, bitte sehr, jetzt zu Ende. Und vielleicht hat diese Finanz- und Wirtschaftskrise uns dies endlich bewusst gemacht. Wenn wir uns nicht in der Europäischen Union dieser Tatsachen bewusst werden, wenn wir nicht gewaltige Anstrengungen unternehmen, dass Europa zumindest so viel für Wissenschaft und Forschung aufwendet wie China, Indien oder die Vereinigten Staaten, dann sehe ich, wie Europa in 20, 30 Jahren sein wird: Ein ganz großes Venedig! – Das heißt ein Ort mit sehr vielen Kulturstätten. Wo man sehr gut essen und viele schöne Landschaften besichtigen kann. Wo man als Tourist gut aufgehoben ist, weil die dortige Bevölkerung seit Langem für den Fremdenverkehr trainiert – und zwar von Schweden bis Sizilien. Nach Europa zu reisen wird sicherlich ein großes Erlebnis bleiben, egal ob man Chinese, Japaner, Russe oder Kanadier, Amerikaner oder Brasilianer ist. Aber als Wirtschafts- oder politische Kraft? Das gehört der Vergangenheit an. Man hört dann ungläubig dem Großvater zu, der sich noch erinnert, dass Europa seinerzeit eine gewisse wirtschaftliche oder politische Bedeutung hatte. Dies alles steht uns viel näher bevor, wenn wir nicht radikal umdenken. Vorausgesetzt, dass wir nicht nur an unser heutiges Wohlergehen denken, sondern auch gelegentlich an die Zukunft unserer Kinder und Enkel. Ich glaube, das sollten wir uns langsam bewusst machen: Das Biedermeier ist zu Ende, wir haben es nur noch nicht realisiert.

Wir müssen zudem unsere eigenen Möglichkeiten sehr viel realistischer sehen. Deswegen haben wir in der tschechischen Präsidentschaft an die Spitze unserer außenpolitischen Prioritäten das transatlantische Verhältnis gesetzt. Obwohl der Schulungsvorgang für beide Seiten etwas unangenehm und mühsam war, haben wir in den letzten Jahren eines gelernt: dass wir beide einzeln nicht mehr imstande sind, die großen Weltprobleme anzugehen. Früher hat Europa so gedacht; noch vor einigen Jahren haben die Vereinigten Staaten nach dem Ende des Sowjetreiches geglaubt, sie allein könnten die Probleme aus dieser Welt schaffen. Nach Irak und Afghanistan ist auch diese Illusion vorbei. Nun wäre es aber einfach eine Ignorierung der Tatsachen, wenn wir bestreiten würden, dass uns mit den Vereinigten Staaten (und selbstverständlich auch Kanada) sehr viel mehr an gemeinsamem Erbe, aber auch an gemeinsamen Zielen verbindet als mit anderen großen Staaten und Mächten dieser Erde. Wenn wir ein Mindestmaß dessen, was wir nach langen Kämpfen, nach unendlichen Tragödien (mit die größten haben sich gerade in Europa abgespielt) erkämpft haben – nämlich die Herrschaft des

Rechtes, die Demokratie und der langsame Aufstieg einer Bürgergesellschaft –, bewahren wollen, so müssen wir uns darüber klar werden, dass wir dieses nur zusammen verteidigen können. Wir sollten einsehen, dass – wenn diese Ideale weltweit scheitern sollten – wir sie auch nicht isoliert bewahren können. Das heißt, wir sind auf die Zusammenarbeit mit den Vereinigten Staaten angewiesen – zu unserer eigenen Sicherheit und zur Bewahrung dessen, was wir unter ungeheuren Opfern im 19. und 20. Jahrhundert erreicht haben.

Präsident Obama wird sich wie kein anderer amerikanischer Präsident seit Franklin Delanoe Roosevelt auf die internen Probleme seines Landes konzentrieren müssen. Obwohl noch immer ein gewaltiger Teil der Verantwortung über das Schicksal der Welt an ihm hängt, muss er sich zunächst seinen Bürgern widmen. Das Bewusstsein der notwendigen Partnerschaft ist ihm aber genauso klar wie seiner Außenministerin. Wir müssen weiter daran arbeiten, denn gerade in den letzten 20 Jahren als die Last der sowjetischen Bedrohung von uns genommen wurde, haben wir das Verhältnis zu Amerika missachtet. Die Vereinigten Staaten haben uns auch schon für etwas überflüssig befunden. Und das hat zu sehr unangenehmen Erscheinungen im Verhältnis zwischen Amerika und Europa, einzelnen europäischen Staaten und Amerika geführt. Gott sei Dank – und ich würde als ein ungeheuer positives Beispiel hier den französischen Präsidenten Sarkozy nennen – ist ein Umdenken in Europa erfolgt.

Mit dieser Zusammenarbeit können wir vielleicht einer Verantwortung nachkommen, die noch immer an uns hängt, unter anderem weil sehr viele Probleme, wenn nicht die meisten dieses Kontinents aus einer unglückseligen, europäischen Herrschaft stammen: Afrika. Ein Kontinent mit ungeheurem Elend, wo heute noch ein Blutvergießen stattfindet wie bei uns vor 80 Jahren. Ein Kontinent, der unendliche Möglichkeiten hat und den wir offenbar in einem sehr unglückseligen Zustand hinterlassen haben. Auch hier ist Europa gefordert, auch hier dürfen wir keine Barrieren haben. Wir müssen offen auf Afrika zugehen. Nur wenn wir es schaffen in der Dritten Welt, in Afrika tätig zu werden, wenn wir dort uns wirklich engagieren, wirklich etwas zustande bringen, dann können wir unserer Verantwortung diesem Kontinent gegenüber nachkommen, aber auch sehr viel für die eigene Sicherheit schaffen. Das sowohl für diese Länder wie auch für Europa zu Recht beunruhigende Migrationsproblem können wir allmählich in den Griff bekommen, denn die Menschen gehen auf diese lebensgefährliche Wanderschaft nicht, weil sie so begeistert reisen, sondern weil das Elend dort so gewaltig und das Wohlstandsgefälle gegenüber Europa zu groß ist. Infolgedessen versucht jedermann, in dieses europäische Paradies zu kommen. Nur wenn wir dort Arbeitsplätze schaffen, wenn wir dort Wohlstand schaffen, können wir den unguten Auswirkungen der Migration entkommen.

Wir haben, wie gesagt, Jahre der ungeheuren Herausforderungen vor uns. Herausforderungen, denen Europa seit Jahrhunderten nicht gegenübergestanden ist, weil durch Jahrhunderte stand Europa an der Spitze der technischen und sonstigen Entwicklung, war sich seiner eigenen Überlegenheit bewusst. Jetzt erkennen wir langsam: Diese Zeiten sind vorbei. Wir sind nicht einmal zweite oder dritte Macht mehr in der Welt. Wir sind irgendwo unter »ferner liefen«. Und wenn wir nicht sehr aufpassen, werden wir am Ende der Reihe stehen. Wir haben noch immer Fähigkeiten, wir haben in Wirklichkeit ungeheuer viele Schätze in Europa, in unseren Menschen, an Hochschulen, von denen wir heute noch keine Ahnung haben, wo genau sie liegen. Wir müssen ein gemeinsamer Markt der Ideen werden, nicht nur der Waren, ein gemeinsamer Markt der Begabungen, nicht nur der Beamten. All das steht uns noch bevor.

Ivan Krastev

Die EU vor der größten Herausforderung ihrer Geschichte

»Das Symbol Europas«, schrieb Timothy Garton Ash in seiner Kolumne im *Guardian*, »ist im Jahr 2009 nicht ein Kranz goldener Sterne auf azurblauem Hintergrund, sondern ein grauer Vogel Strauß, der den Kopf in den Sand steckt. Just in einer Zeit, in der sich die Welt, die wir kannten, unter dem Eindruck der globalen Wirtschaftskrise neu formiert, scheinen Europa das Selbstvertrauen und die Gestaltungskraft abhandengekommen zu sein. In den letzten Monaten ist offenbar geworden, dass die EU im Kontrast zu ihrem Auftreten in den Neunzigern, gelähmt von fehlender Solidarität und Führungsschwäche, zu einer risikoscheuen Weder-noch-Macht geworden ist.« In diesem Zusammenhang ist es sinnvoll, Europa zum Nachdenken über sich selbst zu bewegen, und zwar nicht im Rahmen einer Normalität schaffenden bürokratischen Routine, sondern durch eine »gefährliche Analogie«. Jeder Verharmlosung der Krise sollte man methodisch mit ihrer Übertreibung entgegentreten. Europa sollte sich endlich den unangenehmen Fragen stellen: Gleitet die Europäische Union in die Belanglosigkeit ab? Erweist sich der Aufstieg Europas im letzten Jahrzehnt möglicherweise als ebenso fragil und folgenlos wie das japanische Wunder in den Achtzigern? Kann die EU kollabieren wie die postnationalen Formationen Osteuropas nach 1989? Kann sich die EU wie Titos Jugoslawien auflösen (wenn auch nicht in einem blutigen Bürgerkrieg)? In jeder ernsthaften Diskussion über die Zukunft der EU verbietet sich ein Vergleich mit Jugoslawien. Die aktuelle Krise hat aber meines Erachtens gezeigt, dass man die EU intellektuell wachrütteln muss. Sie ist der Beweis, dass Europas Intellektuelle die EU künftig nicht mehr als selbstverständlich betrachten dürfen. Als ich den Strauß dazu bringen wollte, den Kopf aus dem Sand zu nehmen, kam mir der Gedanke, die Herausforderungen, mit denen sich die EU heute konfrontiert sieht, vor dem Hintergrund des jugoslawischen Zusammenbruchs zu deuten.

Tatsächlich bestehen irritierende Analogien und Ähnlichkeiten zwischen den Faktoren, Einstellungen und Akteuren, die zum Kollaps Jugoslawiens geführt haben, und einigen Tendenzen, die wir heute in der EU beobachten. Über die Liste der gefährlichen Analogien kann man im Detail verschiedener Meinung sein, aber in den wesentlichen Punkten herrscht Einigkeit. Titos Jugoslawien zerriss an einem Solidaritätsdefizit. Die reichen Republiken Slowenien und Kroatien hatten das Interesse an der Entwicklung des Kosovo oder Mazedoniens verloren. Wie die Reaktion der Europäischen Union auf die aktuelle Krise eindringlich zeigt, ist die EU heute von einem ähnlichen Mangel an Solidarität bedroht. Denn die reichen westeuropäischen Länder haben beschlossen, ihre Solidarität (oder was davon übrig blieb) auf die Länder der Eurozone zu begrenzen und die Rettung der ums Überleben kämpfenden osteuropäischen Volkswirtschaften dem IWF zu überlassen. In einem kritischen Moment seiner Entwicklung fühlt sich Osteuropa betrogen und gemobbt. Die Engherzigkeit der alten Mitglieder gegenüber den Neulingen liefert den korrupten osteuropäischen Spitzen nun einen Vorwand, sich dem aus Brüssel kommenden Veränderungsdruck zu widersetzen. Und das genau in dem Augenblick, in dem Osteuropa nicht nur einfach einen Rückgang des Bruttoinlandsprodukts hinnehmen muss, sondern in dem das nach 1989 übernommene Entwicklungsmodell – von den Westeuropäern empfohlen und gestern noch gepriesen – in eine tiefe Krise gestürzt ist.

Jugoslawien ist zusammengebrochen, weil seine politische und intellektuelle Spitze die Intensität des Nationalgefühls unterschätzte und sie fälschlicherweise zu der Überzeugung gelangte, dass der Nationalismus ethnischer Prägung der Vergangenheit angehöre. Die Spitze der EU begeht gegenwärtig denselben Fehler. Sie redet gerne über Multikulturalismus und europäische Identität, während in Europa selbst Nationalismus und Fremdenfeindlichkeit zunehmen. Die Angst vor Migranten hat in Europa mehrfach Regierungen an die Macht gebracht, die offen Intoleranz predigen und in einer Wir-gegen-sie-Welt leben. Dass Nationalismus und Fremdenfeindlichkeit aus der kommenden Wirtschaftskrise gestärkt hervorgehen werden, scheint eine sichere Wette zu sein.

Wer den Ähnlichkeiten zwischen der jugoslawischen und der aktuellen europäischen Krise nachspürt, wird mit Genugtuung darauf hinweisen, dass die gegenwärtige EU nicht anders als Jugoslawien ihr politisches Narrativ verloren hat. Nach dem Tod der Gründungsväter haben die nachfolgenden Generationen vergessen, worum es der EU eigentlich ging. In vielen Mitgliedstaaten dreht sich die Debatte nicht um den Nutzen der EU, sondern um die Verluste, die sie verursacht – genau wie in Jugoslawien in den Achtzigern. Die Zentrale der Union – Brüssel heute, damals Belgrad – ist zur Zielscheibe opportunistischer nationalistischer Politiker geworden. Immer häufiger wird in Zweifel gezogen, ob Wohlstand und Demokratie für den Zusammenhalt der EU ausreichen. Dass Europas Wohlstand eines Tages enden wird, dafür liefert die Krise genug Anschauungsmaterial. Es fragt sich deshalb, inwieweit das EU-Modell einer Politik ohne politische Repräsentation an der Spitze und einer politischen Repräsentation ohne Steuerungsmöglichkeiten an der Basis überdauern kann, zumal uns Zeiten des wirtschaftlichen und demografischen Niedergangs bevorstehen.

Die Analogien zwischen der EU und Titos Jugoslawien sind in der Tat verblüffend, aber auch irreführend. Schließlich war Jugoslawien eine kommunistische Diktatur, deren Kollaps im Wesen des Regimes begründet lag. Nicht zufällig hat keiner der kommunistischen Staatenverbände überlebt, weder die Sowjetunion noch die Tschechoslowakei. Der Bund der Kommunisten Jugoslawiens, die jugoslawische Armee und Josip Broz Tito waren wahrscheinlich das einzige Jugoslawische an Jugoslawien. Der Vergleich zwischen Titos pragmatischer Diktatur und der demokratischen EU ist ein falscher Ausgangspunkt. Jugoslawien war ein wirtschaftlicher Misserfolg, die EU ist ein wirtschaftlicher Erfolg. Jugoslawien war bestenfalls ein mittelgroßes Land an der Peripherie Europas, die EU ist ein Projekt von kontinentalen Dimensionen. Titos Konstrukt prägten nicht demokratische Defizite, sondern ein Demokratiedefizit. Es war ein charismatisches Regime, das nach dem Tod seines Gründers keine neue Rechtfertigung für sein Dasein finden konnte und in die Dauerkrise rutschte.

All das ist richtig. Aber der Sturz Jugoslawiens birgt eine Lektion, die sich die aktuelle europäische Elite zu Herzen nehmen sollten: Jugoslawien brach nicht zusammen, weil es metaphysisch dem Untergang geweiht war, sondern weil es nicht genügend politische Akteure gab, die pro-jugoslawisch und zugleich demokratisch dachten. Jugoslawien scheiterte, weil seine Führung die Welt, in der sie lebte, nicht neu wahrnehmen und Jugoslawien nach Titos Tod nicht neu erfinden konnte. Diejenigen, die für sein Fortbestehen beteten, begingen den tragischen Fehler, Jugoslawien für selbstverständlich zu halten.

Man kann schließlich mit Fug und Recht behaupten, dass einige externe Faktoren, die zur Auflösung von Jugoslawien beigetragen haben, im nächsten Jahrzehnt auch die Geschicke der EU bestimmen werden. Wie Jugoslawien am Ende des Kalten Kriegs in seinen Grundfesten erschüttert wurde und mit dem jähen Ende des Sozialismus seine Legitimation einbüßte, könnte die EU vom Zusammenbruch der nach dem Ende des Kalten Kriegs entstandenen Ordnung, von der Liberalismuskrise und vom ideologischen Gezeitenwechsel destabilisiert werden.

Die neue »Alte Welt«

Dass das Ende des Kalten Kriegs wesentlich zur Auflösung Jugoslawiens beigetragen hat, ist letztlich ein Gemeinplatz. Das ändert aber nichts an seiner Wahrheit. Das 1918 gegründete erste Jugoslawien erfanden die Großmächte, das zweite – Titos Jugoslawien – wurde von den Supermächten des Kalten Kriegs am Leben gehalten. Ein Zusammenbruch Jugoslawiens wäre in den Siebzigern undenkbar gewesen, denn weder die Sowjetunion noch die Vereinigten Staaten hätten ihn zugelassen. Titos »Kommunismus jugoslawischer Prägung« war Moskau und Washington gleichermaßen dienlich. So erhielt Jugoslawien von den Imperialisten Kredite, während es gegen sie in vorderster Reihe kämpfte. Es war der größte Kritiker und größte Nutznießer des Kalten Kriegs. Wie beliebt Jugoslawien in den Tagen der Konfrontation der Supermächte wirklich war, vergisst man heute leicht. Aber als der Kalte Krieg zu Ende ging, erlag es seiner geopolitischen Bedeutungslosigkeit.

Sind die Sorgen um die »Bedeutungslosigkeit« der EU begründet? Die europäische Wirtschaft stieg im letzten Jahr zur größten Volkswirtschaft der Welt auf und strafte diejenigen Lügen, die nur ein paar Jahre zuvor allzu bereit waren, das europäische

Wirtschaftsmodell als ineffizient und zukunftslos zu bezeichnen. Der Euro ist auf dem besten Wege eine Weltwährung zu werden. Europäische Unternehmen, die in den Neunzigern häufig für ihre fehlende Dynamik kritisiert wurden, entwickeln sich gegenwärtig viel besser als ihre amerikanischen Pendants. Befürchtungen, dass der europäische Sozialstaat die wirtschaftliche Entwicklung hemmen könnte, haben sich als gegenstandslos erwiesen. Heute ist es Amerika, das den »europäischen Weg« einschlägt, und nicht umgekehrt. Kurz, Europa geht es gut und genießt, nicht minder wichtig, in allen Teilen der Welt ein hohes Ansehen. Laut Umfragen ist die EU die am meisten bewunderte Weltmacht der Welt. Warum sollte sie sich also Sorgen über den Wechsel des geopolitischen Hintergrunds machen? Ist die EU nicht der größte Nutznießer des kommenden geopolitischen Umschwungs? Beweist die gegenwärtige Krise nicht die Überlegenheit des europäischen Modells?

Die EU hat in der Tat Grund zur Sorge. Sie war ein bedeutender Nutznießer der nach dem Kalten Krieg etablierten und von den Vereinigten Staaten dominierten Weltordnung. Obwohl Europa in den letzten Jahren zu den schärfsten Kritikern der unipolaren Welt Amerikas gehörte, stand jene dem europäischen Projekt recht wohlwollend gegenüber. Aufgrund der globalen Hegemonie Amerikas konnte die EU die Weltbühne als Supermacht betreten, ohne ein nationalstaatlicher Akteur sein zu müssen. Washingtons Dominanz erlaubte es der EU, sich auf ihre Erweiterung und die Entfaltung ihrer internen institutionellen Architektur zu konzentrieren. Und unter Amerikas Sicherheitsschirm gelang es der EU, sich zu einer globalen Macht zu entwickeln, die über keine echten militärischen Optionen verfügt. Die amerikanische Vormachtstellung, die den Wettlauf der Staaten in einen Wettbewerb der Unternehmen verwandelte, kam den europäischen Interessen in idealer Weise entgegen. Die EU teilte zwar nie Amerikas Begeisterung für

Geopolitik, aber in einer geo-ökonomischen Weltordnung konnte sie eine Menge erreichen.

Es hat den Anschein, dass sich all dies ändern wird. Die Welt, die wir kannten, ist untergegangen. Die Zeit der amerikanischen Vorherrschaft ist vorbei und Europa muss sich in einer weniger freundlichen neuen Welt zurechtfinden. In einer neuen post-amerikanischen Welt herrschen auf der internationalen Bühne höchstwahrscheinlich traditionalistische Mächte, die dem Geist des 19. Jahrhunderts verhaftet sind und deren Prämissen sich von denen des Brüssel-Konsens erheblich unterscheiden.

In seiner politischen Analyse mit der provozierenden Überschrift »Perhapsburg« beharrt der Amerikaner Wess Mitchell darauf, dass die Europäische Union in den kommenden Jahren wahrscheinlich eine theoretisch einflussreiche, aber krisenanfällige Macht zweiter Ordnung sein wird, gefangen im endlosen geopolitischen Tauziehen der anderen Pole im internationalen System. Nach Mitchells Auffassung »kann eine Entität [wie die EU] weder das System führen, noch vor ihm in Deckung gehen. Die Europäische Union wird wahrscheinlich der Österreichisch-Ungarischen Monarchie ähneln: eingekreist und geopolitisch polygam mit der Prädisposition zur Abhängigkeit, vielleicht sogar Unterwerfung unter einen mächtigen Nachbarn.«

Die Stellung der EU im Konzert der Mächte ist paradox. Sie ist ein Riese und ein Zwerg zugleich. Als postmoderne politische Formation kann die EU daher in einer Welt, in der die Rivalität der Großmächte die globale Agenda prägt, eigentlich nur verlieren. Sie beugt sich entweder dem Zwang, einzelstaatliche Qualitäten zu entwickeln, indem sie eine europäische Armee und Außenpolitik einführt, oder die Spannungen zwischen den Mitgliedstaaten werden zunehmen. Jetzt schon hat die EU trotz ihres Popularitätsüberschusses ein Machtdefizit. So sind der amerikanische Machtverlust und der Kollaps der amerikanischen Hegemonie – egal wie wir darüber denken – für das europäische Projekt weniger eine Chance als eine Gefahr. Wir haben uns zu sehr in seine Auswirkungen auf das internationale System vertieft und dabei die Einflüsse von außen auf das europäische Projekt aus den Augen verloren.

Ideologischer Gezeitenwechsel

Nicht nur die Änderung des geopolitischen Status quo gefährdet das europäische Projekt. In der Tat fällt der Wandel des geopolitischen Kontexts mit einem bedeutenden ideologischen Umschwung zusammen, der die EU und ihre Beziehungen zum Rest der Welt betrifft. Hier ist vielleicht wieder der Vergleich mit Jugoslawien aufschlussreich. Fast drei Jahrzehnte lang war Jugoslawien in intellektuellen Kreisen der greifbare Beweis für die modische Konvergenztheorie, die eine gegenseitige Annäherung von Sozialismus und Kapitalismus unterstellte. Titos Reich war für die reformorientierten Kommunisten des Ostblocks das Leitbild und für die antikommunistischen Entspannungspolitiker des Westens ein Zeichen der Hoffnung. Dennoch büßte Titos dritter Weg im Zuge der Wende von 1989 seine Anziehungskraft ein. Über Nacht kam Jugoslawien aus der Mode. Die samtenen Revolutionen von 1989 und deren antikommunistische Botschaft stießen den von Jugoslawien angestrebten Staatssozialismus mit menschlichem Antlitz, der auf Selbstverwaltung und Solidarität mit der Dritten Welt beruhte, ins Nichts. Die Bürger und die politische Spitze Jugoslawiens verloren den Glauben, dass sie auf der Seite des geschichtlichen Fortschritts standen und dass die Welt sich in ihre Richtung bewegte. Auf der Suche nach Erneuerung wandten sie sich anderen Ideen zu.

Die EU könnte ein Wechsel der ideologischen Strömungen schwer treffen. Seit mindestens einem Jahrzehnt geht die öffentliche Meinung in Europa davon aus, dass die Globalisierung parallel zum Rückzug von Nationalstaat und Nationalismus verläuft. Die EU ist in Gefahr, ihre eigenen Erfahrungen, nämlich die Überwindung des ethnischen Nationalismus und der politischen Religionen, als universelle Trends misszuverstehen. Der Slogan vom Ende der Geschichte kam aus Amerika, in Europa aber war er in den Neunzigern Wirklichkeit geworden. Mark Leonard drückt dies wie folgt aus:

Europa steht für eine Synthese aus Kraft und Freiheit. Sie speist sich aus dem Liberalismus einerseits und aus der Stabilität und sozialen Absicherung sozialdemokratischer Prägung andererseits. Indem die Welt reicher wird und sich über die Befriedigung elementarer Bedürfnisse nach Nahrung und Gesundheit erhebt, wird die europäische Lebensform irgendwann als die einzig erstrebenswerte dastehen.[12]

Aber was jüngst noch an der europäischen Erfahrung universell erschien, wirkt heute abwegig. Ein kurzer Blick nach China, Indien und Russland zeigt, dass Ethnonationalismus und Religion bereits wieder enorme ideologische Kräfte sind, die Weltpolitik gestalten. Sein postmoderner Postnationalismus und Säkularismus hebt Europa von der Außenwelt ab. Die Welt wird zwar kapitalistischer, aber nicht unbedingt demokratischer. China und Russland werden allmählich als Alternativen zum demokratischen Kapitalismus wahrgenommen. Im nächsten ideologischen Zyklus dürfte der Liberalismus, für diese Prognose muss man kein Hellseher sein, den Rückzug antreten. Der Aufstieg des Ethnonationalismus und die Rückkehr der Religion machen sich

12 Mark Leonard, *Warum Europa die Zukunft gehört*. München 2005.

allerdings nicht nur außerhalb Europas bemerkbar. Ihre Präsenz nimmt auch in Europa selbst zu. Brüssel, die Hauptstadt der EU, unterscheidet sich im Geist nicht unwesentlich von Brüssel, der Hauptstadt Belgiens. Das Brüssel der EU ist verliebt in Diversität und Multikulturalismus, während in Belgiens Brüssel symbolische Politik und das Gespenst der ethnischen Teilung Urständ feiern.

Kurz, die ideologischen Folgen der aktuellen Wirtschaftskrise könnten Europa viel stärker in Mitleidenschaft ziehen als Amerika. Anders als von manchen erwartet oder erwünscht, fällt die Krise in den USA nicht in dieselbe Kategorie wie die Auflösung der Sowjetunion. Zumindest hat sie bisher keine ernstzunehmende Alternative zum Kapitalismus hervorgebracht. Die Zurückhaltung Chinas, das nicht als Alternative, sondern als Variante des kapitalistischen Modells verstanden werden will, ist in dieser Hinsicht bezeichnend. Der Kapitalismus wird die Krise höchstwahrscheinlich überleben, doch sobald sich die globalen Turbulenzen gelegt haben, wird auch ihr Gewinner feststehen: der traditionelle Nationalstaat. Die Rede von der wechselseitigen Abhängigkeit kann nicht verschleiern, dass die Bürger außerhalb Europas, aber auch innerhalb der EU in Krisenzeiten ihrem Nationalstaat die Treue halten. Die Krise setzt die postnationale Politik wieder in die Spur. Sie widerruft die kollektiven Erfahrungen und belebt die nationalen Narrative. Die Antwort der deutschen Politik auf die Krise lässt sich am besten mit ihren Erfahrungen in den 20er- und 30er-Jahren des vergangenen Jahrhunderts erklären. Das postnationale Wesen der Institution EU ist auf die nationalen Erinnerungen geprallt. Die Europäer haben in den letzten Monaten entdeckt, dass sie nicht eine europäische Geschichte teilen, sondern die Lehren aus ihr. Aber wird das reichen, um auch in schlechten Zeiten Solidarität zu üben?

Die Europäische Union steht mit einem Wort gesagt vor der größten Herausforderung ihrer Geschichte. Die Erhaltung des Status quo wird Europa – institutionell wie politisch – auf den steinigen Weg in die Bedeutungslosigkeit führen. Änderungen am Status quo erfordern Führungsstärke und radikales Umdenken. Die eigentliche Frage lautet: Ist Europa bereit, die Welt neu wahrzunehmen? Um die Krise zu überstehen, wird die EU nicht einfach zur Tagesordnung übergehen können, schon gar nicht zur Tagesordnung, die ihrer Führungsspitze vorschwebt.

Wolfgang Ischinger

Was »global governance« bedeuten könnte – Einige vorläufige Lehren aus der Krise

Über die Finanz- und Wirtschaftskrise ist inzwischen schon viel – zu viel, und zu viel Falsches – geschrieben worden. Eine richtige Beurteilung dieser Krise und ihrer weltpolitischen und weltwirtschaftlichen Folgen setzt zweierlei voraus: Zum einen, die richtigen Fakten zu haben, die Krise also korrekt zu interpretieren, und zum anderen, Fehler der Vergangenheit möglichst nicht zu wiederholen.

In ökonomischer Sicht steht fest, dass längerfristig niedrigere Wachstumsraten und geringere Kapitalerträge zu erwarten sind und auch das Handelsvolumen abnehmen wird. Mit einem mittelfristigen Anstieg der Inflation müssen wir aufgrund der massiven Staatsinterventionen ebenso rechnen. Gerade wegen dieser längerfristig spürbaren Folgen der Krise stellt sich die Frage, ob sich Geschichte wiederholt bzw. ob wir fähig sind, aus der Geschichte zu lernen. Wie weit trägt aber der häufig angestellte Vergleich zwischen der gegenwärtigen Krise und der Weltwirtschaftskrise der 1930er-Jahre? Dass der Vergleich nicht sehr weit trägt, zeigt beispielhaft eine Zahl. Ende der 1920er-Jahre betrug die Staatsquote in den USA etwa zehn Prozent, heute liegt sie bei 40 Prozent mit steigender Tendenz, in Deutschland sogar noch etwas höher. Staatliche Eingriffs-, Abfederungs- und Steuerungsmechanismen sind heute also in viel größerem Umfang vorhanden als damals, und sie wurden auch – ganz anders als damals – frühzeitig eingesetzt.

Der BND hat kürzlich den Versuch gemacht, mögliche globale Szenarien für die Folgen dieser Krise zu beschreiben. Das wahrscheinlichste Szenario ist, dass Asien – und insbesondere China – weltwirtschaftlich und weltpolitisch an Bedeutung gewinnen wird, dass die Vereinigten Staaten und der Dollar ihre/seine Supermacht-Alleinstellungsmerkmale tendenziell allmählich verlieren dürften und dass es ausschließlich von Europa selbst abhängt, ob und wie wir uns in der Welt des Jahres 2020 positionieren werden – als erstarrtes Museum eines früher bedeutsamen Kontinents oder als kraftvoller und innovativer 500-Millionen-Block, der im globalen Wettbewerb seinen Mann steht.

Jede Krise bietet auch Chancen. Der Begriff der Krise ist keineswegs nur negativ besetzt. In der Medizin führt die »Krisis« zum Abflauen des Fiebers und bezeichnet somit den Wendepunkt hin zur Besserung. Auch in der Politik sind viele Errungenschaften ohne vorangegangene Krisen kaum denkbar: Die Europäische Union von heute wäre ohne die große »Krise« Europas im 20. Jahrhundert und den vom nationalsozialistischen Terror verursachten zivilisatorischen Zusammenbruch nicht zustande gekommen. Und ohne die Krise des marxistisch-leninistischen Systems und dem Zerfall sowjetischer Macht wäre es 1990 nicht zur Wiedervereinigung Deutschlands gekommen. Das sind nur zwei Beispiele – es ließen sich andere nennen.

Global Governance

Die gegenwärtige Krise hat einmal mehr vor Augen geführt, dass sie globaler Antworten bedarf. In vielen Hauptstädten beschleunigt sich heute die Erkenntnis, dass die großen Herausforderungen nicht mehr nationaler, sondern globaler Natur sind – vom Klimawandel über den Terrorismus bis zum freien Welthandel. Was bisher vor allem Gegenstand frommer Sonntagsreden war, wird jetzt zur knallharten politischen Handlungsanweisung: Die alternativlose Suche nach globalen Lösungen.

Hinzu kommt ein zweites, neues Phänomen. Zum ersten Mal in der Menschheitsgeschichte liegen die technologischen Voraussetzungen für effektives globales Handeln vor. Das Internet und die modernen Verkehrssysteme haben die Welt so schrumpfen lassen, dass der Gedanke globaler Regierungsfähigkeit und globalen Handelns (»global governance«) nicht mehr wie eine Träumerei von Weltverbesserern klingt, sondern Realität geworden ist.

Der französische Intellektuelle Jaques Attali sagte kürzlich: »global governance« sei nichts anderes als ein Euphemismus für »globales Regieren«. Und er fügte hinzu: »... der Kern der Finanzkrise liegt darin, dass wir zwar globale Märkte, aber – noch – kein global verbindliches Regelwerk haben.«

Auf zwei Aspekte eines besseren globalen Systems sei hier gesondert hingewiesen:

- Erstens finden heute Handels- und Investitionsströme zwar global statt, werden aber vorwiegend national kontrolliert, überwacht oder gesetzlich geregelt. Das funktioniert nicht bzw. nur ungenügend. AIG war bis vor Kurzem der weltgrößte Versicherungskonzern mit Aktivitäten rund um den Erdball. Kontrollinstanz in den USA ist noch nicht einmal eine Bundesbehörde, sondern der Insurance Commissioner des Staates New York. Wünschenswert wären zwischen USA und EU abgestimmte transatlantische Kontrollmechanismen.

- Zweitens ist ein entschlossenes Zusammenstehen aller globalen Mitspieler wichtig, um protektionistischen Neigungen entgegenzutreten. Die massiv aufgewertete Rolle des Staates, in den USA, bei uns und in anderen Regionen, führt automatisch zu größeren Versuchungen in Richtung Abschottung. Es darf uns nicht wundern, dass die deutsche Abwrackprämie in Asien als Versuch interpretiert wird, die deutsche Automobilindustrie gegenüber dem Rest der Welt zu stützen. Alle beäugen sich misstrauisch, und viele warten nur darauf, dass Wettbewerber Zoll- oder Handelsschranken erhöhen oder nationale Subventionen vergeben, um mit gleicher Münze zurückzuschlagen und damit eine verhängnisvolle Eskalationsspirale einzuleiten. Erfreulicherweise scheinen sich die meisten Verantwortlichen im G-20-Rahmen dieser Gefahr bewusst zu sein, und allzu krasse protektionistische Aktionen sind bisher unterblieben. Aber die Arbeitslosenzahlen bei uns und anderswo haben ihren Höhepunkt noch lange nicht erreicht, und deswegen wird der Druck nicht ab-, sondern weiter zunehmen. Hier ist größte Wachsamkeit geboten und Klartext notwendig.

Die Krise zwingt zu globalen Reformen und globaleren Regeln, zu mehr Zusammenarbeit über Grenzen hinweg. Effektivität und Legitimität globalen Handelns müssen gestärkt werden. Ein gutes Beispiel dafür sind die Treffen in Washington und London, bei denen sich statt der bisherigen G-8 die G-20 auf der Ebene der Staats- und Regierungschefs zusammengefunden haben. Seit Langem war klar, dass die G-8 einen schrumpfenden Teil der Weltbevölkerung bzw. der Weltwirtschaft repräsentieren und deswegen immer weniger Legitimität für ihre Entscheidungen in Anspruch nehmen konnten. Aber niemand wagte den entscheidenden Vorstoß zur Ausweitung dieser weltpolitischen und weltwirtschaftlichen Lenkungsgruppe. Erst die Krise machte diesen Sprung möglich – ja sogar notwendig, und inzwischen hat auch die Bundesregierung dies erfreulicherweise eingesehen.

Stärkung der transatlantischen Zusammenarbeit

Die Krise wird auch die Bereitschaft zu gemeinsamem Handeln im transatlantischen Raum stärken. Die Erkenntnis setzt sich durch, dass jetzt der Moment gekommen ist, um nicht nur den transatlantischen Wirtschaftsraum weiter zu stärken, sondern auch dem Westen als politisch-moralischem Begriff wieder zu neuem Ansehen zu verhelfen. Der Dienstantritt des neuen amerikanischen Präsidenten – mitten in der Krise – bietet eine historische Chance zu Bekräftigung der Werte der Aufklärung und der Grund- und Freiheitsrechte, die die Legitimität des Handelns des Westens begründen. Noch ist Zeit, um globale Institutionen zu stärken und Regeln zu schaffen, die globalen Respekt beanspruchen können und unseren westlichen Grundwerten entsprechen. Noch ist Zeit, ein System von »global governance« zu schaffen, das auch dann noch Geltung beanspruchen kann, wenn das relative Gewicht des Westens in der Welt, sowohl hinsichtlich Bevölkerungszahl wie auch hinsichtlich Wirtschaftskraft, angesichts der neuen Wachstumsmärkte abnehmen wird. Die Uhr tickt, aber dem Westen bietet sich in dieser Krise eine große aktuelle Gestaltungschance.

Natürlich bedeutet all dies nicht, dass wir geradewegs auf eine Art Weltregierung zusteuern. Der Weg hin zu einem wirklich handlungsfähigen globalen System der Vereinten Nationen wird lang und steinig bleiben. Aber im Ergebnis der gegenwärtigen Krise wird die Bereitschaft zu regionaler und globaler Abstimmung, zu gemeinsamem Handeln und zu globaleren Regeln, wachsen. Dabei ist ganz besonders erfreulich, dass es unsere Europäische Union ist, die das weltweit überzeugendste Modell für gemeinsames Handeln und Entscheiden bietet.

Chancen für engere Kooperation in der Europäischen Union

Auch in der Europäischen Union wird sich erweisen, dass die gegenwärtige Krise nicht zum Auseinanderdriften führt, sondern dass die Zentripetalkräfte gestärkt werden. Selbst in London gewinnt die Europäische Union eine neue Attraktivität. Das Undenkbare wird möglich: Einige beginnen wieder, über den Einstieg in den Euro nachzudenken. Und die Krise wird vielleicht auch dazu beitragen, dass der Vertrag von Lissabon letztendlich doch noch von allen – auch von den Tschechen – ratifiziert werden wird. Die Krise macht auch dies vielleicht möglich.

Trotzdem hat die EU – nicht nur wegen der Unsicherheiten um die Zukunft des Lissabon-Vertrags – in der Krise leider weniger Mut als Kleinmut gezeigt. Statt als 500-Millionen-Block – den USA ebenbürtig – eine zentrale globale Rolle zu spielen, überlässt man es den USA und China, über die Formel »G-2« – also ein amerikanisch-chinesisches Zusammenspiel zur Bewältigung der Krise – nachzudenken.

Auch der Berliner Politik kann man den Vorwurf nicht ganz ersparen, kleinmütig eher die nationale statt der europäischen Karte gespielt zu haben. Vergessen wir nicht, dass der Exportweltmeister Deutschland mehr als jedes andere EU-Land vom Binnenmarkt und vom Euro profitiert. Vergessen wir nicht, dass bei der Fortentwicklung der europäischen Idee die »Fahrrad-Theorie« gilt: Wer nicht in die Pedale tritt, bleibt stehen und fällt schließlich um. Wir sollten schon an dem Satz von Thomas Mann festhalten: Nicht um ein deutsches Europa geht es, sondern um ein europäisches Deutschland.

Natürlich ist der Hinweis erlaubt, dass Paris wie stets französische Politik, und London wie stets britische Politik in Europa betreiben. Aber wir werden weder unserer Rolle noch der europäischen Idee gerecht, wenn Berlin einfach so sein will wie London und Paris. Es sollte die Berliner Aufgabe sein und bleiben, Impulse zu setzen, damit die EU eben nicht stehen bleibt, damit der Euro nicht gefährdet wird, damit das europäische Gebilde und seine Handlungskraft im globalen Wettbewerb nicht geschwächt, sondern gestärkt wird. Eine gemeinsame europäische Energieaußenpolitik ist – um ein Beispiel zu nennen – überfällig. Auch eine bessere Koordinierung der Wirtschafts- und Finanzpolitik erscheint angesichts der Entwicklungen im Euroraum zwingend. Dies ist doch nicht schon deshalb falsch, weil es ein altes Petitum Frankreichs ist. Wir brauchen zwar keine vergemeinschaftete Steuerpolitik, aber die aufgetretenen Spannungen in der Eurozone werden langfristig ohne den Willen zur engeren finanz- und wirtschaftspolitischen Abstimmung nicht überwunden werden können.

Die Europawahlen haben gezeigt, dass den Bürgern offensichtlich zunehmend eine inspirierende Vision von Europa fehlt. Diese Vision wird nicht identisch sein können mit derjenigen der Helmut-Kohl-Generation, aber nach Binnenmarkt, Euro und Ansätzen gemeinsamer Außen- und Sicherheitspolitik zeichnen sich doch die nächsten historischen Ziele Europas am Horizont ab: Zur Selbstbehauptung der europäischen Solidargemeinschaft in der globalisierten Welt des 21. Jahrhunderts brauchen wir eine energie-, wirtschafts- und sicherheitspolitisch handlungsfähige Europäische Union – also eine Europäische Union, in der Prosperität und Sicherheit nicht Schlagworte bleiben. Ich wünsche mir also, dass Europa seiner Rolle als Modell zur Überwindung nationalstaatlichen Denkens gerecht wird und aus der Krise als starker, legitimer und konstruktiver »Global Player« hervorgeht. Dann produziert die Krise nicht nur Kapitalvernichtung, Arbeitsplatzverlust und soziale Ungerechtigkeiten, sondern auch etwas für die Zukunft wirklich Gutes.

Parag Khanna

Der neue geopolitische Marktplatz: Strategische Allianzen für das 21. Jahrhundert

Lassen Sie uns einen Schritt zurücktreten und die gegenwärtige Finanzkrise mit etwas Abstand betrachten, um ihre Quintessenz zu verinnerlichen: Nationale Außenpolitik gibt es nicht mehr, nur noch Weltpolitik. Nicht allein die wirtschaftliche Integration, auch die unverzüglich eingeleiteten Bemühungen um eine globale Antwort machen deutlich, dass wechselseitige Abhängigkeiten heute mehr denn je auch auf politischer Ebene bestehen. Das politische Überleben reicher wie armer Regierungen hing nicht zuletzt von der erfolgreichen Koordination der finanz- und geldpolitischen Maßnahmen ab, woraus wir schließen können, dass sich das in der Vergangenheit gültige Modell vom Aufstieg und Fall der Imperien nicht mehr ohne Weiteres in die Zukunft fortschreiben lässt. Wir sitzen alle im gleichen Boot.

Der Osten überholt den Westen, Der Pazifik ersetzt den Atlantik, Vom amerikanischen zum chinesischen Jahrhundert – mit solchen Banalitäten und Klischees lässt sich die heraufziehende komplexe Ordnung daher nicht begreifen. Die Mächte und Zonen werden allesamt wechselseitig aufeinander einwirken. Die weltpolitische Agenda wird nicht mehr von Amerika bestimmt sein. Unsere kognitive Trägheit lässt uns glauben, Amerika könne unter Obama seine Führungsrolle wiederherstellen, doch ist der Bedeutungsverlust keine Frage der Persönlichkeit, sondern struktureller Natur. Die neue Ordnung wird hochkomplex und multipolar sein, eine Landschaft mit neuen Ungewissheiten, die es zu berücksichtigen und zu steuern gilt – und die möglicherweise radikal innovative Lösungsansätze erfordern.

Wenn wir die Finanzkrise als einen ersten Hinweis auf die entstehende neue Weltordnung begreifen, stellt sich zwangsläufig die Frage, wer sie als Erstes überwindet. Bisher sagen uns die Prognosen, dass sich die Nachfrage in Asien früher erholt als in den USA oder der Eurozone. Sein gewaltiges, fast 600 Milliarden Dollar schweres Konjunkturpaket (öffentlich-private Partnerschaften nicht eingerechnet) wird China nicht nur vor Umbrüchen im Inneren schützen. Seit der Asienkrise vor zehn Jahren hat sich China mit den Volkswirtschaften der Region so eng vernetzt, dass es durchaus auch den Aufschwung in Südkorea und den südostasiatischen Nationen tragen könnte. Darüber hinaus wurden ehemals treue amerikanische Alliierte wie Australien ausgerechnet von Chinas starker Nachfrage nach Erdgas und Eisenerz vor dem Schlimmsten bewahrt. In der Folge der Asienkrise haben der Asiatische Währungsfonds und die Asiatische Entwicklungsbank den Ausbau der regionalen Strukturen vorangetrieben. Das »Asien für Asiaten« entspringt einem Misstrauen gegenüber dem Westen, aber auch dem Vertrauen in die eigenen Lösungen. So erfreut sich Asien derzeit der Vorzüge beider Welten: Es kann die westlichen Investitionen und Märkte in Anspruch nehmen und zunehmend eigene Bedingungen stellen.

Die Finanzkrise hat also die globale strategische Neuausrichtung zugunsten eines geopolitischen Marktplatzes forciert und beschleunigt. Mit Blick auf die künftige Entwicklung plädiert Chinas Zentralbank, die mittlerweile über Währungsreserven in Höhe von rund 2 Billionen US-Dollar verfügt, für eine neue internationale Reservewährung auf der Grundlage der Sonderziehungsrechte des Internationalen Währungsfonds, einem Währungskorb, der sich aus US-Dollar, Euro, Yen und Pfund Sterling zusammensetzt. Man sollte dies sehr ernst nehmen, und nicht nur weil die Stabilität der Besitzer verlustträchtiger US-Staatsanleihen auf dem Spiel steht. Auch Dutzende von Schwellenländern hätten künftig besseren Zugang zu den Kreditlinien des IWF, ohne dass die reifen Märkte die Liquidität abschöpfen könnten. Die sogenannten BRIC-Länder Brasilien, Russland, Indien und China haben sich dementsprechend verständigt, mehr Anleihen in ihren eigenen Währungen zu emittieren und zu handeln, und China bietet rohstoffreichen Ländern der zweiten Welt, zum Beispiel Russland, Kasachstan und Brasilien, mit großem Nachdruck Darlehen gegen Ressourcen an. Neue Allianzen bilden, keine Chance auslassen – das ist zweifellos das Gebot der Stunde.

G-20 = neue Weltordnung?

Vor diesem Hintergrund wollen wir den jüngsten und bekanntesten globalen Problemlösungsmechanismus bewerten, die G-20. Der Londoner G-20-Gipfel im April 2009 trug alle Züge einer Zeitenwende. Hier wurde eine neue globale Organisationsform aus der Taufe gehoben. Der britische Premierminister feierte den Gipfel auf der abschließenden Pressekonferenz mit den Worten: »Der alte Washington-Konsens ist Geschichte. Jetzt haben wir einen neuen Konsens.« Und bei der Zusammenfassung des zweitägigen Treffens, das mehr Beachtung durch die internationale Öffentlichkeit und Medien erfuhr als vielleicht je ein Gipfel der Geschichte zuvor, gebrauchte er gar die Formel von der »neuen Weltordnung«.

Während wir jedoch nach der Zukunft greifen, verraten wir unsere Abhängigkeit von der Vergangenheit. Erstens ist die G-20 eine Schöpfung der Staaten für eine Welt, die aus einem wesentlich größeren Feld von Akteuren besteht. Zweitens erfüllen die G-20-Mitglieder Argentinien, Mexiko, Indonesien und Südafrika sicherlich nicht die Stabilitätskriterien, die ein Land erst zur Entscheidungsfindung an der Weltspitze qualifizieren. Schließlich mag die G-20 mit 80 Prozent der Wirtschaftsleistung und Weltbevölkerung ein repräsentatives Organ sein, doch ruht das Gewicht der Welt nach wie vor in vielerlei Hinsicht auf den Schultern Amerikas, Europas und Chinas. Aufgrund ihrer Repräsentativität jedoch darf man in der G-20, auch wenn ihr eine formalrechtliche Grundlage fehlt, durchaus eine legitime Instanz sehen. Die Mechanismen der Weltordnungspolitik werden anhand der Wirksamkeit ihrer Vorschläge, genauer der Umsetzungsgeschwindigkeit und Nachhaltigkeit ihrer Lösungen, beurteilt, nicht allein aufgrund der Zusammensetzung ihrer Gremien.

In der aktuellen globalen Finanzkrise genoss die G-20 genug Vertrauen, um als reguläres Medium des wirtschaftspolitischen Dialogs zu dienen. Hoffnungen, dass sie auch als robuste Koordinationsinstanz fungieren könnte, wurden enttäuscht. Die Forderungen, den Sirenengesang des Protektionismus zu ignorieren, sind immerhin in mindestens 17 G-20-Ländern unbeachtet geblieben. Steueroasen fanden trotz des vehementen Vorstoßes eines Nicholas Sarkozy, die Missetäter anzuprangern, nur am Rande Erwähnung. Und die Schuldenproblematik fehlte im Schlusskommuniqué ganz, obgleich die enormen Konjunkturprogramme – insbesondere in Großbritannien und den USA – die Saat der nächsten Krise vielleicht bereits in sich tragen.

Die Welt wird von mehreren Krisen gleichzeitig heimgesucht: Finanzkrise, Terrorismus, Konflikte, Klimawandel, Nahrungsmittelknappheit und vielen weiteren. Wie würden die G-20 mit ihnen fertig werden? Der G-20-Prozess muss ja sogar im Wirtschaftsbereich kritische Teilnehmer davon überzeugen, an den Tisch der gescheiterten Doha-Welthandelsrunde zurückzukehren. Bei genauerem Hinsehen könnte die Zersplitterung der G-20 ebenso offensichtlich sein wie deren Einigkeit. Für den Sicherheitsbereich könnte Ähnliches gelten. Die G-20 wurde bereits zum neuen »Lenkungsausschuss der Welt« ausgerufen, aber wie könnten sich diese Länder in Fragen humanitärer Interventionen einiger sein als die ständigen Mitglieder des UN-Sicherheitsrats, wenn jene – und zusätzlich fünfzehn weitere – zu den G-20 gehören? Würde sich die NATO an die G-20 wenden, ganz zu schweigen den UN-Sicherheitsrat, wenn sie ihre Operationen in Afghanistan ausweitet, mit dem Golfkooperationsrat (GCC) Truppenübungen durchführt und ihre militärischen Beziehungen zu Indien, Japan und Australien vertieft?

Der eigentliche Wert der G-20 liegt nicht in ihren speziellen Leistungen. Mit ihrer Hilfe lassen sich die politischen Eliten und Bürger vielmehr leichter überzeugen, dass es sich bei einer flexiblen »Koalition der Willigen« um einen improvisierten, aber dennoch notwendigen Ansatz zur frühzeitigen Krisen- und Problembewältigung handelt. Nehmen wir ein Umweltproblem wie die Abholzung. Weltweit gesehen ist die Abholzung für 18 Prozent der globalen Emissionen verantwortlich, in Brasilien und Indonesien für 70 Prozent und mehr. Um der zunehmenden Plünderung der Naturwälder Einhalt zu gebieten, sollten sich die laufenden Bemühungen um den Einsatz der neuesten Technologien und Überwachungssysteme auf diese beiden G-20-Staaten konzentrieren. Wenn diese Programme in Brasilien und Indonesien Erfolg hatten, könnten sie auf Afrika ausgedehnt werden. Auch Indien und China, zwei große Mitglieder der

G-20, sollten von den fortgeschrittenen G-20-Mitgliedern umfangreiche Technologietransfers erhalten.

Der Umweltbereich lehrt uns außerdem, dass die G-20 die bestehenden Strukturen weniger ersetzen als ergänzen. Bereits angelaufen sind die Verhandlungen zum Kyoto-Nachfolgeabkommen, die regelmäßigen Konferenzen des Zwischenstaatlichen Ausschusses für Klimaänderungen IPCC, der Kopenhagen-Prozess, der im Dezember 2009 abgeschlossen werden soll, das europäische Emissionshandelssystem, das große amerikanische Programm für emittierende Märkte und der Mechanismus der Weltbank für umweltverträgliche Entwicklung CDM. Die G-20 ist im Wesentlichen ein Knoten im Geflecht der Koalitionen – die hoffentlich alle ihren Beitrag zu einem gemeinsamen Ziel leisten.

Von der regionalen zur globalen Ebene

Selbst wenn wir neue globale Strukturen wie die G-20 anstreben, bedürfen wir genauer Analysen, auf welcher Ebene die Risiken entstanden sind und wie wir den Herausforderungen am besten begegnen. Nehmen wir die Tatsache, dass die Sicherheitsinstitutionen Europas, Ostasiens, Südamerikas und sogar Afrikas entweder voll entwickelt oder im Aufbau begriffen sind. Der Persische Golf und das südliche Zentralasien, wo diese lokalen Sicherheitsmechanismen fehlen, sind die explosivsten Regionen der Welt. In beiden Konfliktzonen ist die Entwicklung der Sicherheitsinstitutionen unbedingt erforderlich. In der Golfregion, die sich vom Iran bis zu den sunnitischen Staaten auf der arabischen Halbinsel erstreckt, ist die Agenda umfangreich, aber vielversprechend: Die Schaffung eines regionalen Kernbrennstoffkreislaufs, der Wiederaufbau des Irak, die Errichtung eines lebensfähigen palästinensischen Staats und die Sicherung der wichtigsten Erdöltransportwege und Schifffahrtsstraßen. Bahrain und Katar haben ihre Unterstützung für ein solches Organ bereits zum Ausdruck gebracht, und die Einberufung des ersten Treffens in diesem Jahr sollte weltweite Priorität haben. Wenn die zentralen Akteure der Golfregion keine vertrauensvollen Beziehungen aufbauen, wird diese Weltgegend an den neuralgischen Punkten in der Straße von Hormus, im Golf von Oman und im Arabischen Meer anfällig für die aus dem Kalten Krieg bekannten Stellvertretergefechte.

Im südlichen Zentralasien steht nicht weniger auf dem Spiel: die Klärung der paschtunischen Frage zwischen Afghanistan und Pakistan, die Lösung des Kaschmirkonflikts, die Eindämmung des islamischen Fundamentalismus und die Entwicklung von Energiekorridoren zur Wiederbelebung der lukrativen Abschnitte der alten Seidenstraße. Die NATO-Staaten haben laufende Gespräche mit dem Iran über Transitrouten vom Hafen in Chah Bahar nach Melak bestätigt, um auf die von Indien gebaute Fernstraße von Sarandsch nach Dilaram mit Anschluss nach Kandahar zu gelangen, dem NATO-Hauptquartier der Frühjahrsoffensive gegen die Taliban. Im Gegenzug könnten der Iran und Indien von den USA fordern, den Widerstand gegen die Iran-Pakistan-Indien-Pipeline aufzugeben, die alle Beteiligten in den nächsten Jahren realisieren wollen. Die Krise, die ihren Bogen vom Irak nach Pakistan spannt, birgt also auch viele Chancen. Die westlichen, östlichen und aufstrebenden Mächte müssten sich allerdings zu ihrer Wahrnehmung auf unzählige Mikrodeals und Kompromisse einlassen.

Wenn wir auf der regionalen und subregionalen Ebene nach Lösungen suchen, entgehen wir automatisch der Versuchung des Neoimperialismus, der die sich ausweitende NATO-Intervention in Afghanistan derzeit zu erliegen scheint. Vielmehr sollte die NATO eine Kooperation zwischen Afghanistan, Pakistan, Indien und China fördern und die EU als glaubwürdigste Instanz die Patenschaft für ein saudisch-iranisch-israelisches Forum übernehmen. Letzteres könnte zum Beispiel analog zum ASEAN-Regionalforum in die Rolle eines ständigen Ausschusses hineinwachsen. Auf diese Weise würden wir das historische Streben nach Einflusssphären überwinden und einen ersten Schritt in die Richtung der für das 21. Jahrhundert angemesseneren Verantwortungsbereiche gehen. Als Vorbilder zu nennen wären an dieser Stelle Europas Entwicklungshilfe, seine Partnerschaften mit den nordafrikanischen Staaten zur Bekämpfung der illegalen Einwanderung sowie Amerikas Partnerschaft mit Mexiko und einigen lateinamerikanischen Nationen zur Eindämmung des Drogenhandels. Die Probleme bestehen auch hier im Wesentlichen auf einer subregionalen Ebene, und auf dieser Ebene müssen sie gelöst werden.

Obama und die Zukunft Amerikas

Nur wenige Beobachter würden in Abrede stellen, dass Obama einen atemberaubenden Start als neuer amerikanischer Präsident hingelegt hat. In den ersten 100 Tagen machte er die Diplomatie wieder zu dem, was sie sein sollte, zu einem tabulosen Dialog mit allen relevanten Partnern. Er hat gute Beziehungen zu Venezuela, Kuba, Syrien und dem Iran wiederaufgenommen oder solche angedeutet, unter anderen zu den sogenannten »Schurkenstaaten«, in deren Fall sich alle diplomatischen Isolierungsversuche und Sanktionen fast ein Jahrzehnt lang (und in einigen Fällen deutlich länger) als kontraproduktiv erwiesen haben. Dabei hat Obama die zentralen »nationalen Interessen« Amerikas mitnichten preisgegeben. Er hat im Gegenteil bewiesen, dass er die amerikanischen Interessen wirklich kennt. Ferner hat er den gewaltigen verschwenderischen Verteidigungshaushalt gekürzt und damit den scheinbar unantastbaren

»militärisch-industriellen Komplex« herausgefordert. Er hat die Finanzmittel für die Kernwaffenentwicklung komplett gestrichen, Gespräche über den Abbau strategischer Atomwaffen mit Russland in Gang gesetzt und sogar den Gedanken aufgebracht, Israel durch einen Beitritt zum Atomwaffensperrvertrag zur Erklärung seines nuklearen Status zu drängen. Alles in allem wird deutlich, dass es Obama ernst ist, das Image Amerikas in der Welt grundlegend zu ändern.

Aber kann all das von Dauer sein? Und wird es die Ungewissheit mindern, die die Welt zu Beginn des 21. Jahrhunderts durchweht?

Die Welt wartet größtenteils skeptisch ab. Amerikanische Truppen ziehen sich zwar schrittweise aus dem Irak zurück, doch ist die dortige politische Instabilität nach wie vor besorgniserregend. In Afghanistan wurde die Zahl der amerikanischen Truppen verdoppelt, aber auch die Gewalt und die Selbstmordanschläge haben zugenommen. Pakistan scheint ein Opfer des ins Stocken geratenen afghanischen Krieges geworden zu sein und steht nun am Rande des Abgrunds.

Um Amerikas Außenpolitik und sein Image in der Welt wirklich zum Besseren zu wenden, wird Obama nicht nur den Rahmen der alten Exekutive, sondern auch das überkommene Vokabular aufgeben müssen. Im ersten Schritt hat er den Begriff Krieg gegen den Terror (»war on terror«) abgeschafft, aber er wird sich auch im Hinblick auf die sogenannte »islamische Welt« vor Verallgemeinerungen hüten müssen. In seinem ersten offiziellen internationalen Interview mit dem in Dubai ansässigen Fernsehsender Al Arabia sagte Präsident Obama: »Meine Pflicht gegenüber der islamischen Welt ist es, ihr zu vermitteln, dass die Amerikaner nicht ihre Feinde sind.« In einer Rede vor der Nationalversammlung der Türkei erklärte er: »Die USA waren nie und werden auch nie im Krieg gegen den Islam sein.« Wie viele andere westlichen Politiker und Intellektuellen misst der Präsident diesem Ausdruck zu viel Bedeutung bei und er vergibt durch seinen ständigen Gebrauch die Chance, die Geister zu überzeugen und die Herzen zu gewinnen. Seit dem Untergang des Heiligen Römischen Reichs gibt es keine christliche Welt mehr, und ebenso wenig kann man seit dem Mittelalter von einer vereinten islamischen Welt sprechen. Wenn Obama den Westen in der pragmatischen Auseinandersetzung mit den islamischen Staaten anführen will, muss er jeden als das nehmen, was er ist. Im Hinblick auf die Türkei sollte der Westen den Schwerpunkt darauf legen, wie er ihr beim Beitritt zur Europäischen Union helfen kann, in Pakistan sollte er sich auf die Integration der Stammesgebiete in das Verfassungsgefüge konzentrieren, in Ägypten über die Schaffung von Arbeitsplätzen und die rechtmäßige Machtübergabe von Hosni Mubarak sprechen. So begegnet man den Nationen mit Respekt, nicht mit vagen Verweisen auf ihre Religion.

Es ist nicht unmöglich, dass es einer Welt der hochkomplexen Diplomatie gelingt, sich den vielen Ungewissheiten, denen sich Politik und Öffentlichkeit heute gegenübersehen, erfolgreich zuzuwenden. Wesentliche Voraussetzungen dafür sind Flexibilität und Tempo. Experimente sollten bereitwillig eingegangen werden – solange sie funktionieren. Auf der anderen Seite kann man sie aus finanzieller Sicht mit geringen Verlusten wieder aufgeben. Das ist eine unsentimentale improvisierte Diplomatie, aber sie lässt erwarten, dass sich die neuen Ungewissheiten als Erfolge erweisen werden.

Jean-Claude Juncker

Ist die Wallstreet der neue Sitz der Komintern?

Der Markt ist kein Selbstzweck und Markt und Wirtschaft finden nicht statt, um sich selbst zur Freude zu werden. Volkswirtschaft, deshalb heißt sie wahrscheinlich auch so, findet statt, um dem Volk zu dienen. Deshalb heißt das, worüber wir hier reden, Volkswirtschaften. Und wenn man sich fragt, was wir vom Markt erwarten, dann wird uns klar, dass er Effizienz produzieren soll. Dass der Markt auch Solidarität produziert, können wir nicht ernsthaft von ihm erwarten. Denn Solidarität entsteht erst aus der Verbindung der durch die Marktkräfte herbeigeführten Effizienz und dem ordnenden Zugriff des normativ tätig werdenden Staates. Und an dieser Stelle müssen wir uns nun die Frage nach der richtigen Dosierung staatlicher Eingriffe und staatlicher Normensetzungen stellen.

Seit Jahren beobachte ich in Europa und in der Welt ein herdentriebhaftes Gesamtgebaren. 20 Jahre lang galt es als schick, dem Staat den Anspruch auf Zugriff, auf Eingriff und auf ordnendes Vorgeben von Zielsetzungen abzusprechen. Ich bin dieser Mode nie richtig aufgesessen. Es ging die Rede von Liberalisierung, von Privatisierung, von Deregulierung und ich habe mich stets gegen diese frenetischen Deregulierungswellen gewehrt. Ich habe versucht, die vollkommene Deregulierung zu verhindern, weil ich mit diesen Vokabeln, die nicht nach Freiheit rochen, sondern Freiheit nur andeuten sollten, nie etwas Richtiges anzufangen wusste.

In der Finanzkrise bewegt sich die öffentliche Meinung wieder in entgegengesetzter Richtung. Plötzlich ist der Staat wieder schick und man darf ohne in Erklärungsnot zu geraten sagen, man wäre Premierminister oder Finanzminister und würde sich für Politik interessieren. Früher war das verpönt, da die Märkte alles zu richten schienen, bis hin zu den Zuständigkeitsräumen, die eigentlich dem staatlichen Zugriff unterstellt sein sollten. Heute darf man wieder davon sprechen, dass es Regierungen geben darf, dass es so etwas wie Regierung im Markt sogar geben muss. Die Wall Street ist überraschenderweise der neue Sitz der Komintern geworden. Sogar im angelsächsischen Raum geniert man sich nicht mehr im Geringsten, über Dinge zu reden, die vorher vornehmlich im Bereich der obszönen Ausdrücke untergebracht wurden. Die Herde bewegt sich heute in eine andere Richtung. Und deshalb ist es das Gebot der Stunde, den richtigen Mix zwischen staatlichem Eingriff und der freien Tätigkeit der Märkte zu finden. Zu wenig staatliche Regulierung führt nicht notwendigerweise zu einem freien Markt, der dem Volk dient. Wer dagegen zu viel staatliche Eingriffe verlangt und sich damit in den Dunstkreis des Strangulierungsversuches hineinbewegt, der wird den Markt ebenso daran hindern, seine Ziele erreichen zu können.

Die Krise, in der wir uns befinden, ist, pauschal gesagt, eine globale Krise, denn erstmals erreicht sie alle Erdteile fast zeitgleich und mit gleicher Intensität. Gerade weil die Krise global ist, kann die Antwort auf diese Krise selbstverständlich keine lokale oder regionale sein, sondern es muss eine globale Antwort gefunden werden. Wir brauchen den globalen Staat insofern, als wir überall wirksam werdende Normen zwingend brauchen. Wir benötigen – dies wurde in den letzen Wochen und Monaten oft betont – eine intensivere Regulierungsdichte auf den Finanzmärkten. Finanzmärkte dürfen sich nicht selbst überlassen bleiben! Dies zu glauben war eine Fehleinschätzung großer Teile unserer nach Freiheit dürstenden Gesellschaft. Auch große Teile der eigentlich normativ hätte tätig werden müssenden Politik haben sich in dieser Hinsicht geirrt. Wir haben den Finanzmärkten Freiräume eingeräumt, in die man keinen Einblick hatte. Auch den Marktakteuren selbst hat es letztendlich an Durchblick in diesen undurchsichtigen Freiräumen gefehlt. Insofern ist es dringend geboten, dass wir international, global, ja auf Weltebene zu einem Grundeinverständnis über die Regeln kommen, nach denen die Finanzmärkte funktionieren sollen. Herr Steinbrück sagt oft in Anlehnung an Helmut Schmidt oder Helmut Schmidt in Anlehnung an ihn, dass die Finanzmärkte Regelungen brauchen, so wie es in allen Sparten des Lebens Regeln, Verkehrsregeln, Benimmregeln gibt. Auch die Finanzmärkte brauchen ein Konglomerat an Normen und detaillierten Regelungen, die für die Finanzplätze selbst, aber auch für Hedgefonds gelten und ein gesellschaftsadäquates Verhalten hervorrufen. Peer Steinbrück hat als Vorsitzender der G-7-Finanzminister mit einigen anderen halbwegs Erleuchteten den Versuch gewagt, im Bereich der Hedgefonds zu Vereinbarungen und Rahmenbedingungsvereinbarungen zu gelangen. Diesem Versuch schlug aus dem angelsächsischen Raum heftiger Widerstand entgegen. Heute wundert es mich sehr – aber dies ist das Anekdotische, das die Geschichte stets begleitet –, dass die britische Regierung jetzt im Bereich staatlicher Regulierungen die Meinungsführerschaft übernommen hat. Erst als dies zwingend notwendig war, hat man auf derartige Vorschläge reagiert.

Wir brauchen Regeln, die die Eigenkapitalbildung der Banken und den Umgang mit den sogenannten Steueroasen betreffen. Wenn es um das Thema Steueroasen geht, schauen die deutschen Blicke oft tränengenässt nach Luxemburg. Ich habe nichts dagegen, dass man Luxemburg bisweilen als Steueroase wahrnimmt. Die Luxemburger führen sich regelmäßig die elektronischen deutschen Medien zu Gemüt, um das Gefühl zu haben, in einem Steuerparadies zu wohnen. Das kann für das Wahlgeschäft eines Finanzministers nicht abträglich sein. Doch leider muss ich sagen, dass Luxemburg eigentlich kein Steuerparadies ist, leider, oder Gott sei Dank, denn ein Land, das über Bankgeheimnisse verfügt, ist nicht notwendigerweise ein Steuerparadies. Ansonsten wäre auch die Bundesrepublik während einiger Jahrzehnte ein Steuerparadies gewesen und davon haben Sie sicherlich wenig bemerkt. Insofern bitte ich darum, dieses Thema mit der gebotenen Nüchternheit anzugehen. Die wirklichen Steueroasen, in denen regulative Normen vollkommen fehlen, sind jedoch ein wichtiges Thema, mit dem wir uns in den nächsten Monaten zu beschäftigen haben.

In der jetzigen Lage finden ständig Treffen der europäischen Regierungen statt. Auf diesen vielen Gipfeln muss irgendwann auch im realen Leben eine Ergebnismasse entstehen, die dazu führt, dass sich wirklich endlich etwas bewegen wird. Auf diesen vielen Hügeln und Gipfeln, diesen Almabtrieben, müssen wir darauf achten, dass wir uns nicht in die Gefahr des Protektionismus hineinbewegen. Ich halte den Protektionismus für ein schlimmes Übel. Ein stark exportorientiertes Land, eine stark exportorientierte Volkswirtschaft, wie die der Bundesrepublik Deutschland, würde ein Selbstmordurteil unterschreiben, wenn sie sich protektionistischen Tendenzen hingeben würde. Denn was soll aus der deutschen Wirtschaft werden, wenn sie sich an den im protektionistischen Übereifer errichteten Mauern andernorts stößt? Der Exportanteil der deutschen Wirtschaft generiert etwa 40 Prozent des deutschen Reichtums. Insofern kann Protektionismus kein Weg sein, und vor allem nicht in Europa. Wir haben den einheitlichen Binnenmarkt in Europa auf den Weg gebracht. Wir haben seit 1957 vier Grundfreiheiten in Europa erlangt, darunter die Grundfreiheit des freien Waren- und

Kapitalverkehrs. Es kann nicht Sache der jetzigen Generation sein, jene Freiheiten zurückzunehmen, die frühere Generationen in den 60 Jahren der europäischen Einigung ermöglicht haben.

Eine globale Antwort auf die Krise wurde bereits vor Ausbruch der Krise formuliert: Die europäische Wirtschafts- und Währungsunion und der Euro. Es ist unvorstellbar, was in der Bundesrepublik, in Gesamteuropa und in der Welt passiert wäre, wenn es den Euro in den letzten zehn Jahren und während der Finanzkrise nicht gegeben hätte. Europa befände sich in einem tiefen Währungschaos. Ich kann mir nicht vorstellen, wo sich Peseta, Escudo, Lira und Deutsche Mark in der heutigen Finanzkrise befinden würden. Die disziplinierende Wirkung des Euro hat zur Folge gehabt, dass wir in dieser Krise durch die bindende Abwehr- und Schirmkraft des Euroraums wesentlich geschützt worden sind. Ich gehe davon aus, dass mittlerweile auch große Teile der deutschen akademischen Wirtschaftsprofessoren eingesehen haben, dass der Euroraum, an dessen Gelingen viele nicht glaubten, sehr gut funktioniert. Wir sind als Europäer mit dieser europäischen einheitlichen Währung wesentlich besser aufgestellt, als wir es ohne den Euro wären. Der Euro entfaltet nicht nur in Europa, sondern auch in den Ländern, die nicht zum Euro-Währungsgebiet gehören, eine stabilisierende Wirkung.

Die Krise ist global, doch trotzdem müssen bisweilen auch lokale Brandherde gelöscht werden. Zwar versuchen wir internationale Antworten auf die Krise zu formulieren, beispielsweise in der europäischen Union, in der Eurogruppe und auf Ebene der G-20, doch es braucht auch nationale Feuerwehren, die nationale Probleme bearbeiten und internationale Gesetzgebungen und Beschlüsse auf nationaler Ebene umsetzen. Es gehört jetzt zu unserer Aufgabe, die Beschlüsse des G-20 in Washington umzusetzen. Dieser Gipfel war keine Nullrunde und seine Ergebnisse müssen nun auf europäischer Ebene umgesetzt werden. Nationale Haushaltsmittel und nationale Interventionsmechanismen müssen parat stehen, wenn es um die Krisenbewältigung geht. Jede Nation sollte sich der Instrumente bedienen, die auf europäischer Ebene entwickelt wurden und genau die politischen Mittel wählen, die der jeweiligen nationalen Lage angemessen sind. Kein Staat, weder in der Europäischen Union, noch weltweit betrachtet, kommt daran vorbei, in diesem Moment besonders tiefer Rezession seine Haushaltsdefizite auszuweiten und seine Schuldenstände nach oben zu bewegen. Mir gefällt es nicht, nach Jahren fast gelungener Konsolidierung – und hier war die Bundesrepublik deutlich führend –, dass wir jetzt wieder in eine Defizitwelle abgleiten. Aber wir müssen ins Defizit abgleiten, denn es gibt keine andere Möglichkeit der Gegenreaktion als das stärker aufstrebende Gesamtgebaren des Staates. Der Ruf nach mehr Staat ist allenthalben zu hören. Die Staaten sind verpflichtet, einzugreifen, und das geht einher mit einer Ausweitung der Defizite und mit einer Steigerung der Schuldenstände. Doch dies ist ein vorübergehendes Moment der europäischen Wirtschafts- und Finanzgeschichte. Um Vertrauen in unser jetziges Handeln zu schaffen, müssen wir deutlich machen, dass wir uns nicht auf Dauer in eine Defizit- und Schuldenspirale hineinbewegen werden. Vielmehr müssen wir schon jetzt Pläne vorlegen, wie und ab wann wir diese Defizit- und Schuldenspirale wieder verlassen und auf den Konsolidierungspfad zurückfinden werden. Wir brauchen nicht nur eine aktuelle Strategie der Gegenwehr, sondern auch eine Exit-Perspektive und eine Strategie um mit Defiziten und Schuldenanhäufungen umzugehen. Die Politik muss deutlich machen, dass sie über eine derartige Exit-Strategie verfügt. Eine globale Reaktion der Staaten muss auch heißen, dass dem Sozialen mehr Aufmerksamkeit geschenkt wird, und dies sowohl in der Europäischen Union, als auch im Rest der Welt.

Peer Steinbrück

Über den vermeintlichen Widerspruch von Markt und Staat

Wenn man in Deutschland fragt, wie viel staatliche Regulierung dem freien Markt zuzumuten ist, so geht man hierzulande häufig von einem Antagonismus der beiden Sphären Staat und Markt aus. Vielleicht liegt dies auch am schwerblütigen deutschen Idealismus, der oft dem Motto des »Entweder-oder« folgt. Oder moderner ausgedrückt: Wir betrachten alles digital, null oder eins, und dazwischen gibt es nichts.

Doch nun befinden wir uns in einer Zeit, in der dieses Denken nicht mehr greift, in der es sowohl um den Staat als auch um den Markt geht. Der Markt hat in den letzten Jahrzehnten enorm an Bedeutung gewonnen, Finanzmärkte, Kapitalmärkte, Geldmärkte subsumieren sich unter dem Begriff des Marktes. Gerade die Finanzmärkte sind heute so globalisiert wie nur wenige Bereiche unserer Gesellschaft. Die Finanzsummen, mit denen auf diesen Märkten gehandelt wird, bewegen sich in schwer vorstellbaren Höhen. Sie haben sich inzwischen um einen Faktor von 100 den Größenordnungen im güterwirtschaftlichen Bereich entzogen.

Ich komme zu dem Ergebnis, dass weite Teile dieser Märkte Exzessen, Übertreibungen und Bereicherungen unterliegen und dass es keine Stabilisierungselemente mehr gibt. Aus der Erfahrung der derzeitigen Finanzkrise müssen wir Konsequenzen ziehen. Wir müssen unser Denken verändern, denn in dieser Situation kann es nicht mehr um die Frage nach Staat oder Markt gehen, nicht mehr um ein Entweder-oder. Vielmehr müssen wir uns fragen, welchen Verkehrsregeln und Regulierungen unsere globalen Märkte unterworfen werden müssen. Dies ist nicht eine Frage von ordnungspolitischer Grundsätzlichkeit, sondern der Ruf nach politischem Pragmatismus. Ich wünsche mir in Deutschland mehr Pragmatismus und weniger schwerblütige ordnungspolitische Debatten nach dem Motto: »Es geht nicht um Leben und Tod, es geht um mehr als das!«

Andere Länder sind viel pragmatischer, so beispielsweise das Vereinigte Königreich. Hat es dort irgendeinen Aufschrei gegeben, als bereits vor einem knappen Jahr eine Bank verstaatlicht wurde? Hat es in Großbritannien eine tief greifende ordnungspolitische Auseinandersetzung gegeben, als die Royal Bank of Scottland zu 70 Prozent verstaatlicht wurde? Auch in den Fällen UBS und Fortis gab es keine Diskussion, keinen Aufschrei. Die amerikanische Regierung hat in den Fällen von Bear Stearns, AIG, Fanny Mae und Freddie Mac massiv interveniert. Und dabei wurden Interessenlagen im Sinne des Haushaltes gewahrt und »tax payers' money« eingesetzt. Ein Pragmatismus, von dem man in Deutschland derzeit nur träumen kann.

Doch auch Deutschland steht nun vor einer ähnlichen Situation wie Großbritannien und die USA. Auch hier wird man Wege finden müssen, um mit diesen Problemen umzugehen. In einer deutschen Bank gibt es inzwischen 102 Milliarden Euro Garantien. Dies ist eine noch vor Kurzem unvorstellbare Tatsache. 87 Milliarden Euro von dieser Summe kommen von der öffentlichen Hand, 15 Milliarden Euro von einem Bankenkonsortium. Einen direkten Einfluss, etwa auf Umstrukturierungsmaßnahmen in der Bank, haben diejenigen, die dieses Geld bereitstellen, nicht bekommen. Noch vor Kurzem war es unvorstellbar, eine Bank, die gerade mal eine Börsenkapitalisierung von 280 Millionen Euro besitzt, mit derartig hohen Garantien von staatlicher Seite auszustatten.

Mit reiner Prinzipientreue kommt man in der derzeitigen Finanzkrise nicht weiter. Viele Finanzmärkte, Finanzmarktprodukte und Finanzmarktakteure waren bis vor Kurzem keinerlei Regulierung unterworfen. Dafür gab es in weiten Kreisen ordnungspolitische Unterstützung, die noch aus den Zeiten von Margret Thatcher und von Ronald Reagan herrührte. Man war von der Notwendigkeit einer weitgehenden Deregulierung überzeugt und verlangte vom Staat, sich aus dem Markt so weit wie möglich zurückzuziehen. Die Politik hielt man für einen unfähigen Marktakteur. Wie eine Monstranz wurde dieses angloamerikanische Model hochgehalten und unserer sozialen Marktwirtschaft konkurrierend entgegengesetzt.

Noch in den 60er-Jahren galt die alte Devise, die so viel Markt wie möglich, aber auch so viel staatliche Regelungen wie nötig verlangte. Eine dementsprechende Einstellung gehörte seinerzeit in vielen Kreisen zum Konsens. Ende der 60er-Jahre führte dies zu einem Stabilitäts- und Wachstumsgesetz und damit im Grunde auch zu einer Modernisierung der sozialen Marktwirtschaft, die der Bundesrepublik Deutschland und anderen kontinental-europäischen Ländern ein erstaunliches Maß an ökonomischem Erfolg und auch an gesellschaftlicher Stabilität brachte.

Wir haben in den letzten 15 bis 18 Jahren eher an die Monstranz des freien und unregulierten Marktes geglaubt und daran, dass Staat und Politik im Zweifelsfall auch diskreditiert werden können. Im öffentlichen Ansehen stand die Politik auf der Ebene mit Wegelagerern. Der Glaube an die angloamerikanische Modellvorstellung rührte unter anderem auch daher, dass unzählige Hochglanz-Wirtschaftsmagazine diese Vorstellung als etwas Erstrebenswertes und als etwas Effizienteres dargestellt haben. Auch große Teile der wirtschaftswissenschaftlichen Expertise hingen derselben Vorstellung an.

Ich gebe selbstkritisch zu, dass auch die Politik dem Glauben an die selbst regulierende Kraft des Marktes weitestgehend auf den Leim gegangen ist. Wir haben zu spät interveniert. An manchen Stellen gab es jedoch bereits Initiativen der Großen Koalition und der Bundesregierung. Schon vor dem Ausbruch der Finanzmarktkrise hatte sie das Thema Transparenz auf die Tagesordnung gesetzt. Sehr jovial, jedoch nicht abschätzig, waren die Reaktionen von unseren angloamerikanischen Kollegen, die in uns die »Deutschen mit ihrer Regulierungswut« sahen. Insofern stellt es einen erstaunlichen Wandel dar, dass sich dieselben im europäischen Rat plötzlich an die Spitze der Bewegung hin zu mehr staatlicher Kontrolle gesetzt haben. Das Sein bestimmt dann eben doch das Bewusstsein. Man kann an dieser Stelle nicht nur Marx, sondern auch Talleyrand zitieren: »Hochverrat ist eine Frage des Datums.« In der heutigen Zeit, in der supranationale und nicht länger nur nationalstaatliche Regelungen unumgänglich sind, erkennen wir, dass globale Maßnahmen, Leitplanken und Verkehrsregeln vonnöten sind, um den Erfolg der Marktwirtschaft fortzusetzen und unseren Wohlstand zu bewahren.

Neben den ökonomischen Kosten dieser tief greifenden Finanzmarktkrise geht es jedoch mittlerweile genauso um deren gesellschaftliche Kosten. Die Finanzkrise wird von einer weltweiten Rezession begleitet und durch diese kausal mitbestimmt. Die Strukturkrise der Automobilindustrie verschärft die Situation zusätzlich. Wir haben es nicht mit einer reinen Konjunkturkrise zu tun, sondern mit einer dreifachen Herausforderung: Finanzkrise, weltweite Rezession und Krise der Automobilindustrie. Eine solche Situation ist für uns alle vollkommen neu, für die Politik gibt es bislang keine Handlungsanleitungen. Sehr oft finde ich es deshalb amüsant, von so vielen Wirtschaftswissenschaftlern in Deutschland umzingelt zu sein, von deren Existenz ich vorher nicht einmal wusste und die genau zu wissen glauben, wie die jetzige Situation zustande gekommen ist und wie sie sich entwickeln wird. Doch im Unterschied zur Politik müssen diese keine Entscheidungen vertreten und rechtfertigen, während die Politik, egal wer an verantwortlicher Stelle steht, auf der Basis unvollständiger Informationen und erheblicher Risiken gelegentlich innerhalb von 24 Stunden entscheiden muss.

Wir haben es nicht nur mit einer unfassbaren ökonomischen Krise, sondern auch mit der Frage nach den gesellschaftlichen Kosten dieser Krise zu tun. Die Politik leidet in dieser Situation unter Vermittlungsproblemen. Sie hat Schwierigkeiten, den Bürgerinnen und Bürgern die 500 Milliarden Euro Bankenabschirmung zu erklären. Denn jeder spiegelt diese ungeheure Summe auf sein persönliches Leben ab: Die einen auf ihre Hartz-IV-Regelsätze, die andern auf ihre stagnierenden Realeinkommen, die Eltern auf den maroden Zustand der Schule ihrer Kinder, eine Kommune bezogen auf die Kassenkredite, die sie aufnehmen muss und die sie kaum in den Stand versetzen, kommunale Infrastruktur zu finanzieren.

Die entscheidende Erklärung, die die Politik vermitteln muss, ist nicht technokratischer Natur, sondern sehr unmittelbar. Denn ein stabiles und funktionsfähiges Bankensystem in Deutschland liegt im Interesse jedes Einzelnen. Im Interesse des Rentners, des Sparers, des Handwerksbetriebs. Es ist wichtig für Angestellte in exportorientierten Unternehmen sowie für Unternehmen, die ihre Realkapitalinvestitionen nicht nur aus dem Cashflow finanzieren können. Für jeden Einzelnen ist es von entscheidender Bedeutung, einen stabilen und funktionsfähigen Finanzdienstleistungssektor in Deutschland zu haben. Mit dieser Notwendigkeit kann die Politik ihre Maßnahmen erklären und rechtfertigen.

Aufgrund der großen Bedeutung eines stabilen Finanzsektors lastet auf der Politik eine enorme Verantwortung. Als Politiker muss man sich im Klaren darüber sein, was es bedeutet, eine Bank sehenden Auges in die Insolvenz gehen zu lassen. Viele gehen davon aus, dass in einer funktionierenden Marktwirtschaft diejenigen, die erfolgreich Leistungen erbringen, belohnt werden und diejenigen, die nicht erfolgreich sind und sich verzockt haben, bestraft werden sollten. Durch den momentanen Eingriff der Politik in die Finanzmärkte schleichen sich erste Zweifel an diesem ordnungspolitischen Muster der Marktwirtschaft ein. Denn es scheint plötzlich nicht mehr zu stimmen, dass diejenigen, die sich verzockt haben, bestraft werden.

Dass Staaten trotzdem in die Finanzmärkte eingreifen und diese abschirmen, erscheint vor diesem Hintergrund zunächst unverständlich und muss deswegen unbedingt vermittelt werden. Das Eingreifen des Staates ist einfach zu erklären: Man muss sich nur vergegenwärtigen, dass viele Banken in ihrer Bilanz Einlagen von Privatpersonen oder von Berufsgenossenschaften, Einlagen von Sparkassen, von Raiffeisen- und Volksbanken oder von gesetzlichen Krankenversicherungen haben. Vor diesem Hintergrund ist es schwer möglich, eine Bank einfach pleitegehen zu lassen. Zwar würde dies der eingangs beschriebenen Vorstellung von einer marktwirtschaftlichen Selbstregulierung entsprechen. Es käme zu einem abgestuften Verfahren, zu einem Moratorium durch die Bankenaufsicht und schließlich zu einer Insolvenz. Vielleicht kämen danach einige Gläubiger dieser Bank mit einer Insolvenzquote von 10 bis 15 Prozent heraus. Doch dies würde bedeuten, dass 80 bis 85 Prozent der gesamten Einlagen verloren und damit all diejenigen betroffen wären, die Einlagen bei dieser Bank hatten. An dieser Stelle beginnt die berühmte Dominosteinreihe, die die Politik momentan versucht, nicht ins Kippen kommen zu lassen. Denn von einem solchen Einzelfall kann eine systemische Krise ausgehen. Die Politik kann es deshalb nicht zulassen, eine Bank in die Insolvenz gehen zu lassen.

Ein anderes Problem, mit dem wir in der momentanen Krise zu kämpfen haben, besteht darin, dass in der Bundesrepublik Deutschland der Eindruck herrscht, dass die Manager des Systems mit Blick auf ihre Vergütungen und Abfindungen jedes Maß verloren, dabei gleichzeitig jedoch keine Leistung erbracht haben. Die Legitimation unseres Gesellschaftsmodells und damit auch der Zusammenhalt dieser Gesellschaft werden gefährdet, wenn viele Menschen den Eindruck haben, dass die Ehrlichen die Dummen sind und gleichzeitig andere systematisch Steuerhinterziehung oder Steuerbetrug betreiben. Einer Schätzung zufolge haben deutsche Steuerzahler auf Schweizer Bankkonten ungefähr Deposits von 300 Milliarden Euro. Entsprechend der europäischen Zinsrechtlinie und den Quellsteuer-Vereinbarungen mit den Schweizern bekommt die Bundesregierung ungefähr 120 bis 130 Millionen Euro davon. Steht das in Relation zu den geschätzten Vermögensbeständen von 300 Milliarden Euro in der Schweiz? Über derartige Entwicklungen ist die gesellschaftliche Legitimation unseres Systems gefährdet.

Zudem haben wir es derzeit nicht allein mit einer Krise auf den Finanzmärkten zu tun. Denn inzwischen sind ganze Nationalstaaten von der Krise erfasst. Mit Island ist ein ganzer Staat insolvent gegangen und längst ist es notwendig geworden, die Zahlungsfähigkeit von manchen EU-Ländern zu stabilisieren, beispielsweise von Ungarn und von Lettland. Einige Länder haben inzwischen Schwierigkeiten, sich auf den Kapitalmärkten zu refinanzieren. Die Bedingungen dafür sind momentan sehr ungünstig. Es stellt sich die Frage, ob nicht auch ein Land der Eurozone in erhebliche Turbulenzen geraten könnte. Die Bundesrepublik Deutschland gehört immer noch zu denjenigen, die die besten Konditionen bekommen. Aber ich habe es inzwischen mit befreundeten Nationen und Partnern um mich herum zu tun, die fünfjährige Anleihen besitzen und die 3 bis 3,25 Prozent mehr zahlen müssen als wir. Selbst innerhalb der Eurozone oder innerhalb der europäischen Union kann es darüber zu Zerreißproben kommen.

Ein sehr grundsätzliches Problem betrifft die Frage nach der Wirkung der momentan ergriffenen Maßnahmen. Als Antwort auf die Anschläge am 11. September haben die USA eine Geldpolitik betrieben, die unheimlich viel Liquidität in den Markt hineinpumpte und dadurch versuchte, das System zu stabilisieren. Heute müssen wir uns überlegen, ob wir im Augenblick nicht dabei sind, mit den kreditfinanzierten Impulsprogrammen diesen Fehler nur zu wiederholen. Denn man kann vermuten, dass die entstehende hohe Liquidität dieselbe Blase wieder hervorruft, die jetzt erst geplatzt ist und die Finanzkrise mit verursacht hat. Aber vielleicht sind wir nach dieser Erfahrung klüger geworden und haben mittlerweile gelernt, die Liquidität wieder aus dem Markt herauszuziehen? Wäre dies eventuell über eine Anhebung der Zinsen, einer nicht sehr konjunkturfreundlichen Maßnahme, möglich?

Die USA attrahiert im Augenblick zwei Drittel der weltweiten Sparleistungen. Ist Amerika gegebenenfalls bereit, Maßnahmen zu ergreifen, um seine Sparquote auf den Durchschnittswert europäischer Sparquoten zu bringen? Die amerikanische Sparquote liegt momentan bei etwa 0,0 bis 0,5 Prozent. Die Sparquote in Deutschland dürfte dagegen bei elf Prozent liegen. Was passiert, wenn die Integrität der Märkte in den USA nicht wiederhergestellt wird? Könnte es sein, dass diejenigen, die bisher ihr Kapital in den USA anlegten, dazu übergehen, ihre Portfolios zu diversifizieren und in andere Länder abzuwandern? Könnten dadurch die Europäische Union und der Euro für Investoren wieder interessanter werden? Was würde dies für die Wechselkursentwicklung bedeuten? All dies sind Fragen, vor denen die Politik momentan steht.

Eine weitere Frage, die mich im Zusammenhang mit der Finanzkrise beschäftigt, ist die Folgende: Sind wir in der Lage, den jetzt notwendigen und richtigen kreditbasierten Konjunkturimpuls zu finanzieren und auf einen Konsolidierungspfad zurückzukehren? Wir sind dabei, eine Schuldenbremse im deutschen Grundgesetz zu verankern. Diese soll auch eine Antwort auf die jetzigen Konjunkturprogramme sein und den Bürgerinnen und Bürgern sowie den Märkten im Sinne der Glaubwürdigkeit des Stabilitäts- und Wachstumspaktes signalisieren, dass die Politik es ernst meint. Wir haben das Ziel, nach der Überwindung dieser Krise auf einen Konsolidierungspfad zurückzukehren.

Ich mache keinen Hehl daraus, dass es mich gelegentlich bewegt, dass bis zum Dezember 2008 diese Bundesregierung mit Frau Merkel und mir von einer deutschen Öffentlichkeit buchstäblich gejagt worden ist und man ein enorm großes Konsolidierungsprogramm verlangte, das Milliardenbeträge umfassen sollte. Wenige Wochen später, nach Einführung eines solchen Programms, ist plötzlich nur noch die Rede von der damit verbundenen Rekordverschuldung. Für die Zukunft und für den weiteren Umgang mit der Finanzkrise wünsche ich mir in der deutschen öffentlichen Debatte weniger Beliebigkeit und Volatilität des kritischen Standpunktes und etwas mehr Solidität in der Beurteilung.

Harold James

Der neue Keynesianismus – Totengräber des europäischen Projektes?

Am Anfang der größten aller griechischen Tragödien klagt ein alter Priester in der von Pest und Seuche heimgesuchten Stadt Theben:

> Jetzt aber auch, o Haupt des Ödipus!
> Stark über alle, flehen wir dich an,
> Demütig, einen Schutz zu erfinden
> Hast du gehört von Göttern eine Stimme,
> Hast du's von einem Manne, denn ich weiß
> Dass auch Verhängnisse sogar am meisten
> Sich durch den Rat Erfahrener beleben.
> Wohlan, der Menschen Bester! Richte wieder auf
> Die Stadt, wohlan sei klug!

Was der Priester und die gesamte Stadt nicht wissen, ist: Der Mann, den sie um Rettung anflehen, bringt selbst die Seuche mit sich, die auf Theben lastet.

Mitten in der Finanzkrise schauen wir alle nun wie gebannt auf den Staat. Er soll uns aus der Krise erlösen. Doch könnte auch dieser Retter, wie Ödipus, mit einem Fluch beladen sein?

Ödipus schickte seinen Schwager Kreon zum Orakel nach Delphi, also zum griechischen Äquivalent der modernen Wirtschaftsberater. Die Anweisungen im alten Griechenland waren so, wie sie auch heute noch sind: unberechenbar vage und interpretationsbedürftig – also delphisch. Entsprechend waren die Politiker der griechischen Antike mit den zweideutigen Empfehlungen der Wissenschaft höchst unzufrieden. Später verhöhnt Kreon den blinden Propheten Teiresias mit den Worten: »Die Seherart liebt nämlich all das Silber.« Heute reagieren Politiker auf die Empfehlungen der Wirtschaftswissenschaft ganz ähnlich. Neulich klagte Bundesfinanzminister Peer Steinbrück, es gebe »keine Blaupause, also politische Handlungsanweisung«. »Und – ich sage es ganz offen«, so Steinbrück weiter, » die Wirtschaftswissenschaftler haben keine verlässlichen Empfehlungen für uns. Sie sind nicht minder vielstimmig und vor allem angelegt auf öffentliche Selbstdarstellung wie die Politik auch.«

Obwohl die gegenwärtige tiefe Finanz- und Wirtschaftskrise eindeutig ihre ursprünglichen Wurzeln in den USA und in den Problemen des dortigen Subprime-Hypothekenmarktes hat, sind die Folgen – vielleicht ungerechtfertigterweise – gravierender in Europa gewesen, nicht nur in wirtschaftlicher Sicht. Alleine die Wirtschaftszahlen sind bedrückend: für 2009 lautet die Prognose des IWFs vom Juli 2009 ein Schrumpfen der Eurozone Wirtschaft von 4,8 Prozent, während die US-Wirtschaft nur um 2,6 Prozent schrumpft, und auch für 2010 sagt der IWF einen weiteren europäischen Rückgang voraus während Amerika zwar etwas schwächlich aber doch wachsen wird. Solche wirtschaftliche Schwäche verlangt eine politische Antwort. Die Krise bringt eine Herausforderung der Regulierungsmechanismen und auch des Staates und seiner Fähigkeiten und Kompetenzen.

Die Herausforderung an Europa liegt in der auch in der Geschichte feststellbaren Verbindung von großen Wirtschaftskrisen mit einer Intensivierung des machtpolitischen Denkens und zugleich mit einem machtpolitischen Strukturwandel. Die neuen Stärken Europas liegen aber nicht auf diesem Gebiet. Das moderne Europa bedeutet viel an Kultur, an Verschiedenheit und Vielfalt, auch an was Joseph Nye »soft power« nennt. Nur an der »hard power«, an der harten Macht, fehlt es. Viele meinen natürlich in Anbetracht der machtversessenen Vergangenheit Europas ist es auch gut so. Aber die Frage der Macht ist auch vor allem eine Frage, von wo Entscheidungen getroffen werden, und Krisen bringen einen Zuwachs an der Nachfrage nach Entscheidungen und an Lösungen. Die europäischen Stärken von Diversität und miteinander konkurrierenden Staaten können Impulse an Kreativität geben – nur nicht in Krisenzeiten. In der Krise werden der starke Mann und der starke Staat gefordert, nicht die Zögerlichkeit und die Komplexität der Antworten der Kultur oder des Geistes.

Gewiss gibt es europäische Erfolge im Verlauf der jetzigen Wirtschaftskrise. Ein solcher Erfolg ist die gemeinsame Währung. Wenn es den Euro nicht gegeben hätte, wäre die gegenwärtige Krise noch mit viel größeren Währungsturbulenzen und mit verheerenden Auswirkungen auf die Realwirtschaft in Europa verbunden gewesen. Auch Länder wie Dänemark, die eine ähnliche stabilitätsorientierte Geldpolitik wie die Eurozone verfolgt haben, wurden spekulativen Angriffen auf ihre Währung ausgesetzt. Auf der anderen Seite gab es in der Slowakei, die gerade rechtzeitig Mitglied der Eurozone geworden ist, trotz eines großen Leistungsbilanzdefizits, eine bemerkenswerte Stabilität und einen offenkundigen Kontrast zu dem krisengeschüttelten Ungarn. Aber die europäische Stärke in den letzten 50 Jahren beruhte gerade darauf, dass die europäische Staatengemeinschaft sich als Bündel von vorwiegend kleinstaatlich denkenden politischen Gemeinschaften benahm und dass Europa sich gerade nicht nach einem Bismarck sehnte, der dem verwirrenden Nebeneinander von Kleinstaaterei ein Ende setzen sollte.

In der jüngsten Ära der Globalisierung, jener 20-jährigen Epoche seit dem Zusammenbruch des sowjetischen Kommunismus, waren die dynamischsten und reichsten Staaten in der Regel kleine, offene Volkswirtschaften: Singapur, Taiwan, Chile, Neuseeland, in Europa die früheren osteuropäischen Staaten sowie Irland, Österreich und die Schweiz. In der Welt nach der Finanzkrise aber wird sich das Zentrum ökonomischer Anziehungskraft hin zu den großen Machtzentren verlagern. So beobachten wir bereits seit einigen Jahren den Trend, die sogenannten BRIC-Staaten (Brasilien, Russland, Indien und China) als Giganten von morgen zu betrachten. In der Tat habe ich manchmal selbst das Gefühl, dass BRIC genau dafür steht: »Big Really Imperial Countries«.

Zwei überraschende Schlussfolgerungen haben sich aus der aktuellen Diskussion über mögliche Lösungen der weltweiten Finanzkrise ergeben, aber erst über eine davon ist man sich inzwischen vollständig im Klaren. Erstens bedarf es umfassender Maßnahmen des öffentlichen Sektors. Wir sind jetzt alle in der Fiskalpolitik zu Keynesianern geworden. Wir sind auch überzeugt, dass eine verstärkte und gestraffte Regulierung der Finanzmärkte dringen notwendig ist. Zweitens aber sind solche Maßnahmen hoch kompliziert und politische schwer durchzusetzen, weil in einer globalisierten Welt grenzübergreifende Hilfen erforderlich sind. Über diesen zweiten Punkt herrscht kein Konsens: Im Gegenteil, wir treiben alle auf nationale Losungen zu. Schon die Erfahrungen der großen Weltwirtschaftskrise der 1930er-Jahre lehren, dass der Nationalismus inhärent im keynesiansischen Krisenlösungsmechanismus wohnt.

Zunächst wurden privatwirtschaftliche Lösungskonzepte zu der Finanzkrise ausprobiert; sie sind jedoch in atemberaubend kurzer Zeit gescheitert. US-Finanzminister Hank Paulson, der von der stärksten US-Investmentbank Goldman Sachs in die Regierung gewechselt war, spekulierte auf eine schnelle Selbstreinigung des Marktes, als er am 14. September 2008 die Pleite von Lehman Brothers geschehen ließ. Zu diesem Zeitpunkt argumentierte er, die USA dürften keine »Bailout-Kultur« zulassen. Die strikte Weigerung der Regierung sollte ein Zeichen setzen: Die größten Teile der US-Wirtschaft seien im Wesentlichen gesund und die amerikanischen Finanzmärkte ausreichend hoch entwickelt, um gesunde Geschäftspraktiken von schlechten unterscheiden zu können.

Schon nach Tagen war klar, dass sich Paulsons hoch riskante Wette vom September 2008 nicht ausgezahlt hat. Paulson war ebenso wenig erfolgreich wie sein Vorgänger Andrew Mellon, der dasselbe Kalkül im Jahr 1929 gemacht hat und ebenso wie Paulson als Versager in die Geschichte eingegangen ist. Die unterlassene Hilfeleistung hat andere Rettungsaktionen erforderlich gemacht – etwa bei AIG in den USA und bei RBS und HBOS in Großbritannien. Und das dürfte noch längst nicht alles gewesen sein. Schwarze Listen zirkulierten, welche Institute als nächste zu Fall kommen – oder zu Fall gebracht werden könnten. Und für die Staaten, wo diese Banken beheimatet waren, zirkulierten ähnliche Listen: erst Island, dann Irland, dann Großbritannien.

In einem Klima extremer Verunsicherung reicht Selbsthilfe allein nicht aus. Die Regierungen und Notenbanken müssen eingreifen, denn nur sie können mit dem nötigen Gewicht und schnell genug reagieren. Nur Regierung und Fed gemeinsam konnten den Hypothekenriesen Fannie Mae und Freddie Mac rechtzeitig zu Hilfe kommen, um gleich darauf AIG zu retten und dann auch noch die krisengeschüttelten Großbanken Citigroup und Bank of America zu stützen. In Europa beschrieb man diesen Prozess oft als das Ende des amerikanischen Wirtschaftsliberalismus, so auch der deutsche Finanzminister Peer Steinbrück. Nur liegt eine historische Ironie in der Tatsache, dass es Amerika viel leichter fällt, ein »unamerikanisches« System durchzusetzen. Die Europäer haben mit Lösungen im »New Deal«-Stil viel größere Probleme.

Warum aber sollten nur die Banken von den Mitteln des Staates profitieren? Die Frage schien nur zu berechtigt. Das Prinzip der Stützung notleidender Unternehmen wird also immer weiter ausgedehnt – auf Automobilhersteller, dann auf Zusteller von Automobilteilen, dann auf andere wichtige oder einflussreiche Interessengruppen. Europäische Regierungen, vor allem die französische, denken über nationale Beteiligungsfonds nach, die neue Industriestrategien durchführen sollen.

Man dehnte also das Prinzip weiter aus, dass eine breiter angelegte und gerechtere Verteilungspolitik die Konjunktur ankurbeln sollte. Kurz gesagt: man suchte nach einer Lösung im keynesianischen Stil. Die Fiskalpolitik sollte helfen, wo die Geldpolitik gescheitert war – obwohl viele Wirtschaftswissenschaftler und Historiker die Wirksamkeit solcher konjunkturstützenden Maßnahmen bezweifeln. Zu diesen Skeptikern zählte auch früher Christina Romer, die als Vorsitzende des »Council of Economic Advisers« jetzt Wirtschaftsberaterin im Weißen Haus ist und dementsprechend ihre Meinung über die Auswirkungen von Fiskalpolitik geändert hat.

Im Verlauf der Krise kam es deshalb zu einer Eskalation der Antworten. Am Anfang stand die Liquiditätszufuhr, die schon im September 2008 in gewaltigem Umfang von den Zentralbanken eingesetzt wurde. Diese Hilfe schlug aber nicht sofort an. Es kann sein, dass sie tatsächlich Wirkung zeigt – doch ein solcher Eingriff lässt sich mit einem Kurswechsel bei großen Ozeanschiffen vergleichen, wo das Umschwenken des Ruders nicht sofort die Richtung ändert. Dann ist die Versuchung groß, andere Lösungen auszuprobieren. Es ist so, als ob der Computer einfriert, und man sofort hektisch auf alle möglichen Tasten drückt. Meistens haben solche Manöver keinen Erfolg. Die Lösungen sind teuer. In diesem Jahr rechnet man damit, dass sich die öffentliche Schuldzunahme um weltweit $ 3000 Milliarden erhöht, also um das Dreifache gegenüber dem Jahr 2008. Wer soll nun diese Schulden finanzieren? Staaten werden neue Regulierungen entwerfen und die Finanzinstitute dazu zwingen, mehr Geld in Staatspapieren anzulegen.

Das nachfolgend entworfene Szenario begründet sich auf eine Zwangslage, deren beide sichtbarsten Merkmale der heutigen Krise eine außerordentliche finanzwirtschaftliche Notlage, und – als Antwort auf die Risiken des Finanzsystems – die Rückkehr keynesianischer Fiskalpolitik sind. Beginnen wir mit dem Ersteren.

Die Einbeziehung der Staaten zur Rettung von Banken und Versicherungen hat eine neue Logik an den Tag gebracht: Obliegt es Regierungen und Steuerzahlern, die Institutionen der Finanzwirtschaft vor dem Kollaps zu bewahren, müssen sie diese folglich auch überwachen und regulieren – um zu verhindern, dass in Zukunft ähnliche Notwendigkeiten entstehen. Eine solche Regulierung wird folglich im selben politischen Kontext ausgeübt werden müssen wie die Verwaltung von Steuereinnahmen, d. h. vor allem im nationalen Rahmen. Dies ist in den Vereinigten Staaten möglich, in etlichen Teilen der Welt jedoch nicht – vor allem nicht in jenen kleineren Ländern, in denen sich eine große Ansammlung von Kreditinstituten konzentriert hat. Implodieren dort im Gefolge der Krise hypertrophe finanzwirtschaftliche Strukturen, sind diese Länder besonders gefährdet. Island ist dafür ein erschreckendes Beispiel – dort übersteigen die Verbindlichkeiten der Banken das Nationaleinkommen um ein Vielfaches. Doch trifft dieses Dilemma überall in Europa zu, wo etliche Banken schlicht ihrem nationalen Kontrollrahmen entwachsen sind und wo es bis heute keine europaweite Bankenaufsicht gibt. Kommt es zum Einsturz großer, transnationaler Finanzhäuser, wie etwa der niederländisch-belgischen Fortis-Gruppe im vergangenen Jahr, entstehen gravierende Probleme, welche die Europäische Union kaum zu lösen weiß.

In jedem Fall werden die nationalen Regulierer die Geschäftsstrategien der Banken zurückdrehen wollen, die sie in Obhut nehmen. In ihren Augen ist der Internationalismus für die (nationale) politische Verwundbarkeit verantwortlich. So verurteilte etwa jüngst Gordon Brown die weltweiten Engagements gescheiterter Banken wie der Royal Bank of Scotland (RBS)mit folgenden Worten: »Beinah alle ihre Verluste entstanden im amerikanischen Hypothekenkreditmarkt oder sind mit der Übernahme der ABN Amro Bank verbunden. Dies sind unverantwortliche Risiken, welche die Bank mit dem Geld unserer Landsleute eingegangen ist.« Ein wichtiger Teil des Rettungsplans der RBS bestand denn auch im Verkauf ausländischer Beteiligungen und Positionen. Woanders finden wir ein ähnliches Muster: In ihrem Heimatgeschäft hatten österreichische wie italienische Banken kaum Probleme, fuhren jedoch massive Verluste ein, die aus früheren, groß angelegten Käufen osteuropäischer Banken resultierten. So wird auch der amerikanische Gigant Citigroup, der eine Präsenz in über 100 Ländern aufgebaut hat, im Rahmen seiner Verschlankung die ausländischen Engagements abbauen, auch wenn die großen Verluste überwiegend aus dem US-Geschäft stammten. In Deutschland stößt die nun im Staatsbesitz befindliche Commerzbank viele von ihren ausländischen Beteiligungen ab. Der Gouverneur der Bank von England brachte die Situation unlängst charmant auf den Punkt, als er sagte, dass die Giganten der Finanzwirtschaft in ihrem Leben zwar global, in ihrem Tod jedoch national gewesen seien.

Es wird also eine Rückkehr zu einem einfacheren, nationaleren Finanzwesen geben. So plädierte der ehemalige japanische Vize-Finanzminister Eisuke Sakakibara, der als »Mr. Yen« bekannt wurde, für die altbewährte lokale Kreditvergabe und Kreditaufnahme: »So war es im Japan der Vor-Meiji-Zeit (vor 1868) und dorthin sollten wir zurückkehren.« Der an der Columbia University lehrende Wirtschaftswissenschaftler Amar Bhide nannte diese Idee »Retro-Finanzwirtschaft«. Hierbei gibt es unterschiedliche Möglichkeiten – von der regionalen Aufteilung von Banken über deren progressive Besteuerung (um große Institutionen zu benachteiligen) bis hin zur schrittweisen Aufstockung des Kapitalbedarfs.

Ich will mich dem zweiten Merkmal dieser Krise zuwenden: der Fiskalpolitik. Da das Finanzsystem insgesamt labil erscheint, die Kreditvergabe stockt und die Kapazitäten einbrechen, mehren sich jene Stimmen, die den Nachfragerückgang durch steuerliche Instrumente kompensieren wollen. Zweifellos können dies die ganz großen Länder tun: Chinas vier Billionen Yuan schweres Konjunkturpaket scheint erfolgreich zu sein, ebenso das 787 Milliarden schwere US-Anreizprogramm, das eine wirksame Antwort auf die Krise darstellt, auch wenn, wie im Falle Chinas, die Maßnahmen inflationäre Risiken bergen.

Die heikelsten Probleme treten abermals in Europa auf. So stärkt die wachsende Zahl der Eingriffe die Rolle der Nationalstaaten – zulasten der EU und der europäischen Idee. Frankreich etwa machte im vergangenen Jahr seine Hilfen für die Automobilindustrie zunächst davon abhängig, dass die betroffenen Firmen ihre Produktion aus der Slowakei zurückholten. Zwar wurde Paris nach der Intervention Brüssels dazu angehalten, diese Bedingungen nicht weiter aufrechtzuerhalten, konnte allerdings bald mit ansehen, wie die Autobauer ihre Fertigung tatsächlich in die Heimat zurückholten. Hinzu kommt, dass sich kleinere Staaten eine keynesianische Politik schlicht nicht leisten können oder dürfen – entweder weil es ihnen die Regeln nicht erlauben oder weil die Märkte dem skeptisch gegenüberstehen. So trugen zwar die geldpolitischen Regeln, die das Herzstück des Maastricht-Vertrags zur gemeinsamen europäischen Währung ausmachen – nämlich das Haushaltsdefizit auf drei Prozent des BIP zu begrenzen und die Gesamtverschuldung auf 60 Prozent –, der unterschiedlichen Verschuldung der Mitgliederhaushalte Rechnung und sollten zur fiskalischen Disziplin beitragen. In einer Krise jedoch, die antizyklische keynesianische Maßnahmen erfordert, könnten diese Regeln aufgegeben werden. Gleichwohl sind solche Gegenmaßnahmen nur in einer Handvoll Nationalstaaten möglich: Frankreich und Deutschland könnten diese finanzieren, Griechenland, Italien oder Portugal nicht. Dazwischen liegen Länder wie Spanien und Irland, deren Haushalte vor dem Ausbruch der Krise noch relativ solide finanziert waren, die nun jedoch infolge der Bekämpfung der Bankschulden massiv ins Minus gerutscht sind. Dasselbe Zahlenspiel, nämlich die Übernahme bisheriger privater Schulden durch die öffentliche Hand, erschütterte außerhalb der Eurozone das Budget Großbritanniens. Doch die Entscheidungsmacht von Europas Staaten ist angesichts kaum praktikabler Alternativen gelähmt – sich nämlich entweder auf ein europaweites Konjunkturpaket zu konzentrieren (für das es keine politische Unterstützung gibt) oder Maßnahmen zu ergreifen, die sicherstellen, dass die finanziellen Hilfen den jeweils nationalen Volkswirtschaften zugutekommen (was der Orientierung der EU als einem gemeinsamen Markt entgegenstehen würde).

Führt man die beiden Stränge meiner Argumentation zusammen, ergibt sich folgendes Bild: Die Finanzbranche wird lokaler, während sich nur große Staaten kostspielige keynesianische Konjunkturprogramme leisten können. Dazu kommt ein weiteres Argument: Allein große Staaten mit hohen Sparquoten werden in der Lage sein, Banken zu unterstützen, die lokal aufgestellt sind und die sich mithilfe öffentlicher Kreditfinanzierung wieder erholen – ohne dabei vom staatlichen Einfluss abhängig zu bleiben.

Wenn die öffentliche Hand mit keynesianischen Mitteln die Nachfrage ankurbelt, werden Steuerzahler und die Politiker, die sie vertreten, darauf bestehen, dass das Geld im eigenen Lande und nicht anderswo ausgegeben wird. Eine Konjunkturspritze, die den deutschen Haushalt belastet, sollte nicht chinesischen oder italienischen Produzenten zugutekommen. In den 30er-Jahren war der Keynesianismus eine nationale Lösung; heute leckt die nationale Badewanne zu schnell, um sie mit keynesianischem Wasser aufzufüllen. Mit dieser Forderung wir die globale und auch die europäische Integration, die die Grundlage der Nachkriegsprosperität gewesen sind, infrage gestellt. Schon jetzt können wir bemerken, wie die europäischen Institutionen, vor allem die Kommission, in der Krise hilflos wirken und dass es auf der nationalen Ebene ist, dass sich die Politiker durch Aktivismus profilieren wollen. Aber in Wirklichkeit sind gerade diesem Politikaktivismus ziemlich strenge Grenzen gesetzt.

Auch hier verblüfft die historische Parallele: Unter den vergleichbaren Umständen der finanziellen Kernschmelze von 1931 gab es ebenfalls nur eine sehr begrenzte Zahl von Regierungen, die tatsächlich etwas ausrichten konnten. Im Falle Deutschlands hat vor 30 Jahren Knut Borchardt seine keynesianischen Kollegen mit dem Beweis überrascht, wie begrenzt die Handlungsspielräume für Reichskanzler Heinrich Brüning in der Krise der Weimarer Republik waren. Auch anderswo waren die Probleme erschreckend groß, die Antworten enttäuschend hilflos. Die alte wirtschaftliche Supermacht Großbritannien war zu erschöpft, um irgendjemandem außer sich selbst zu helfen. Und ein Großteil der weltweiten Reserven war bereits in den USA angehäuft. Damals waren nur die USA wirklich handlungsfähig.

Als einzig plausibles Szenario für einen Ausweg aus der Großen Depression wäre damit, wie der große amerikanische Wirtschaftshistoriker Charles Kindleberger ausgeführt hat, ein Eingreifen der USA geblieben. Nun gab es damals für die Amerikaner eine Menge überzeugender Gründe, sich die Last einer weltweiten Rettungsaktion gar nicht erst aufzubürden. Mehr Geld nach Europa zu schicken, hätte so ausgesehen, als werfe man das Geld zum Fenster hinaus. Und hatten nicht die Europäer jenen Weltkrieg begonnen, der Ursprung und Quelle der Finanzmisere war? Wirtschaftlich gesehen und bei langfristiger Betrachtungsweise, wäre ein solcher Schritt überaus sinnvoll gewesen. Politisch freilich war er eine Totgeburt ohne jede Aussicht auf kurzfristigen Gewinn.

Das Amerika dieses Jahrhunderts ist China. Die frühen Stadien der Kreditverknappung wurden scheinbar so schmerzlos bewältigt, weil Staatsfonds aus dem Nahen Osten, vor allem aber aus China bereit waren, in die Bresche zu springen. Sie versorgten die verschuldeten amerikanischen und europäischen Institute mit frischem Geld. Anders als die großen Finanzhäuser in Europa und den USA hatten sich die asiatischen Banken am Subprime-Risiko so gut wie nicht beteiligt.

Der Schlüsselmoment der aktuellen Ereigniskette war die Weigerung der chinesischen SWF China Investment Co., ihre Sondierung eines Kaufs von Lehman Brothers weiterzuführen. Der Rückzieher von CIC wird irgendwann als Punkt gelten, an dem die Geschichte eine andere Richtung hätte nehmen können.

Nun wird es für den Rückzug der Chinesen eine Menge Gründe gegeben haben. Die Logik klingt jedenfalls ähnlich wie im Fall der Amerikaner 1931. Einige der Argumente, die derzeit in Peking kursieren, sind durchaus vernünftig. Es gibt eine Menge Unsicherheiten, und die Staatsfonds könnten sehr viel Geld verlieren. Auch der CIC hätte ein Kauf der schwer angeschlagenen US-Investmentbank zunächst Verluste beschert. Auch Emotionen spielen in der Debatte eine Rolle: Könnte 2008 nicht die Rache Chinas für das amerikanische Missmanagement der Ostasienkrise von 1997 – 1998 sein?

Es wird sich bald zeigen, welches Interesse China wirklich am Überleben der globalisierten Weltwirtschaft hat. Wie 1931 sprechen alle politischen Argumente scheinbar gegen einen rettenden Eingriff. Nur wer weitsichtig ist, wird erkennen, dass die wirtschaftlichen Argumente für eine Rettung zwingend sind. Und wie in den 30-Jahren, werden Versuche gemacht werden – wie jetzt vonseite des neuen amerikanischen Finanzministers Timothy Geithner, der China als »Währungsmanipulator« denunzierte – die Schuld für die Krise dem großen Gläubigerstaat zuzuweisen, was natürlich dramatisch die Hilfsbereitschaft dieses Gläubigers beeinträchtigt.

Der Londoner G-20-Gipfel Anfang April gab uns einen ersten Vorgeschmack auf die Zukunft des 21. Jahrhunderts, die durch die jetzige Finanzkrise geprägt sein wird wie das 20. Jahrhundert durch die Erfahrung der Weltwirtschaftskrise. Amerikas Präsident Barack Obama gab sich dort ruhig und zurückhaltend. Aber es war die sichere Vornehmheit eines Mannes, der mit Würde auf die Ankunft einer neuen Ordnung antwortete. Obama nahm sich die Geschichte Großbritanniens zum Vorbild, jene lang währende Zeitspanne, in der die Briten ihren eigenen Niedergang verwalteten. Andere Staatenlenker wiederum wurden ihren nationalen Stereotypen gerecht: Nicolas Sarkozy wartete mit einem ganzen Strauß brillanter Ideen auf, Silvio Berlusconi umarmte Russlands Präsident Dmitri Medwedew und Barack Obama wie ein Latin Lover; Angela Merkel sprach eindringlich über die neue Möglichkeit, einen »Kapitalismus mit Gewissen« zu formen, mit all der moralischen Ernsthaftigkeit einer modernen Deutschen, die darüber hinaus die Tochter eines lutheranischen Pastors ist. Gordon Brown überzeugte mit einem detailsicheren Management, wirkte letztlich aber mürrisch und ermüdet. Keiner dieser Staatslenker nahm eine zentrale Rolle bei der Reaktion auf die globale Krise ein.

Allein Chinas Präsident Hu Jintao sah ernst und konzentriert aus im Londoner Gruppenbild. Im Jahr wo man auch den 20. Jahrestag des Endes des Kommunismus feiert, wirkt es wie ein großer Scherz der Geschichte, dass die Zukunft des globalen Kapitalismus in den Händen eines kommunistischen Parteifunktionärs liegt. In einer solchen Lage wird nicht mehr nach den wahren historischen europäischen Stärken gefragt. Leider.

Harald Schumann

Das Ende einer Ära – Wie die ökologische Wende sich auch wirtschaftlich lohnt

»Wäre die Welt eine Bank, Ihr hättet sie längst gerettet«, Greenpeace-Slogan, 2009

Plötzlich gab es Geld, wo doch eigentlich nichts zu holen war. Fast eine Billion Dollar investierte die US-Regierung bis Mitte 2009, um das Bankensystem zu stabilisieren. Für den gleichen Zweck gingen die EU-Staaten in Form von Bürgschaften und Kapitalhilfen mit mehr als fünf Billionen Euro ins Risiko. Zudem sollen bis Ende 2010 weltweit mehrere tausend Milliarden Dollar fließen, um die ausgefallene private Nachfrage durch staatliche Aufträge zu ersetzen. Als ginge es darum, die Welt vor dem Untergang zu retten, werfen die Regierungen und Notenbanken der Wohlstands- und Schwellenstaaten seit Herbst 2008 ohne Rücksicht auf die steigende Staatsverschuldung mit Geld um sich wie nie zuvor. Mehr als alle Worte und Reden sind es diese kaum noch vorstellbaren Summen, die eine historische Zäsur signalisieren: Drei Jahrzehnte nach dem Beginn ihres Siegeszuges durch die westlichen Industrieländer sind die neoliberale Wirtschaftspolitik und deren Träger und Nutznießer in Unternehmen, Politik und Wissenschaft am Ende. Der vermeintliche Triumph der »Märkte«, also des privaten Kapitals, über den staatlichen Leviathan hat sich binnen weniger Monate ins Gegenteil verkehrt. Die über viele Jahre immer weiter deregulierten Märkte haben die größte Wirtschaftskatastrophe seit dem Zweiten Weltkrieg hervorgebracht – und einen Paradigmenwechsel in der Wirtschaftspolitik, der radikaler kaum sein könnte: Unverhofft werden der Staat und die für ihn handelnden Politiker wieder zu zentralen und unverzichtbaren Akteuren bei der Gestaltung der Wirtschaft.

Dementsprechend groß ist die Verwirrung an den ideologischen Frontlinien. Wirtschaftsliberale plädieren plötzlich für bis dahin verpönte staatlich induzierte Nachfragesteigerung im Sinne des britischen Reformökonomen John Maynard Keynes, Bankvolkswirte warnen vor Lohnsenkungen und Politiker der Linken sehen sich genötigt, vor der Geldverschwendung zur Rettung von Arbeitsplätzen im Finanzgewerbe zu warnen. Das amerikanische Magazin *Newsweek* setzte angesichts der Teilverstaatlichung von Banken und Autokonzernen sogar eine rote Faust auf den Titel und dazu die Zeile: »Now we are all Socialists!« Gerade so, als wäre der Noteinsatz der Regierungen, den das Vabanquespiel der Finanzmarkt-Hasardeure erzwungen hatte, mit irgendeiner Sehnsucht nach Planwirtschaft und Bedürfniskontrolle verbunden. Der Gedanke, dass gewählte Politiker aktiv eingreifen und das Wirtschaftsleben gestalten, ist offenbar schon so ungewohnt geworden, dass außer der alten und platten Gegenüberstellung »Kapitalismus versus Sozialismus« oder »Markt versus Staat« kaum mehr etwas anderes auch nur diskutiert wird. So offenbart der zuweilen krude öffentliche Diskurs, wie groß die intellektuelle Leere ist, in der sich große Teile der politischen Klasse heute bewegen. Ihre hilflose Suche nach Halt im jäh aufgerissenen ideologischen Vakuum zeigt an, welche verheerenden Folgen die Ausbreitung des neoliberalen Glaubenssystems quer durch die ganze Gesellschaft bis heute hat.

Schon der bisher angerichtete Schaden ist so ungeheuerlich, dass er sich der alltäglichen Vorstellung entzieht. Auf 2600 Milliarden Dollar schätzte die Bank of England nur die Verluste, die in den Unternehmen des Finanzsektors in Europa und den USA angefallen sind. Das ist mehr als der Wert aller Waren und Dienstleistungen, die in Deutschland im Laufe eines ganzen Jahres produziert werden. Noch zehn Mal größer ist der Schaden, der aus dem folgenden Einbruch der Börsenkurse entstand. Zusammengenommen waren alle börsennotierten Unternehmen der Welt Anfang 2009 etwa 30 Billionen Dollar weniger wert als ein Jahr zuvor, eine Minderung von mehr als 40 Prozent. Dieser Einbruch betrifft keineswegs nur die Buchwerte in den Vermögensstatistiken der Reichen, er bedroht auch die Altersrenten von zig Millionen Menschen, die von den Erträgen ihrer Pensionsfonds abhängig sind. Allein in den USA müssen mehr als 20 Millionen Rentner und angehende Pensionäre nun mit weit geringeren Einkünften auskommen. Viele sitzen zugleich mit ihren Häusern in einer Schuldenfalle, aus der es kein Entrinnen gibt. Soziale Sicherheit ist für sie nur noch ein ferner Traum.

Noch härter trifft die Weltkrise die Armen in der südlichen Hemisphäre. »Menschen, die hart gearbeitet haben, um der Not zu entkommen, könnten zurück in die Armut rutschen«, warnte UN-Generalsekretär Ban Ki Moon schon im November 2008. Und genau das geschieht. Die Investitionen transnationaler Unternehmen in Entwicklungs- und Schwellenländern sind beinahe vollständig zum Erliegen gekommen. Gleichzeitig fallen gerade die Migranten aus den Armutsstaaten in Europa, den USA und den Ölstaaten massenhaft in die Arbeitslosigkeit und ihre Zahlungen an die Familien in der Heimat bleiben aus. Und zu allem Überfluss haben die meisten ärmeren Länder kaum noch Zugang zum internationalen Kapitalmarkt. Gerade die Staaten, die am dringendsten ihre Wirtschaft mit staatlichen Programmen stützen müssten, um ihre Völker vor der Verelendung zu bewahren, können dies mangels Kreditgebern nicht finanzieren. So müssen ausgerechnet jene, die keinerlei Schuld für den Kollaps tragen, am härtesten bezahlen. Nach den jüngsten Erhebungen der Weltbank stieg die Zahl der Hungernden im Jahr 2009 auf mehr als eine Milliarde Menschen, mehr als je zuvor. Die Krise wird Millionen von Menschenleben fordern, und das ist keine Übertreibung, sondern bittere Realität.

Dabei hatte sich der Niedergang von langer Hand angekündigt. Symptome wie die dramatische Überschuldung der privaten Haushalte in den USA und das explosive Anwachsen der Immobilienpreise jenseits aller realen Wertschöpfung waren für jedermann sichtbar. Vor keiner Krise haben kundige Fachleute häufiger und klarer gewarnt als vor dieser. Doch erst mit dem Konkurs der New Yorker Investmentbank Lehman Brothers am 15. September 2008 und dem darauf folgenden Zusammenbruch des amerikanischen und europäischen Marktes für Kredite zwischen den Banken erkannten schließlich auch die hartgesottenen Marktgläubigen in Washington und London, in Brüssel, Berlin oder Zürich, dass sie intervenieren mussten. Die Bilanzen von Banken und Versicherungen waren und sind so mit uneinholbaren Krediten vergiftet, dass die Finanzinstitute ihre zentrale Dienstleistungsfunktion nicht mehr erfüllen können: die Verwandlung der privaten Ersparnisse in Kredite, die für Investitionen in der Realwirtschaft vom Handwerksbetrieb bis zum Großkonzern dringend benötigt werden. Folglich blieb den Regierenden gar nichts anderes übrig, als das verlorene Vertrauen im Finanzsektor mittels staatlicher »Rettungspakete« wenigstens teilweise wiederherzustellen, um den Zusammenbruch der gesamten Kreditvergabe und der davon abhängigen Investitionen zu vermeiden.

Dass ausgerechnet die Erben von Margaret Thatcher und Ronald Reagan, die einst die neoliberale Gegenreformation anführten, nun im großen Stil Finanzkonzerne in Staatshand überführen mussten, markiert eine epochale Wende. Passend dazu entwickelt sich die politische Rhetorik. Vielfach griffen die Regierenden von Angela Merkel bis Barack Obama zu Vergleichen mit der Wirtschaftskatastrophe vor und während des Zweiten Weltkriegs. Allenthalben soll ein »New Deal« nach dem Vorbild der Politik des 30er-Jahre-Präsidenten Franklin Roosevelt das Schlimmste abwenden. Zudem reden Premiers, Kanzler und Präsidenten einem »neuen Bretton Woods« das Wort, einem globalen Vertragswerk zur Regulierung der Weltwirtschaft, das auf den Ideen des einstigen Vordenkers Keynes gründen solle.

Doch diese Versprechen erweisen sich bisher als bloßes Wortgeklingel. Handfeste Maßnahmen, mit denen die Finanzbranche auf ihre eigentliche Dienstleistungsfunktion zurückgeführt werden könnte, sind bisher nicht einmal geplant. Die Ursache dafür ist leicht erkennbar: In allen bisherigen Wohlstandländern sind Regierungen und Behörden personell aufs Engste mit den Sachwaltern der Finanzindustrie verflochten. Auch Amerikas Hoffnungspräsident Barack Obama ließ sich seinen Wahlkampf in großem Umfang von Managern der Finanzbranche finanzieren. Darum nimmt es nicht Wunder, dass er mit Lawrence Summers als Koordinator der Wirtschaftspolitik und Timothy Geithner als Finanzminister zwei Männer an die Spitze seines Wirtschaftsteams berief, die der Geldbranche nahestehen und selbst maßgeblich zur Entstehung der Krise beigetragen haben. Summers war nicht nur in der Regierung von Ex-Präsident Bill Clinton als Finanzminister dafür verantwortlich, dass die Kreditderivate, die das große Spekulationsrad antrieben, entgegen den Absichten der zuständigen Behörde keinerlei Aufsicht unterworfen wurden. Zudem war er bis zuletzt für die Finanzindustrie als Berater tätig und erzielte damit allein im Jahr 2008 ein Einkommen von mehr als sieben Millionen Dollar. Geithner wiederum war bis zum Eintritt in die Obama-Regierung fünf Jahre lang Chef der New Yorker Filiale der Notenbank Federal Reserve und als solcher Amerikas oberster Bankenaufseher. Mehrfach mahnte er in seinen Reden vor dem großen Risiko des Handels mit Kreditderivaten. Aber anstatt Sonderprüfungen anzuordnen und Gegenmaßnahmen zu erzwingen, beschränkte er sich auf private Gespräche mit den Regenten der Geldwelt.

Nicht minder dicht ist der Geldfilz in Europa. Die EU-Kommission etwa berief eine achtköpfige Kommission, um neue Regeln für die Finanzbranche zu entwerfen. Doch alle eingesetzten Experten haben vordem für jene gearbeitet, die sie nun regulieren sollen. Der Vorsitzende und frühere Chef des Internationalen Währungsfonds, Jacques de Larosiére, fungierte jahrelang als gut dotierter Berater des Geldkonzerns BNP Parisbas und des US-Versicherungskonzerns AIG, dessen Rettung die US-Steuerzahler mit 100 Milliarden Dollar finanzieren mussten. Mit in der Larosiére-Gruppe sitzt auch Otmar Issing, der zugleich auch die Reformkommission der Bundesregierung leitet. Issing ist während seiner Zeit als Chefvolkswirt der Europäischen Zentralbank nie mit Vorschlägen zur besseren Regulierung aufgefallen. Aber dafür kann er auf eine andere Qualifikation verweisen: Er steht bei der US-Bank Goldman Sachs unter Vertrag, deren Experten gewiss mit guten Ratschlägen bereitstehen. Die Lenker von Goldman Sachs verstehen seit je, ihr Geschäft über die enge Zusammenarbeit mit der Politik abzusichern. Nicht zufällig entsandten sie schließlich mit Henry Paulson in der Regierung Bush schon das zweite Mal binnen zehn Jahren einen der Ihren als Finanzminister nach Washington. Dem gleichen Finanzkonzern ist auch Mario Draghi verbunden, der dem jüngst zum Weltgremium aufgewerteten Financial Stability Board der Bankaufseher aus den G-20-Staaten vorsteht. Bevor Draghi Chef der italienischen Notenbank wurde, diente auch er viele Jahre lang als Partner für Goldman Sachs in London. In Deutschland wiederum steht der einflussreiche Finanzstaatssekretär Jörg Asmussen der Finanzwirtschaft durchaus nahe. Vor Ausbruch der Krise machte er sich als Abteilungsleiter und Beirat der entsprechenden Lobby-Initiative für die steuerliche Begünstigung jener

»strukturierten« Kreditpapiere stark, die heute als »toxisch« gelten und die Bankbilanzen verheeren. Die Liste solcher Verquickungen von Politik und Finanzwelt ist beinahe beliebig verlängerbar.

So verfügt die globale Finanzindustrie über eine Art personellen Schild, mit dem sie – zumindest bisher – alle Eingriffe, die ihre riskanten Geschäfte einschränken würden, zu verhindern weiß. Und das, obwohl inzwischen klar ist, dass zumindest die großen Finanzkonzerne entgegen allen marktwirtschaftlichen Prinzipien de facto eine implizite Staatsgarantie genießen. Trotzdem sind statt grundlegender Reformen, die tatsächlich den Ideen Keynes folgend mit der Übermacht der Kapitalverwalter brechen würden, bisher lediglich technische Verbesserungen bei der amtlichen Aufsicht vorgesehen. Die scheinbar entschlossene Wiedereinsetzung der Politik als Ordnungsmacht über der Wirtschaft erweist sich als Mogelpackung. Stattdessen verwandelte sich die vermeintliche Rettung der wirtschaftlichen Stabilität hinter dem Rücken der Steuerzahler de facto in eine groß angelegte Plünderung der Staatshaushalte. Nutznießer sind vornehmlich einige Finanzkonzerne, die zu groß waren, um sie fallen zu lassen. Manche finanzierten mit den milliardenschweren staatlichen Subventionen sogar Fusionen mit anderen Banken, die sie noch größer und mächtiger machen. Simon Johnson, ein früherer Chefökonom des Internationalen Währungsfonds und ganz gewiss kein Verschwörungstheoretiker, nannte den Vorgang gar einen »stillen Staatsstreich«. »Die großen Banken haben seit dem Beginn der Krise an politischer Stärke noch dazugewonnen«, urteilte er. Gleichzeitig nutzten diese »Institutionen mit Übergröße« ihren Einfluss, um die dringend notwendigen Reformen der Regierungen zu blockieren.

Das hat fatale Konsequenzen für die ohnehin schon schlimme Schieflage bei der Verteilung von Vermögen und Einkommen. Jetzt, wo es niemand mehr wagt, die wachsende Ungleichheit und den Abbau staatlicher Leistungen als ökonomischen

Effizienzgewinn zu preisen, just zu diesem Zeitpunkt wird die Politik der Umverteilung von unten nach oben und der Verarmung der öffentlichen Hand im Namen einer falsch verstandenen Krisenbekämpfung auf die Spitze getrieben. Mindestens 100 Milliarden Euro, wahrscheinlich eher doppelt so viel, werden allein in Deutschland in den öffentlichen Kassen fehlen. Das kann nicht gut gehen. Beinahe täglich wächst die Gefahr, dass die enormen Kosten, die all das verursachen wird, wieder auf jene abgewälzt werden, die sich nicht wehren können: Gering qualifizierte, Arbeitslose, Alte, Kranke und ganz allgemein auf die Arbeitnehmer, von denen schon jetzt ein Fünftel nur noch Armutslöhne erhält. Aber dieses Mal wird es nicht so einfach möglich sein, unter Verweis auf Sachzwänge wie »die Globalisierung« oder »die Demografie« die Renten zu kürzen, die Zahlungen zur Krankenversorgung zu erhöhen oder das Arbeitslosengeld einmal mehr zu senken. Dieses Mal werden die Menschen wissen, dass noch kurz zuvor zig Milliarden da waren, um die Finanzindustrie und ihre reiche Klientel vor Verlusten zu schützen.

All das folgt der Maxime, dass sich mittels massiver Ausweitung der Staatsverschuldung irgendwie der Status quo ante wiederherstellen ließe, dass alles wieder so werden könnte, wie es vor Ausbruch der Krise war. Aber diese Hoffnung wird sich nicht erfüllen. Vielmehr spricht alles dafür, dass der endgültige Kollaps des auf unkontrollierten Kapitalverkehr gebauten globalen Finanzsystems lediglich aufgeschoben wurde – und am Ende doch nicht zu vermeiden ist. Denn das Kernland der Krise, die Vereinigten Staaten, ist so überschuldet, dass es sich aus eigener Kraft nicht wird befreien können. Anders als einst während der Großen Depression der 30er-Jahre des vergangenen Jahrhunderts ist die US-Volkswirtschaft nicht isoliert, sondern hochgradig abhängig von ausländischen Kreditgebern. Allein bei Chinas Zentralbank und dem dortigen staatlichen Bankensystem stehen die Vereinigten Staaten mit 1500 Milliarden Dollar in der Kreide. Die gleiche Summe steht in den Büchern der arabischen

Ölstaaten und noch einmal so viele US-Papiere halten die übrigen Notenbanken Asiens.

Bisher kaufen diese Staaten des informellen Dollarblocks noch immer pro Tag für rund eine Milliarde Dollar amerikanische Staatsanleihen und andere Wertpapiere und halten so die US-Ökonomie am Leben. Aber gleichzeitig startete die US-Notenbank Federal Reserve das größte und riskanteste monetäre Experiment in der Geschichte des Kapitalismus. Mit der Senkung des Zinsniveaus auf null Prozent und dem Kauf von unverkäuflichen Kreditpaketen und Anleihen im Volumen von annähernd 1300 Milliarden Dollar setzte die Fed mehr elektronische Dollars in Umlauf als je zuvor. Diese »monetäre Aggression«, wie der britische Economist schrieb, bedroht nun die Leitwährung der Welt mit einer hohen Inflation. Käme es dazu, würden die Vermögen von Amerikas Gläubigern drastisch entwertet und schwere wirtschaftliche Konflikte wie Handelskriege und Abwertungswettläufe wären die Folge.

Gerade die westlichen Wohlstandsländer können sich aber den Zerfall der weltweiten Produktions- und Handelsketten nicht leisten. Schon jetzt sind ihre Gesellschaften durch die in den Jahren des neoliberalen Regimes extrem ungerechte Einkommensentwicklung sozial tief gespalten in wenige Gewinner und viele Verlierer Eine Eskalation bis hin zur Renationalisierung der Volkswirtschaften würde mit Sicherheit zu großen sozialen Verwerfungen und politischen Umwälzungen führen.

Doch so bedrohlich dieses Szenario ist, so groß sind auch die Chancen, die mit der Eskalation der Krise einhergehen. Denn wie nie zuvor wird deutlich, dass die Globalisierung der Weltwirtschaft die Völker und Nationen der Welt in eine tiefe gegenseitige Abhängigkeit gebracht hat. Interdependenz ist das zentrale Merkmal der globalisierten Weltgesellschaft. Die Weltenlenker, gleich ob in Politik oder Wirtschaft, müssen eine planetare Perspektive einnehmen und ihre Aktionen in globalen Zusammenhängen planen, weil andernfalls der Misserfolg programmiert ist. Eben darum hat sich die weltweite Kooperation von Regierungen und zivilgesellschaftlichen Organisationen über alle politischen und ideologischen Grenzen hinweg in einem Maße intensiviert, wie es noch vor wenigen Jahren völlig undenkbar erschien.

So führten die großen Notenbanken einschließlich der chinesischen im September 2008 gemeinsam und am gleichen Tag eine weltweite Zinssenkung durch – ein bisher einmaliger Vorgang in der Geschichte des Kapitalismus, der doch von der Öffentlichkeit in den beteiligten Ländern als beinahe selbstverständlich wahrgenommen wurde. Nicht minder revolutionär war die Aktion der US-Zentralbanker, ihren Kollegen in Brasilien, Korea und anderen Schwellenländern Zugang zu Dollarkrediten im zweistelligen Milliardenbereich einzuräumen, um Währungsschocks zu vermeiden. Noch zehn Jahre vorher hatte die Verweigerung eben dieser Zusammenarbeit Asiens Ökonomien in den Abgrund gestürzt. Kurz darauf trafen sich die Regierungschefs zum Weltfinanzgipfel. Und wie selbstverständlich saßen dieses Mal auch die Präsidenten und Premierminister aus China, Indien, Brasilien und weiteren Schwellenländern mit am Tisch, nachdem die alten G-8-Staaten ihnen zuvor über Jahrzehnte die ihrer Bedeutung angemessene Position in ihren Gremien und Institutionen hochmütig verweigert hatten. Nun scheint es nur noch eine Frage der Zeit, bis auch der Internationale Währungsfonds, die Weltbank und andere globale Institutionen so umgestaltet werden, dass sie deutlich stärker die Interessen der gesamten Menschheit vertreten und nicht mehr nur die der einstigen Kolonialmächte.

All das belegt: Die Gefahren, die mit der wirtschaftlichen Destabilisierung einhergehen, wirken auf die Völker und ihre Regierungen erstmals als wirklich kollektive Erfahrung. Die einst nur von Idealisten gebrauchten Metaphern vom »Raumschiff Erde« und der »Einen Welt« verwandeln sich zusehends in praktische Politik. Ganz anders als in allen vergleichbaren historischen Situationen sind die Regierenden enger zusammengerückt, anstatt ihr Heil in Abschottung und Protektionismus zu suchen. Unbestreitbar setzte sich – zumindest bisher – die kooperative Vernunft gegen das Trachten nach kurzfristigen politischen Gewinnen durch. Die Regeln der Welthandelsorganisation haben, ungeachtet einiger Verstöße, weitgehend Bestand – ein überzeugender Beleg dafür, dass die Verrechtlichung der globalisierten Wirtschaft langfristige Stabilität schafft.

Diese zentrale Erfahrung gilt es zu propagieren und weltweit voranzutreiben. Denn neben dem Beinahe-Kollaps des Finanzsystems baut sich eine weitere, noch weit bedrohlichere Systemkrise auf: Der Klimawandel. Wenn es nicht gelingt, spätestens ab 2020 den Anstieg der Emissionen von Treibhausgasen zu stoppen und diese anschließend jedes Jahr im Schnitt um fünf Prozent zu senken, droht nach Kalkulation des von mehr als 5000 Fachleuten getragenen UN-Klimarats spätestens zur Mitte des Jahrhunderts, wahrscheinlich schon früher, ein anhaltender, nicht mehr umkehrbarer Zerfall des globalen Wirtschaftssystems und das Ende der Zivilisation wie wir sie kennen. Allein das Abschmelzen der Gletscher im Himalaja würde die Wasserversorgung von mehr als einer Milliarde Menschen bedrohen und unbeherrschbare Flüchtlingsströme in Gang setzen. Nicht minder gefährlich wäre das Ausbleiben der Niederschläge in Nordafrika, das alle Modellrechnungen für den Fall eines weiteren Anstiegs der Temperaturen vorhersagen.

Diese Bedrohung wird nur in einem Ausmaß von globaler Zusammenarbeit und Lenkung von Kapitalströmen abzuwenden sein, wie es das noch nie gab. Bisher scheitern die Regierungen an dieser Aufgabe noch auf breiter Front. Der Klimaschutzvertrag von Kyoto ist so mangelhaft, dass er nicht mal die Unterzeichnerstaaten in Europa zwingt, ihre Emissionen tatsächlich zu mindern. Absehbar ist, dass Länder wie Kanada und Australien bis zum Ablauf des Vertrags nicht einmal formal die Verpflichtungen einhalten werden, die sie völkerrechtlich verbindlich eingegangen sind. Auch der Appell des Chefs der UN-Umweltorganisation UNEP, Achim Steiner, man möge doch »die größte Geldspritze in der Geschichte der Weltwirtschaft« nutzen, um mit der Finanzkrise zugleich »die noch größere Katastrophe des Klimawandels zu verhindern«, verhallte weitgehend ungehört. Im Schnitt sind gerade einmal 16 Prozent der staatlichen Konjunkturmittel für Investitionen in die klimafreundliche Umgestaltung des Energie- und Verkehrssystems vorgesehen. In Deutschland, dessen Regierungschefin sich einst mit dem Wort Klimakanzlerin schmücken ließ, sind es nicht einmal zwölf Prozent.

Auch die Europäische Union hat ihre Anstrengungen für den Klimaschutz auf ein Minimum heruntergefahren. Und bei den laufenden Verhandlungen für einen neuen Weltklimavertrag ist von der angebrachten Dringlichkeit nichts mehr zu spüren, die noch im Jahr 2007 die UN-Klimakonferenz in Bali prägte. Die Delegierten einigten sich bisher nur auf einige bürokratische Details. Die Regierungen der Entwicklungsländer waren zutiefst enttäuscht, weil sie sich besonders bei den Hilfen zur Anpassung an den Klimawandel mehr versprochen hatten. Nicht einmal der Schutz der Regen- und Urwälder, deren Vernichtung ein Fünftel der gesamten globalen Treibhausgas-Emissionen ausmacht, kam voran – trotz des großen Zeitdrucks. Für die entscheidende Zusammenkunft im Dezember 2009 in Kopenhagen, ohne deren erfolgreichen Abschluss es zu einem neuen globalen Klimapakt vermutlich nicht mehr kommen wird, stehen die Zeichen mehr als schlecht. Auch der Klimaschutz, so scheint es, wird Opfer der Krise und folgt dem Muster, »global verhandeln, national aufschieben«, wie der SPD-Politiker und Veteran der Energiepolitik Hermann Scheer beklagt.

Gleichwohl ist der Kampf gegen den Klimawandel noch nicht verloren. Im Gegenteil, die Chancen stehen besser denn je. Ursache dafür ist die ungeheure und bisher noch immer unterschätzte unternehmerische und technologische Dynamik, die den Ausbau der Nutzung von erneuerbaren Energien vorantreibt. Die Kostendegression etwa bei der Produktion von Solarzellen läuft so schnell, dass die Hersteller bereits für das Jahr 2010 »Netzparität« für den Strom aus ihren Anlagen in sonnenreichen Regionen wie Südeuropa oder Kalifornien angekündigt haben. Das bedeutet, dass der Strom vom Dach – berechnet auf Basis einer Amortisationszeit von zehn Jahren – die Käufer von Photovoltaikanlagen nicht mehr kosten wird, als der Strombezug aus konventionellen Kraftwerken über das Netz. Absehbar ist damit, dass es alsbald einen beinahe unbegrenzten Massenmarkt für die photovoltaische Stromerzeugung geben wird. Nicht minder spektakulär entwickelt sich die Windkraftindustrie. Der Strom aus modernen Anlagen mit 120 Metern Turmhöhe und mehr als fünf Megawatt Leistung ist bereits heute billiger als jener aus neu gebauten Kohlekraftwerken. Eine ganz ähnliche Entwicklung bahnt sich auch für die Stromgewinnung aus Biogasanlagen und geothermischen Kraftwerken an. Dementsprechend entwickeln sich Märkte und Investitionen. Weltweit wurden 2008 bereits mehr als 120 Milliarden Dollar in der neuen Energiebranche investiert. In den USA und der EU entstand im selben Jahr erstmals mehr Erzeugungskapazität auf Basis erneuerbarer Energien als in konventioneller Kraftwerkstechnik.

Die kurze Geschichte dieser revolutionären Entwicklung weist zugleich den Weg für die Zukunft: Es waren politische Entscheidungen auf nationaler Ebene, die der Branche den Weg ebneten. Global wegweisend war die Einführung der festen Einspeisetarife für den sauberen Strom in Dänemark und Deutschland zu Beginn des Jahrzehnts. Sie verschaffte Anlegern eine solide Kalkulation auf 20 Jahre hinaus und ermöglichte so die enormen Investitionen bei den Anlagenherstellern. Längst ist diese Politik in jeder Hinsicht zum Selbstläufer geworden. Von Kolumbien über Spanien bis China sind schon mehr als 30 Staaten dem dänisch-deutschen Vorbild gefolgt und es werden jedes Jahr mehr. In Deutschland hat sich die zunächst hoch umstrittene Subventionierung nach kaum zehn Jahren schon ausgezahlt. Und das nicht nur in Form von 250.000 neuen Arbeitsplätzen und einer global anerkannten Technologieführerschaft, sondern auch finanziell. Denn mittlerweile drückt der Windstrom den Börsenpreis für Strom zu Zeiten hoher Nachfrage in so großem Umfang, dass die Versorger beim Einkauf von Spitzenlaststrom mehr Geld sparen, als die gesetzlich garantierten Einspeisepreise für die Windstromhersteller an Mehrkosten verursachen.

Dies demonstriert, was die bessere und machbare Alternative zur bisher so enttäuschenden Klimadiplomatie sein müsste: Aggressive staatliche Investitionslenkung ist das Gebot der Stunde. Würde es gelingen, die Energieversorgung eines großes Industrielandes wie Deutschland zum überwiegenden Teil auf erneuerbare Quellen umzustellen, dann wäre dies um ein Vielfaches wirksamer, als alle gut gemeinten internationalen Verpflichtungen zur Minderung der Emissionen. Denn nichts ist überzeugender als ein wirtschaftlich erfolgreiches Modell.

Gerade in Deutschland wird aber auch sichtbar, wo das zentrale Hindernis für die Befreiung des irdischen Ökosystems von den Abgasen aus der Verbrennung von Kohle, Erdöl und Erdgas liegt: Bei der Macht jener Konzerne, die genau davon leben und nicht bereit sind, die Geschäftsmodelle ihrer Unternehmen rechtzeitig umzustellen. Exemplarisch ist das Verhalten der Führungsriege in der deutschen Strombranche. Die Lenker der vier großen Stromversorger, die bisher noch knapp 85 Prozent der gesamten Erzeugungskapazität kontrollieren, steuern derzeit wider besseren Wissens in einen offenen Systemkonflikt um den Ausbau der erneuerbaren Energien. So geschieht es neuerdings immer häufiger, dass in nachfrageschwachen Zeiten wie etwa am Sonntagmorgen so viel Strom aus Wind-, Sonnen- und Biogaskraftwerken ins Netz fließt, dass große Teile des Kraftwerksparks nicht benötigt werden. Doch die großen Atom- und Kohlemeiler sind nicht flexibel zu regeln, sodass deren Betreiber zeitweilig dafür bezahlen müssen, dass ausländische Versorger ihren Strom abnehmen. Gebraucht würden also flexible Gaskraftwerke und der Ausbau der Netzverbindungen nach Norwegen und in die Schweiz, in deren Wasserkraftanlagen sich leicht große Mengen überschüssigen Stroms bei hohem Windaufkommen in Form von bergwärts gepumptem Wasser speichern ließen. Doch das Oligopol der Netzbetreiber verweigert die Investitionen dafür. Stattdessen planen und bauen die vier Konzerne noch mehr Großkraftwerke. Diese werden aber nur rentabel sein, wenn gleichzeitig die Erzeugung aus regenerativen Quellen begrenzt wird. Europas größter Stromkonzern, die Eon AG, hat denn auch in Großbritannien schon genau diese Forderung an die Regierung gestellt. Das Gleiche bahnt sich in Deutschland an und es drohe eine »strategisch falsche Weichenstellung«, die den Klimaschutz für Jahrzehnte blockieren werde, warnte sogar der sonst eher unpolitische Sachverständigenrat für Umweltfragen.

Trotzdem können sich die Manager der Energiewirtschaft weitgehend auf die Stützung ihrer destruktiven Strategie durch die Regierung und die sie tragenden Parteien verlassen. Denn auch die Energiebranche ist aufs Engste mit Staat und Politik personell verflochten. Das reicht von den vielen Ex-Ministern und -Staatssekretären in den entsprechenden Aufsichtsräten über die Einbindung von Abgeordneten in Beiräten und Lobbyorganisationen bis hin zu Kommunalpolitikern und Betriebsräten, die an der Basis der Parteien für die richtige Stimmung sorgen. So bahnt sich das gleiche dramatische Politik-Versagen an, das auch in die Finanzkrise führte. Wieder liegen alle Fakten auf dem Tisch, die Gefahren sind offensichtlich, und wieder sind die Regierungen dabei, die Führung an Konzernfürsten und ihre Lobbyisten abzugeben.

Darum lautet die entscheidende Lehre aus den laufenden Krisen: Es ist unverzichtbar, dass sich Regierungen und Parteien von den organisierten einzelwirtschaftlichen Interessen emanzipieren, um überhaupt in der Lage zu sein, die nötigen Maßnahmen zur Rettung der wirtschaftlichen und ökologischen Stabilität durchzusetzen. Genau darum fordern Kritiker schon seit Langem die Einführung mehrjähriger Karenzzeiten für Minister, Staatssekretäre und leitende Beamte vor dem Wechsel in die Privatwirtschaft sowie die vollständige Offenlegung aller Nebentätigkeiten und finanziellen Abhängigkeiten von Abgeordneten und die Einführung eines umfassenden Lobbyistenregisters in Brüssel und allen EU-Hauptstädten. Dabei handelt es sich keineswegs um eine nebensächliche Frage der politischen Hygiene. Vielmehr geht es um eine unverzichtbare Reform der politischen Strukturen, ohne die keine der großen Herausforderungen für die Zukunft der Weltgesellschaft zu bewältigen ist.

Gewiss, diese Erkenntnis ist nicht sehr originell. Schon die Gründerväter der sozialen Marktwirtschaft haben genau so gedacht, als sie ihren »dritten Weg« zwischen Sozialismus und Laisser-faire-Kapitalismus konzipierten und dabei ihre Lehre aus dem Versagen der Politik in der Zwischenkriegszeit zogen. So schrieb etwa der Ökonom Walther Eucken, einer der großen Vordenker jener Zeit, im Jahr 1950: »Es sind also nicht die sogenannten Missbräuche wirtschaftlicher Macht zu bekämpfen, sondern die wirtschaftliche Macht selbst.«

Der Mann hatte recht. Daran gilt es anzuknüpfen.

Anthony Giddens

Auf dem Weg zum Grünen Staat

Der Klimawandel ist auf bemerkenswerte Weise innerhalb kürzester Zeit ins Zentrum des öffentlichen Interesses gerückt. Seit mehr als einem Vierteljahrhundert äußern Wissenschaftler ihre Sorge über die globale Erwärmung. Ebenso lang kämpfen Umweltgruppen dafür, dass Regierungen und Bürger das Problem ernst nehmen. Breite Beachtung findet der Klimawandel in der allgemeinen Debatte jedoch erst seit ein paar Jahren.

Die Gründe dafür liegen im Unklaren. Zweifellos haben die Klimawissenschaften Fortschritte gemacht, und ihre Erkenntnisse sind in die meinungsbildenden Klimaberichte des Zwischenstaatlichen Sachverständigenrats für Klimaveränderungen (International Panel on Climate Change, IPCC) eingeflossen. Hilfreich waren bekanntlich auch die Bemühungen des ehemaligen US-Vizepräsidenten Al Gore, der die mit der globalen Erwärmung verbundenen Gefahren in das allgemeine Bewusstsein gehoben hat. Beide haben für ihr Engagement den Nobelpreis erhalten. Einen Teil beigetragen hat sicher auch die Häufung von Naturkatastrophen. Dass der Hurrikan Katrina mit der Erderwärmung in Zusammenhang steht, kann niemand mit Sicherheit behaupten. Doch dass eine Metropole des reichsten Lands der Welt über Nacht zu einer Ruinenstadt wurde, war für viele ein unübersehbares Warnzeichen, dass uns vielleicht noch Schlimmeres bevorstehen könnte. Während der Hitzewelle 2004 starben in Europa 30.000 Menschen. Der Tsunami im Indischen Ozean kurz nach Weihnachten desselben Jahres kostete zehnmal so vielen Menschen das Leben; obwohl er mit dem Klimawandel nichts zu tun hatte, rief er uns doch die Gewalt der natürlichen Mächte und unsere eigene Verwundbarkeit in Erinnerung.

Was auch immer die Gründe sein mögen, jedenfalls wurde ein Schalter umgelegt. In den Medien ist der Klimawandel seither allgegenwärtig. Unzählige Wissenschaftler und Journalisten haben ihn zum Thema gemacht. Die meisten Regierungen verfügen über Pläne, wie sie auf den Klimawandel reagieren wollen.

Die Literatur über den Klimawandel lässt sich in verschiedene Kategorien einordnen. Zahlreiche wissenschaftliche Publikationen und Bücher beschäftigen sich mit dem Phänomen und seinen Gefahren. Ein zweiter großer Teil widmet sich den Technologien. Häufig bevorzugen die Autoren eine bestimmte Technologie, der sie die Lösung der Probleme zutrauen. Einige plädieren für Solarenergie, andere für Kernkraft, Kernfusion, Wasserstoff, thermische Energie, »saubere Kohle« und so weiter, die Mehrheit für einen Energiemix aus allen oder einigen der genannten Möglichkeiten. Auch die Verhandlungen im Vorfeld der internationalen Klimaschutzabkommen wurden ausgiebig beschrieben. Zu nennen sind hier insbesondere das Kyoto-Protokoll, das für den Ausstoß von Treibhausgasen, der Hauptursache der Erderwärmung, völkerrechtlich verbindliche Zielwerte festschreibt, aber auch der von der internationalen Gemeinschaft entwickelte Bali-Fahrplan sowie die Klimaschutzziele der Europäischen Union.

Die Bücher und Artikel über Klimaschutzpolitik behandeln in der Regel die internationalen Abkommen. Ich möchte die etwas verblüffende These aufstellen, dass eine wirkungsvolle Klimaschutzpolitik derzeit überhaupt nicht existiert, insbesondere nicht auf der in vieler Hinsicht entscheidenden nationalen Ebene. Das heißt, die politischen Weichenstellungen, die wir vornehmen müssen, wenn unsere guten Vorsätze zur Begrenzung des Klimawandels Wirklichkeit werden sollen, wurden bisher noch keiner Analyse unterzogen. Im Folgenden will ich versuchen, einige diesbezügliche Fragen zu erörtern und zu beantworten, erhebe aber gleichwohl keinen Anspruch auf Vollständigkeit. Darüber hinaus möchte ich den Fall Großbritanniens herausgreifen und die Probleme und Chancen genauer betrachten, mit denen jede energische Klimapolitik in den Industriestaaten konfrontiert ist. Zunächst lohnt es sich jedoch, in aller gebotenen Kürze auf den Stand der Klimadebatte selbst einzugehen.

Die Klimadebatte

In der Klimadebatte rufen nur wenige Argumente keinen Widerspruch hervor; die Kontroversen werden von den Akteuren meist heftig, wenn nicht gar erbittert ausgetragen. Drei Positionen lassen sich unterscheiden. Erstens halten es die Klimaskeptiker keinesfalls für erwiesen, dass die heutigen Erderwärmungsprozesse auf den Menschen zurückgehen. Natürliche Klimaschwankungen, behaupten sie, seien ein konstantes Merkmal der Erdgeschicht. Andere Skeptiker akzeptieren den Klimawandel als Tatsache und betrachten ihn durchaus als Folge menschlichen Handelns, wenden aber ein, dass die von ihm ausgehende Bedrohung überschätzt werde. Sie halten andere weltweite Probleme, zum Beispiel Armut, Aids und die mögliche Verbreitung von Kernwaffen, für besorgniserregender und drängender als die Gefahren des Klimawandels. Die Zahl der Skeptiker ist mit den Fortschritten der Klimaforschung in den letzten Jahren deutlich zurückgegangen, doch ihre Thesen finden weiterhin Gehör.

Zweitens existiert eine Mehrheitsmeinung oder, genauer gesagt, ein Meinungsspektrum, das vor allem in den Sachstandsberichten des IPCC seinen Niederschlag gefunden hat. Dieser Weltklimarat hat die weltweiten Ansichten zum Klimawandel maßgeblich beeinflusst; insofern es überhaupt einen Konsens über die Ausmaße und Gefahren gibt, hat er wesentlich zu seiner Etablierung beigetragen. In der Tat ist es das Mandat des IPCC, die aktuelle wissenschaftliche Literatur zu dem Thema möglichst umfassend zusammenzutragen, sie einer strengen Begutachtung zu unterziehen und den wissenschaftlichen Erkenntnis- und Diskussionsstand abzubilden. In einer Reihe von Publikationen hat der IPCC verschiedene Zukunftsszenarien skizziert und versucht, die Folgen des Klimawandels für Umwelt und Gesellschaft abzuschätzen. Für die Klimaskeptiker ist der Klimarat ein Feind des freien, unbestechlichen naturwissenschaftlichen Denkens. Ihrer Meinung nach hat er sich zu einer Institution entwickelt, die die Welt nur noch selbstgerecht durch die eigenen Augen wahrzunehmen gewillt ist und sich zum Wächter des rechten Glaubens aufgeschwungen hat. Die Skeptiker selbst geben sich meist als unabhängige Forscher, die es wagen, den herrschenden Zeitgeist herauszufordern.

Die Auseinandersetzung zwischen den Skeptikern und dem Hauptorgan der wissenschaftlichen Meinungsbildung hält bis heute an, wobei beide Parteien an den Argumenten der jeweils anderen Seite kein gutes Haar lassen. Inzwischen hat sich jedoch eine weitere abweichende Position zur Mehrheitsmeinung herausgebildet. Nach Ansicht ihrer Vertreter, die ich die »Klimaapokalyptiker« nennen will, stellt der Klimawandel eine noch größere und drängendere Bedrohung dar als allgemein zugegeben wird. Diesen Autoren und Forschern zufolge zeigen die aus der

Vergangenheit bekannten natürlichen Klimaschwankungen, dass der Klimawandel Rückkopplungseffekten unterliegt. Schon früher sei es innerhalb kürzester Zeiträume von weniger als zehn Jahren zu abrupten Klimaveränderungen gekommen. Dies, so die Apokalyptiker, könnte auch heute für den vom Menschen verursachten Klimawandel gelten. Es existierten dabei einige potenzielle »Umschlagspunkte« (Tipping Points): Zum Beispiel könnten die Polkappen über der Antarktis und Grönland schneller und umfassender abschmelzen, als man dies derzeit für möglich halte, oder die Permafrostböden in Westsibirien und Kanada auftauen, wodurch große Mengen von Methan freigesetzt würden. Die Treibhauswirkung von Methangas ist noch weitaus größer als die von Kohlendioxid.

Einige Apokalyptiker, wie etwa der Wissenschaftler James Lovelock, sind der Auffassung, dass es bereits zu spät sei, den gefährlichen Klimawandel aufzuhalten. Ihrer Meinung nach wäre es am besten, sich den neuen Gegebenheiten anzupassen und alle Energien darauf zu konzentrieren, so gut wie möglich mit ihnen fertig zu werden. Andere glauben, die schlimmsten Klimafolgen könnten nach wie vor abgewendet werden, wenn wir sofort weitreichende Maßnahmen ergreifen würden.

Wie beurteilen wir diese stark voneinander abweichenden Positionen? Die Skeptiker zu ignorieren, wäre ein Fehler, und sei es auch nur aus dem Grund, dass sie mit ihren Äußerungen die öffentliche Meinung beeinflussen. Interessengruppen, die die Klimaschutzpolitik bekämpfen, sowie normale Bürger, die nicht zur Änderung ihrer Gewohnheiten bereit sind, könnten sich ohne Probleme auf ihr Argument herausreden: »Und wo bitte sind die Beweise?« Die Skeptiker spielen eine wichtige Rolle in der Diskussion, denn sie bilden gewissermaßen das Gegengewicht zur Mehrheitsmeinung des Weltklimarats und ziehen ihn zur Rechenschaft, wenn er seinen Ansatz verabsolutieren sollte. Immerhin besitzt seine Meinung großes Gewicht. Auch die Klimaapokalyptiker dürfen nicht ignoriert werden. Denn sollten sie recht haben, droht uns schon in naher Zukunft gewaltiges Unheil. Unsere politische Führung hat die Aufgabe, dem Gang der Debatte zu folgen und neue Erkenntnisse fortlaufend zu bewerten.

Auf der Suche nach einer Antwort auf den Klimawandel werden wir den Schwerpunkt wohl auf den Staat legen müssen. Die internationalen Abkommen von Kyoto und Bali, die EU-Klimaschutzziele, die europäischen Emissionshandelsmärkte, die Unternehmen und Nichtregierungsorganisationen sind zweifellos von enormer Bedeutung, doch ist es unbestreitbar der Staat, der den politischen Rahmen für alle Anstrengungen festlegen muss. Seine Rolle ist in den entwickelten Gesellschaften umso bedeutender, als sie gezwungen sind, bei der Emissionsreduktion die Führung zu übernehmen.

Auf nationaler Ebene haben diese Gesellschaften noch eine Menge Probleme zu lösen. Wir könnten an dieser Stelle zwischen institutionellen und politischen Problemen unterscheiden. Doch will ich nicht versuchen, die große Zahl der Arbeiten in diesen Bereichen zusammenzufassen, sondern stattdessen die Gelegenheit nutzen, um einige wesentliche Fragen zu stellen.

Die Rolle des Staates: Rückkehr zur Planung?

Demokratien, könnte man sagen, sind ihrem Wesen nach in jedem Zeitpunkt von den unmittelbaren Anliegen ihrer Wähler abhängig. Wie aber etablieren wir in Gesellschaften, in denen uns gewöhnlich kurzfristige Themen beschäftigen, ein Denken, das langfristig angelegt ist? Fest steht, dass wir eine gewisse Planung wiedereinführen müssen. Aber wie und welche? Wie können wir in einem demokratischen System verbindliche Entscheidungen treffen, die den Wechsel der Regierungen überdauern? In der Klimaschutzpolitik muss es einen parteiübergreifenden Konsens geben, keine rot-grünen Koalitionen und keine Diskussionen, ob Grün das neue Rot sei. Aber wie kann ein solcher Konsens aussehen und wie lässt er sich aufrechterhalten – zumal in Anbetracht unserer Parteien, die praktisch immerzu auf der Jagd nach politischem Kapital sind?

Planung war in den westlichen Ländern nach dem Zweiten Weltkrieg zwei oder drei Jahrzehnte lang insbesondere bei der politischen Linken en vogue – und natürlich die wesentliche Wirtschaftsgrundlage der kommunistischen Gesellschaften. Bekanntlich spielte beim Wiederaufbau des Wohlstands in Europa der Marshall-Plan eine entscheidende Rolle. In der Nachkriegszeit verstand man unter »Planung« meist eine energische staatliche Richtungsvorgabe im Interesse des wirtschaftlichen Allgemeinwohls und der sozialen Gerechtigkeit. In den westlichen Mischwirtschaften bedeutete Planung die weitreichende Verstaatlichung insbesondere der Industrien, die als strategisch bedeutsam galten, zum Beispiel die Versorgungs-, Kommunikations- und Montanindustrie. Wie die »Stadtplanung«, die beinahe über Nacht ganze Stadtviertel erschuf, kam Planung jedweder Form später in Verruf.

Als die Gegenrevolution einsetzte, sprich Privatisierungen breite Zustimmung fanden und sich der Staat aus der makroökonomischen Steuerung zurückzog, geriet der Planungsbegriff in die Ecke, in der er bis vor Kurzem sein Dasein fristete. Wenn wir jedoch systematisch über die Zukunft nachdenken und versuchen, sie zu gestalten oder zu steuern, ist irgendeine Form der Planung unverzichtbar. In der Nachkriegszeit waren im Rahmen des Wiederaufbaus zur Behebung der immensen materiellen Schäden gewaltige Investitionen erforderlich. Tatsächlich war der Marshall-Plan ein kolossaler Erfolg, und das ist der Grund, weshalb Al Gore ihn so oft erwähnt. Planung wurde damals häufig mit einem gewissen Utopismus in Verbindung gebracht. Als sich die politische Stimmung von Planungen aller Art abwandte, kehrte sie auch den utopischen Vorstellungen den Rücken. Wenn wir aber alle utopischen Regungen als unbrauchbar beiseitelegen, haben wir keine Ideale mehr, für die es sich lohnt zu kämpfen.

De facto führten die Staaten auch dann Planungen durch, als die Planung an sich längst ihren guten Ruf verloren hatte. Sie verfolgten beispielsweise die demografische Entwicklung, weil sie Vorkehrungen für den zukünftigen Bildungs-, Gesundheits- und Altersvorsorgebedarf treffen mussten. Ähnliches galt für die Nutzungsprognosen des Straßen- und Schienenverkehrs. Für Katastrophenfälle wurden Pläne zur Krisenbewältigung ausgearbeitet. Und auch als die auf dem Reißbrett geplanten Stadtbezirke aus der Mode kamen, wurden städtebauliche Planungen der einen oder anderen Form durchgeführt (und geplante Gemeinschaften erleben in Gestalt von Ökosiedlungen gerade wieder ihre Wiederaufstehung). Das heißt natürlich nicht, dass wir aus den Erfolgen und Misserfolgen dieser Planungen und ihrer grandiosen Varianten nicht die entsprechenden Lehren ziehen müssen.

Dass der moderne Staat ein aktivierender Staat sein sollte, ist ein Gemeinplatz, der sicherlich auch in der Klimaschutzpolitik gültig ist. Angesichts der mit Planungen verbundenen Schwierigkeiten kann »Rückkehr zur Planung« nicht bedeuten, dass wir uns an den schwerfälligen staatlichen Eingriffen früherer Jahre orientieren. Der Staat sollte vielmehr einen regulatorischen Rahmen schaffen, der das freie Spiel der gesellschaftlichen und ökonomischen Kräfte in geeigneter Weise lenkt und gegen den Klimawandel mobilisiert. Dem »aktivierenden Staat« ist meines Erachtens allerdings der sogenannte »Gewährleistungsstaat« vorzuziehen. Das Konzept des aktivierenden Staats meint, dass sich der Staat auf die Bereitstellung von Handlungsanreizen beschränkt und die Akteure dann selbst zurechtskommen müssen. Der Gewährleistungsstaat hingegen ist ein aktivierender Staat, der bestimmte Aufgaben oder Erwartungen erfüllt beziehungsweise gewährleistet, dass die von ihm eingeleiteten Prozesse die vorgegebenen Resultate herbeiführen – dass etwa wie im vorliegenden Fall die gesetzten Emissionsziele erfüllt werden.

Was bedeutet »Rückkehr zur Planung« im Kontext des Klimawandels? Es bedeutet, den Blick vorausschauend auf Dinge zu richten, die drei Jahrzehnte oder länger in der Zukunft liegen. Wenn der Klimawandel, so der *Stern*-Report, eine »Folge des größten Marktversagens [ist], welche die Völkergemeinschaft je in Kauf genommen hat«, so liegt es weitgehend daran, dass Märkte weder Weitblick noch Zukunftsvisionen haben. Die Beispiele Altersvorsorge oder Versicherungen zeigen, dass sich Marktkräfte durchaus in den Dienst langfristiger Prozesse nehmen lassen, allerdings benötigen sie dafür einen gesetzlichen Rahmen, den gewöhnlich der Staat vorgibt.

Planung bedeutet auch, Umweltbelange auf allen staatlichen, regionalen und kommunalen Regierungsebenen zu verankern und zu gewährleisten, dass sie von allen Verwaltungsbereichen zur Kenntnis genommen und umgesetzt werden. Die Antwort auf den Klimawandel ist also keine beliebige Aufgabe, die man einer Fachabteilung oder Dienststelle überlassen kann. Sie muss auf breiter Front in das Regierungshandeln integriert werden.

Das bei der Bekämpfung des Klimawandels unentbehrliche Medium ist der Staat, der zusammen mit anderen Staaten die Gestaltung und nachfolgende Durchsetzung der internationalen Abkommen einschließlich der transnationalen Emissionshandelsmärkte übernimmt. Mit partieller Ausnahme der EU, die gegenüber ihren Mitgliedstaaten Weisungsbefugnisse besitzt, gibt es keine Organisation, die hierzu mächtig genug wäre. Da mein Planungsbegriff missverstanden werden könnte, will ich an dieser Stelle wiederholen, dass der Staat in keinem Kontext allein handeln würde. In der Regel bietet er Dritten Handlungsanreize und unterstützt die Bereitstellung der Mittel, damit sie im Sinne der Klimaschutzziele tätig werden können.

Wie sollen wir Planungen für eine Zukunft vornehmen, die ihrem Wesen nach ungewiss ist? Wie begrenzen wir Risiken, die wir aufgrund mangelnder Erfahrung nicht mit höchster Präzision beurteilen können (bis es zu spät ist und die vorhergesehenen Gefahren eingetreten sind)? Gewiss sollte man nicht wie die sowjetischen Planer versuchen, die Zukunft in eine Zwangsjacke zu stecken. Der Staat muss also in erster Linie als Katalysator wirken, der die Innovations- und Experimentierfreude zur Eindämmung des Klimawandels fördert, aber die Verantwortung übernimmt, diese Einflüsse zu überwachen und gegebenenfalls zu gestalten. Dann können wir (hoffentlich) mit einem gewaltigen Innovationssprung seitens der Unternehmen und des dritten Sektors rechnen.

Dem technischen Fortschritt wird bei der Bekämpfung des Klimawandels eine wesentliche Bedeutung zukommen. Gleichwohl haben wir die Erfahrung gemacht, dass sich technische Innovationen nur schwer voraussagen lassen. Gerade bei den Innovationen mit dem größten Einfluss auf unser Leben handelt es sich häufig um Nebenprodukte wie das Internet. Eine wesentliche Frage, die wir uns stellen müssen, lautet: Wie können Regierungen Innovationen fördern, ohne »mit hohen Einsätzen« auf Technologien zu wetten, die sich weitgehend als Sackgassen erweisen könnten?

Wir brauchen eine adaptierende Politik, weil die Effekte des Klimawandels bereits spürbar sind und, da Treibhausgase meist über lange Zeiträume in der Atmosphäre bleiben, sich wahrscheinlich verstärken, auch wenn die Emissionen weltweit sinken. Jedes Land sollte eine umfassende Bewertung seiner Vulnerabilitäten durchführen und über Krisenpläne und Katastrophenhilfe verfügen. Wesentlich ist hierbei die Frage des Versicherungsschutzes. Bei einigen Schadenstypen ist der Staat bereits der Versicherer letzter Instanz. Wenn seine Rolle notgedrungen erweitert wird, wo werden dann die Erlöse zur Finanzierung des Versicherungsschutzes herkommen? Besonders auffällig war nach dem Hurrikan Katrina in New Orleans, wie die an der Rettung beteiligten Regierungsebenen versuchten, sich gegenseitig die Hauptverantwortung zuzuschieben. Der bisher ausgegebene Betrag, einschließlich der Schadensersatzleistungen privater Versicherungen, liegt deutlich unter der Summe, die zum Wiederaufbau der Stadt nötig wäre.

Zu einer Politik der Planung zurückzukehren, dürfte wahrscheinlich äußerst schwierig sein. Die in das britische Unterhaus eingebrachte Gesetzesvorlage zur Raumordnung (Planning Bill), die in erster Linie die Gemeindeplanung betrifft, ist auf großen Widerstand gestoßen. Ungeklärt ist bisher, wie sich das Gesetz und seine Bestimmungen zu den Regierungsaufgaben Dezentralisierung und lokale Demokratie verhalten. Im Kontext des Klimawandels scheint die zugrunde liegende Logik jedoch korrekt, denn Wege zur Beschleunigung und Durchsetzung von Planungsverfahren sind einfach vonnöten (wobei sich in dieser Aussage allerdings ein ganzes Hornissennest von Problemen verbirgt).

Ein dauerhafter parteiübergreifender Konsens wäre in der Klimaschutzpolitik äußerst hilfreich, da man politische Belange aus langfristiger Perspektive betrachten könnte. Die parteiübergreifende Klimagruppe des britischen Unterhauses hat diese Frage sehr zweckmäßig dargelegt und auf viele der genannten Konflikte hingewiesen. Ein auf politischer Gegnerschaft basierendes System und langfristiges Denken lassen sich nur schwer vereinbaren, da Parteien auf der Suche nach dem politischen Vorteil eine unpopuläre, aber notwendige Klimaschutzpolitik einfach populistisch ausschlachten könnten. So wie es dem Weltklimarat von seinen Kritikern vorgeworfen wird, könnte jeder Konsens zu einer Art Allerweltsweisheit werden und vielleicht radikalere Ideen behindern. Wir müssten entscheiden, worum es bei einem Konsens überhaupt gehen soll. Colin Challen, der Vorsitzende der Klimagruppe, hat zur Lösung dieser Fragen detaillierte Vorschläge vorgelegt. Er empfiehlt, einen ständigen parteiübergreifenden Ausschuss einzurichten, der sich in öffentlichen Beratungen über den Rahmen der politischen Gestaltung verständigt und dem Prozess zu einem bestimmten Zeitpunkt durch ein Referendum Legitimität verleiht.

Schließlich benötigen wir eine Art höhere Warte, von der aus man die vorstehenden Fragen überblicken kann. Wie könnte eine politische Philosophie zur Bekämpfung der globalen Erwärmung aussehen? Auf den ersten Blick scheint es bereits eine zu geben, nämlich das politische Programm der Umweltbewegung. »Grün« ist mittlerweile die etablierte Bezeichnung für alle Maßnahmen, die zur Begrenzung der Erderwärmung beitragen. Begriffe des ökologischen Denkens wie das Vorsorgeprinzip erfreuen sich großer Verbreitung. Aber tatsächlich ist die Beziehung der Umweltbewegung zur Ökologisierung der formellen Politik kompliziert. Zahlreiche grüne Gruppierungen sahen sich beispielsweise in Widerspruch zum Feld der etablierten politischen Betätigung. So haben sich die deutschen Grünen unter anderem lange Zeit gestritten, ob sie eine feste Führungsspitze und parlamentarische Vertretung wollen. Das Vorsorgeprinzip wurde von der Kritik weitgehend demontiert.

Einige dieser Gruppierungen haben ihre Ursprünge im Naturschutz, dem die Vorstellung zugrunde liegt, dass wir die Natur vor der Ausplünderung durch die Menschheit schützen müssen. Als Leitfaden für eine Umweltpolitik kommt ein »Zurück zur Natur« allerdings nicht infrage. In vielerlei Hinsicht leben wir in einer Welt jenseits der Natur, in der die Einmischungen des Menschen in die natürliche Welt so tief greifend sind, dass ein Weg zurück unmöglich ist. Die politischen und philosophischen Konsequenzen des Rückzugs der Natur sind bedeutend. Sie reichen über das Nachdenken über den Klimawandel weit hinaus und strahlen auf eben jenes vielfältig zurück. Die Naturwissenschaften drängen die innere und äußere Natur immer weiter zurück. Eingriffe provozieren dort heftigen Widerstand, wo sie die Körpergrenzen überschreiten oder die menschliche Reproduktion betreffen. Man denke nur an die hitzig geführte Kontroverse um die Embryologie.

Ich habe nichts gegen die Vorstellung, dass wir uns Schritt für Schritt in Richtung eines grünen Staats bewegen. Seine Definition ist im Prinzip einfach. Ein grüner Staat ist ein Staat, dessen Handeln mit grünen Werten in Einklang steht. Das wesentliche Problem besteht in der Institutionalisierung dieser Werte, und zwar so, dass sie mit anderen Werten vereinbar sind (zum Beispiel der sozialen Gerechtigkeit). Zuvor müssen wir entscheiden, was grüne Werte eigentlich sind. In dieser Frage bleiben die meisten grünen Parteien und Organisationen vage. Global Greens, ein internationales Netzwerk grüner Parteien und ökologischer Bewegungen, hat eine gemeinsame Charta der grünen Werte seiner Mitgliedsgruppen veröffentlicht. Bei den in der Charta niedergelegten Grundsätzen handelt es sich allerdings um ein buntes Durcheinander, das von Öko-Weisheiten (»Wir erkennen die Weisheit der indigenen Völker der Welt ... an«) über Basisdemokratie, Respekt für Vielfalt und Nachhaltigkeit bis zur Gewaltlosigkeit reicht. Es scheint, dass Punkte wie Basisdemokratie und Gewaltlosigkeit überhaupt nichts mit grünen Werten an sich zu tun haben. Aber auch Schlüsselbegriffe wie Nachhaltigkeit sind bekanntlich nicht leicht zu definieren. In diesem Punkt besteht noch eine Menge Klärungsbedarf.

Ein grundsätzliches Problem liegt darin, unsere Lebensweise so zu ändern, dass es zu einer Reduzierung der Emissionen kommt – ein unverzichtbarer Bestandteil einer erfolgreichen Antwort auf den Klimawandel. Wie können Regierungen und andere Akteure die Bürger überzeugen, tief verwurzelte Gewohnheiten zu ändern oder aufzugeben? Hier ergeben sich insbesondere zwei zentrale Probleme. Es lässt sich immer leicht sagen: »Das ist nicht mein Problem.« Wie können wir die Zahl der Trittbrettfahrer begrenzen? Wie gehen wir mit der Zukunftsgleichgültigkeit um, zumal es die Psychologie für erwiesen hält, dass die Menschen der Zukunft neben ihren momentanen Bedürfnissen und Bestrebungen nicht ohne Weiteres eine Realität beimessen können?

In der oben dargestellten Klimadebatte geht es stets um Risiken und Risikobewertung. Da wir nicht wissen können, wie die Welt in 20, 30 oder 40 Jahren aussieht, bleibt uns nichts anderes übrig, als von Wahrscheinlichkeiten und möglichen Szenarios zu sprechen (wie der IPCC). Die von den Klimaapokalyptikern skizzierten Risiken sind meines Erachtens real, aber sicher ist dies nicht, zumindest nicht, bis es zu spät und eine Katastrophe eingetreten ist. Wie können wir nun der Öffentlichkeit ein Verständnis von den Feinheiten der Risikoanalyse vermitteln? Welche Rolle spielen dabei die Medien beziehungsweise sollten sie spielen?

Wenn Klimaschutzpolitik gänzlich auf Negativität beruht, das heißt auf der Vermeidung abstrakter künftiger Gefährdungen, kann man die Öffentlichkeit wahrscheinlich nicht davon überzeugen, sie rückhaltlos zu befürworten. Können wir einen positiveren Wertekanon für die Umweltziele entwickeln? Ganz offensichtlich gibt es auch Überschneidungen, etwa zwischen Umwelt- und Gesundheitszielen. So sollte man zum Beispiel weniger Auto fahren und mehr zu Fuß gehen. Wie aber können wir diese Puzzleteile zu einem Bild zusammensetzen, das die Zustimmung der Wählerschaft findet?

Unterwegs zu einer grünen Politik

Aus den Anstrengungen zur Begrenzung des Klimawandels ergeben sich die unterschiedlichsten politischen Fragestellungen, darunter vielleicht auch die grundlegende Frage: Inwieweit sind Wachstum und Nachhaltigkeit (wie auch immer man diesen problematischen Begriff definiert) miteinander vereinbar? Ich möchte an dieser Stelle nur auf drei Bereiche eingehen: Welche Rolle sollten Umweltsteuern spielen, inwieweit sind Umweltsteuern mit der Erhaltung oder Ausweitung der sozialen Gerechtigkeit vereinbar und welche Folgen haben die Überschneidungen von Klimaschutz und Energiepolitik.

Was genau sind Umweltsteuern? Die Antwort ist nicht so einfach, wie man sie sich vielleicht vorstellt.

- Wir unterscheiden zwischen Steuern, deren Verwendung ganz oder teilweise für ökologische Zwecke vorgesehen ist, und solchen, die das Verhalten im Hinblick auf Umweltziele beeinflussen sollen. Steuern, die in Technologien der regenerativen Energieversorgung investiert werden, fallen beispielsweise in die erste Kategorie. Steuern, die die Menschen überzeugen sollen, kraftstoffeffizientere Autos zu fahren, die jährlich zurückgelegte Kilometerzahl zu verringern oder ihre Häuser zu isolieren, gehören zur zweiten Gruppe.

- Wir sollten berücksichtigen, dass existierende Steuern, denen keine grünen Absichten zugrunde liegen, trotzdem teilweise ökologischen Zwecken dienen können. In diesem Sinne handelt es sich bei ihnen um Umweltsteuern oder Steuern mit grüner Tendenz. Steuern, die in die Schiene investiert werden, können für die Umwelt wünschenswerte Folgen haben, obwohl ihre Motivation ursprünglich auf einem anderen Gebiet lag.

- Wenn wir die Konsequenzen eines bestimmten Steuersystems auf die Umwelt beurteilen, sind anti-ökologische Steuern ebenso wichtig wie Umweltsteuern. Wir sollten uns nicht nur allein auf die Umweltsteuern konzentrieren, sondern auch die aktuellen finanzpolitischen Maßnahmen untersuchen, die ökologischen Absichten zuwiderlaufen. Die Besteuerung kann wie die Steuerbefreiung des Luftverkehrs eindeutig antiökologisch sein, da sie anderen Transportfirmen gewährt wird. Aber sie kann unschärfer sein, wie zum Beispiel bei der Standortwahl von Supermärkten, die den Marktkräften überlassen bleibt, ohne dass die Folgen für den Autoverkehr bedacht werden.

- Angesichts dieser Überlegungen sollten wir Umweltsteuern nicht wie in vielen anderen Diskussionen isoliert vom Steuersystem betrachten. Die Ökologisierung des Steuersystems ist anders ausgedrückt ebenso wichtig wie die Einführung von Umweltsteuern selbst.

- Insofern es um Steuern zur Bewirkung von Verhaltensänderungen geht, sollten wir zwischen Steueranreizen und Strafbesteuerung, zwischen Zuckerbrot und Peitsche, unterscheiden. Umweltsteuern sollten für die Bürger transparent sein, sonst dürften sie wahrscheinlich nicht die beabsichtigten Effekte haben.

Generell können wir sagen, dass Umweltsteuern mit hoher Erfolgswahrscheinlichkeit einige der gerade erwähnten Eigenschaften in sich vereinigen, das heißt, wenn sie ausdrücklich als Umweltsteuern ausgestaltet wurden, wenn sie Verhaltensänderungen zum Ziel haben, gleichgültig ob sie gesellschaftliche Akteure wie Unternehmen oder die gesamte Bevölkerung betreffen, wenn sie keine Negativsteuer, sondern einen Anreiz darstellen, dem eine positive Motivation zugrunde liegt, wenn sie Teil einer übergreifenden finanzpolitischen Gesamtstrategie sind und wenn ihre Konsequenzen für die Umwelt öffentlich erläutert wurden und sichtbar sind.

Die Ökologisierung des Steuerrechts ist voller Probleme, vor allem wenn es um die öffentliche Akzeptanz geht. Die These der ökologischen Modernisierung hat sich in gewissem Grade als korrekt erwiesen. Mit Investitionen in grüne Technologien und andere grüne Bereiche lassen sich Arbeitsplätze schaffen und Gewinne erzielen. Die Investitionen zur Begrenzung des Klimawandels haben für die Wirtschaft zumindest derzeit erhebliche Nettolasten zur Folge, egal ob es ein Prozent, zwei Prozent oder mehr ist. Diese Kosten müssen die Hersteller und Steuerzahler tragen. Inwiefern ökologische Steuern von der Öffentlichkeit toleriert werden, hängt in nicht unbeträchtlichem Ausmaß davon ab, ob sie sich von den Argumenten für die hier und heute ergriffenen Maßnahmen überzeugen lässt. Viele Briten sind, das zeigen die Umfragen, davon nicht so überzeugt – ein Resultat, das ähnliche Untersuchungen in anderen Ländern bestätigen. Umweltsteuern werden mit Sicherheit ein wesentlicher Bestandteil des Kampfes gegen den Klimawandel sein, aber ihr Erfolg oder Misserfolg ist eng verbunden mit allgemeineren Bewusstseins- und Verfahrensfragen.

Die meisten Diskussionen über Umweltsteuern kommen nicht über Erwägungen, »was man erreichen könnte«, hinaus, das heißt, sie bleiben hypothetisch. Sie sind trotzdem wichtig, da sie die Parameter ermitteln, innerhalb deren Grenzen Umweltsteuern in naher Zukunft funktionieren könnten. Für verschiedene nationale Kontexte wurde beispielsweise die Möglichkeit einer aufkommensneutralen Steuerreform untersucht, der man zutraut, die Zustimmung der Öffentlichkeit zu finden und sicherzustellen, dass Umweltsteuern nicht regressiv wirken. Eine Studie in den USA analysierte eine Kohlenstoffsteuer in Höhe von $15 pro Tonne, die mit den Sozialabgaben (Payroll Tax) auf die ersten $3660 des Arbeitslohns aufkommensneutral verrechnet wurde. Die Payroll Tax fällt in den USA bis zu einer Grenze von $ 90.000 (2005) zu einem Einheitssatz an, sodass sie sich auf Geringverdiener verhältnismäßig stark auswirkt. Tatsächlich ist sie in über 60 Prozent der Haushalte die höchste Einzelabgabe. Da die Besteuerung des Arbeitsangebots die Arbeiter womöglich davon abhält, ihre Produktivität zu erhöhen oder ihre Arbeitskraft überhaupt anzubieten, kommt auch eine »doppelte Dividende« ins Spiel.

Die Autoren schlagen eine Abgabe auf den Kohlenstoffgehalt in Brennstoffen von $55 pro Tonne Kohlenstoff vor. Nach Berücksichtigung wahrscheinlicher kurzfristiger Nachfrageanpassungen hätte das Steueraufkommen seit 2005 78 Milliarden Dollar betragen, was einer Absenkung der Payroll Tax um fast elf Prozent entspricht. Den größten Nutzen haben die schlecht bezahlten Arbeiter, da sie ungefähr drei Viertel ihrer Payroll Tax sparen. Bei den Gutverdienern betragen die Einsparungen noch etwa vier Prozent. Um die positiven Effekte einer Emissionsreduktion und die rückläufigen Steuereinnahmen auszugleichen, könnte die Kohlenstoffsteuer zu einem späteren Zeitpunkt angehoben werden. Natürlich ist es möglich, dass die »doppelte Dividende« weitgehend verloren geht, wenn die Hersteller die Zusatzkosten in Form von Preiserhöhungen an die Kunden weiterreichen. Doch haben Untersuchungen gezeigt, dass die ärmeren Haushalte immer noch überproportional profitieren.

Da die möglichen regressiven Wirkungen der Umweltsteuern vielfach als beunruhigend empfunden werden, lohnt es sich, einige Strategien, die zu ihrer Dämpfung oder Überwindung vorgeschlagen worden sind, genauer ins Auge zu fassen. Ein in Großbritannien durchgeführtes Forschungsprojekt hat vier Bereiche untersucht, in denen Umweltsteuern entweder bereits eingeführt worden sind oder zur Diskussion stehen: Energie, Wasser, Individualverkehr und Hausmüll. Im Wesentlichen wollte man Möglichkeiten finden, wie diese Steuern im Hinblick auf die Konsequenzen für die weniger Gutgestellten zumindest neutral zu gestalten wären.

Die Forscher bestätigten, dass Umweltsteuern in diesen Bereichen bei ansonsten unveränderter Ausgangslage erhebliche Auswirkungen auf die ärmeren Haushalte hätten. Insbesondere bei den Heizungskosten neigen Geringverdiener unter Umständen bereits von selbst dazu, am Energieverbrauch auch zu ihrem möglichen gesundheitlichen Nachteil zu sparen. Die Haushalte sind für 27 Prozent der britischen CO_2-Emissionen verantwortlich, wobei ihr Anteil am Gesamtausstoß in den 15 Jahren von 1990 bis 2005 gestiegen ist. Die bei der Stromerzeugung entstandenen Kohlenstoffemissionen sind in demselben Zeitraum aufgrund der Umstellung von Kohle zu Gas um 24 Prozent gesunken.

Großbritannien ist den Nordländern, aber auch anderen Staaten nicht bei der Einführung der haushaltsbezogenen Kohlenstoff- und Energiesteuern gefolgt. Der Grund liegt unter anderem in der Tatsache, dass sich viele Briten die Heizkosten nicht leisten können, was seine Entsprechung im auffällig unzureichenden Temperaturverhalten des britischen Immobilienbestands besitzt. Die erwähnte Studie zeigt selbst bei Haushalten derselben Einkommensgruppe eine enorme Schwankungsbreite beim Energieverbrauch. In zehn Einkommensgruppen verbrauchen manche Haushalte sechsmal so viel Energie wie andere. Auch bei den Emissionen sind die Unterschiede groß. Die ärmsten Haushalte zahlen laut dieser Studie deutlich mehr pro Energieeinheit als die reichsten Haushalte. Eine einheitliche Kohlenstoffsteuer wäre also noch regressiver, als es auf den ersten Blick den Anschein hätte. Das Problem hat, wie die Autoren zeigen, keine einfache Lösung. Zum Beispiel ist es möglich, diese Wirkungen in den meisten ärmeren Haushalten durch zielgerichtete Steuererleichterungen und Zuschüsse umzukehren.

Für einige Arme, die sich keine Heizung leisten können (Fuel Poverty), käme es allerdings zu einer nachdrücklichen Verschlechterung ihrer Situation, was wahrscheinlich der politische Untergang dieser Vorschläge wäre. Ähnlich problematisch sieht es mit der Anhebung der vorhandenen Fördermittel zur wirkungsvollen Isolierung der ärmeren Haushalte aus, auch wenn ihnen vor allem deswegen Wärme fehlt. Eine Kohlenstoffsteuer könnte erst eingeführt werden, wenn die Heizungsnot reduziert oder überwunden worden ist. Aber diese Strategie hätte den großen Nachteil, dass wir die Reduktion der Emissionen in den besser gestellten Haushalten nicht in Angriff nehmen würden.

Es gibt jedoch einen Ansatz, der Anreize und Sanktionen miteinander kombiniert und funktionieren könnte. Die Haushalte würde man mit Anreizen überzeugen, ihre Energieeffizienz zu verbessern. Werden die entsprechenden Arbeiten nicht innerhalb einer bestimmten Frist durchgeführt, greift eine »Klimaabgabe«, wobei die zu deren Vermeidung obligatorischen kosteneffizienten Maßnahmen im Rahmen einer landesweiten

Energieprüfung festgelegt werden. Das Programm läuft über einen vorgegebenen Zeitraum von etwa zehn Jahren und beginnt bei den Haushalten, die gemessen an der Grundsteuerklasse ihrer Häuser zu den wohlhabendsten zählen. Die höchsten Steuerklassen müssen die Arbeiten zuerst durchführen, dann folgen nach und nach die anderen und zuletzt die Ärmsten. Günstige Darlehen für die letzte Gruppe lassen sich aus den Klimaabgaben der Haushalte finanzieren, die die notwendigen Modernisierungen nicht termingerecht vorgenommen haben. Für vermietete Objekte würden die Vermieter zahlen.

Die Forscher rechnen vor, dass die Haushalte ihre CO_2-Emissionen in einem Zehnjahreszeitraum um mindestens 10 Prozent reduzieren würden. Dies kostet sie £6,4 Milliarden, führt unter dem Strich aber zu Einsparungen in Höhe von £19,4 Milliarden. Die Rendite beläuft sich für die Haushalte durchschnittlich auf 23 Prozent, die den Ärmeren in höherem Maße als den Reichen zugutekommt, sodass die Heizungsarmut stark zurückgehen dürfte. Folglich lautet das Resümee der Studie, »dass das offenbar derzeit fehlende Interesse an einem solchen System erkennen lässt, dass der öffentliche und politische Wille in Klimafragen noch nicht sehr ausgeprägt ist«[13].

Ähnliche Resultate, so ein weiteres Ergebnis der Studie, ließen sich auch in Bereichen wie privater Wasserverbrauch, Verkehr und Müllabfuhr erzielen. In Bezug auf den Trinkwasserverbrauch wirkt sich dessen Messung mit einer Wasseruhr in allen Szenarios auf die ärmeren Haushalte günstig aus, günstiger zumindest als die derzeitige Praxis, in der die Wasserrechnung teils auf einer Grundgebühr, teils auf dem Grundstückswert beruht. Steuern auf Automobilkraftstoffe wirken nicht regressiv, da über 30 Prozent der Haushalte kein Auto haben und die meisten davon den unteren Schichten angehören. Geringverdienende Auto-

13 Paul Ekins, Simon Dresner, *Green Taxes and Charges*. 2004, S. 14.

fahrer ließen sich außerdem durchaus kompensieren, zum Beispiel durch die Abschaffung der Kraftfahrzeugsteuer, die für alle Fahrer gilt.

Auch das Müllrecycling ist verbesserungsfähig, ohne dass die Armen belastet werden. Arme zahlen relativ gesehen gegenwärtig mehr für Müllabfuhr als Reiche. Da sie aus einer Gemeindesteuer, dem Grundsteueraufkommen, finanziert wird, fallen die Gebühren für die sozial eher benachteiligten Haushalte proportional höher aus. Die Forscher empfehlen, die von den Haushalten zu entrichtenden Gemeindesteuern um einen Pauschalbetrag zu senken und für die Müllentsorgung eine gewichtsabhängige Gebühr einzuführen. Die Gebühr würde davon abhängen, wie recyclingfähig die Abfallstoffe wären.

Die Studie bemüht sich, darin liegt ihre Bedeutung, zumindest in den behandelten Bereichen um die Analyse einer ökologischen Finanzpolitik. Sie berücksichtigt dabei nicht nur die bestehenden steuerpolitischen Instrumente, sondern versucht auch, die unbeabsichtigten Konsequenzen einer möglichen ökologischen Steuerreform aufzuspüren. Die vorgeschlagenen Strategien sind allerdings recht komplex, sodass man davon ausgehen darf, dass der heilige Gral der Finanzpolitik – Umweltsteuern mit Vereinfachungen des Steuerrechts zu verbinden und die unterprivilegierten Schichten zu schützen – nicht leicht zu finden ist. Offenbar hat bisher kein Land eine vollständige ökologische Bestandsaufnahme seines Steuersystems vorgenommen. Gleichwohl sind derartige Bewertungen vor der Einführung von Adhoc-Umweltsteuern unverzichtbar, da sie praktisch alle mit Nebenwirkungen verbunden sind.

Brauchen wir eigentlich überhaupt Umweltsteuern, wenn die Öl- und Gaspreise hoch bleiben oder weiter steigen? Würden sie nicht ohnehin wie Umweltsteuern wirken? Müssten ärmere Verbraucher nicht Beihilfen erhalten, wenn die Energiepreise steigen? Auf diese Fragen gibt es keine einfachen Antworten. Ein Anstieg der Energiepreise wirkt wie eine Steuer und führt zweifellos zu

Verhaltensänderungen, die in Richtung größerer Sparsamkeit und effizienteren Energieverbrauchs gehen, aber auch der Entwicklung neuer Energietechnologien starke Impulse verleihen.

Ein wesentlicher Unterschied zu Umweltsteuern besteht darin, dass ein Anstieg der Energiepreise dem Staat keine neuen Einnahmen beschert, sondern vielmehr mit gewaltigen neuen Kosten verbunden ist und damit für erheblichen Inflationsdruck sorgt, der irgendwie absorbiert werden muss. Öl- und Gaspreise sind darüber hinaus ihrem Wesen nach nicht vorhersagbar. Ferner besteht die Gefahr, dass die Kohlefeuerung ihr Comeback erleben wird. Umweltsteuern sind also unumgänglich. In welchen Bereichen wir sie benötigen und ob sie die Form von Anreizen statt Strafsteuern annehmen, wird sehr von den Entwicklungen auf den Weltenergiemärkten beeinflusst werden.

Die Klimadebatte mit der Debatte über die Energiesicherheit zu verknüpfen, ist ein zentraler Punkt. Dem Staat kommt in beiden Fragen eine Hauptrolle zu, auch liegen ihnen mehr oder minder die gleichen Faktoren zugrunde. Beispielsweise trägt das rapide Wirtschaftswachstum einiger Entwicklungsländer, insbesondere Chinas, zu den Treibhausgasemissionen bei und strapaziert die vorhandenen Energiequellen. Wann die weltweiten Öl- und Gasreserven ihr Fördermaximum (Peak) erreichen oder, anders ausgedrückt, zur Hälfte erschöpft sind, ist Gegenstand heftiger Debatten. Bis vor Kurzem wurde allgemein der Standpunkt vertreten, dass die Reserven selbst bei Berücksichtigung des Bedarfs der Schwellenländer noch leicht drei, vier oder mehr Jahrzehnte reichen würden.

Mittlerweile bestreiten immer mehr Kritiker, die man »Energieradikale« nennen könnte, diese Einschätzung. Ihrer Meinung nach ist die »unbequeme Wahrheit«, dass Erdöl, Erdgas und vielleicht sogar Kohle, die es bisher im Überfluss zu geben schien, in naher Zukunft ihr Fördermaximum erreichen. Ein begrenzteres Energieangebot und drastisch steigende Energiepreise könnten im Hinblick auf den Klimawandel zunächst einen positiven

Anschein haben. Immerhin nimmt bei hohen Öl- und Gaspreisen die Wettbewerbsfähigkeit der Investitionen in erneuerbare Brennstoffe zu, was für die Regierungen ein zusätzlicher Grund wäre, für die Ausweitung dieser Investitionen zu kämpfen und die Bürger von der Senkung ihres Energieverbrauchs zu überzeugen.

Sollten die Weltenergiereserven relativ bald ihr Maximum erreichen, könnte sich dies für die weltweite Stabilität und die Hoffnung auf Eindämmung des Klimawandels als katastrophal erweisen. Die moderne Industriegesellschaft beruht in enormem Umfang auf Erdöl und Erdgas, und zwar nicht nur als Energieträger (insbesondere im Verkehr), sondern auch als Grundlage vielfältiger industrieller Produkte, von denen unser Alltag abhängt. Über 90 Prozent der Waren in unseren Geschäften enthalten in der einen oder anderen Form Erdöl. Es ist unmöglich, diese Abhängigkeit kurzfristig zu überwinden, egal wie stark wir sie auch verringern könnten. Eine ernste anhaltende Erdölknappheit hätte möglicherweise ein Wirtschaftschaos zur Folge, das sich nicht nur auf die direkt betroffenen Länder und Sektoren auswirkt, sondern auf alle Teile der Weltwirtschaft.

Bewertung

Das britische Klimaschutzgesetz gibt ehrgeizige rechtsverbindliche Zielwerte vor, enthält aber nur wenige Hinweise, wie sie erfüllt werden sollen. Das konkrete Vorgehen überlässt man offenbar einem einzusetzenden Sachverständigenrat für den Klimaschutz, obwohl seine Empfehlungen keine Bindungswirkung haben. Das Energiegesetz füllt einige Lücken, bietet aber in zahlreichen problematischen Bereichen, wie wir sehen werden, Grund zu vehementer Kritik:

1. Zweck des Klimaschutzgesetzes ist es, mittel- bis langfristigen Entscheidungen zur Emissionskontrolle eine Rechtsgrundlage zu geben. Diese wichtige Initiative nimmt sich einem zentralen Problem der Demokratien an: Wie gestaltet man eine Politik, die die nachfolgenden Regierungswechsel überlebt? Aber wie durchsetzungsfähig wird der Sachverständigenrat letztlich sein? Er soll die Regierung zur Rechenschaft ziehen und dennoch handelt es sich bei ihm ausdrücklich um ein beratendes Gremium. Ein wesentliches Problem der Klimaschutzpolitik ist, dass alte oder neue Regierungen versucht sein könnten, längerfristige Klimaziele dem unmittelbaren politischen Nutzen zu opfern.
2. Ohne Skrupel hat die Regierung den Klimawandel und die Energiegesetze in die politische Auseinandersetzung gezogen, obwohl der bestehende parteiübergreifenden Konsens zur Entfaltung der langfristigen Wirkung der Gesetze erhalten werden muss. Der Vorsitzende der britischen Konservativen David Cameron, so heißt es in einem offiziellen Papier der Labour-Partei, »interessiert sich mehr für sein Image in der Öffentlichkeit als für die langfristigen Entscheidungen, die erforderlich sind, um die Herausforderungen des Klimawandels in Angriff zu nehmen«. Die Konservativen werden der Lächerlichkeit preisgegeben. Cameron, fährt das Papier fort, reiste in die Arktis, »um sich mit Huskys fotografieren zu lassen«, brachte an seinem Haus eine Windkraftanlage an, nur um sie später in Ermangelung einer Baugenehmigung wieder herunterholen zu lassen, und fuhr mit dem Fahrrad zur Arbeit, während ihm ein (großer) Wagen mit seinen Schuhen und seinem Aktenkoffer folgte.
3. Ein wesentlicher Bestandteil des Regierungspakets ist die Kernkraft, und das aus gutem Grund. Zur Reduktion des Treibhausgasausstoßes scheint es unverzichtbar zu sein, die Energiequellen zu diversifizieren. Aber selbst wenn wir die Einwände der Kernkraftgegner außer Acht lassen, liegen

noch gewaltige Schwierigkeiten vor uns. Die Regierung meint, dass sich die neue Generation von Kernkraftwerken ohne staatliche Subventionen bauen lässt. Es sind ernste Zweifel angebracht, ob das realistisch ist. Als British Energy 2001 kurz vor der Pleite stand, musste die Regierung für sämtliche Schulden Garantien abgeben. Inzwischen gibt es Berechnungen, nach denen sich die Kosten für die Entsorgung der atomaren Erbschaft Großbritanniens auf £73 Milliarden belaufen. Das ist alles andere als ein gutes Omen für die Zukunft.

4. Die wichtigste »Umweltsteuer«, die die Regierung freilich lange vor dem Klimaschutzgesetz eingeführt hat, ist die Klimaschutzabgabe auf Kraftstoffe. Die Einnahmen aus dieser Abgabe flossen nicht in die Finanzierung der Umweltausgaben, sondern direkt in den Staatshaushalt. Das Problem dieser Strategie: Die Bürger nehmen die Kraftstoffsteuer nicht als Umweltsteuer wahr, sondern »als eine neue Steuer«, die ihnen einfach von oben aufgebürdet wird. In einer jüngeren Umfrage gaben sieben von zehn Wählern an, dass Kraftstoffsteuern ihrer Meinung nach nichts weiter seien als ein Vorwand für Steuererhöhungen. Um gegen die steigenden Kraftstoffpreise zu protestieren, verabredeten sich Ende Mai 2008 Hunderte von Lkw-Fahrern vor London zu einer Straßenblockade. Zum Teil aus diesem Grund überlegte die Regierung zum Zeitpunkt dieses Artikels, die vorgesehene Anhebung der Kraftstoffabgabe zurückzunehmen, obwohl die Kraftstoffpreise real unter dem Stand von vor fünf Jahren lagen. Zu ähnlichen Demonstrationen der Transportunternehmer kam es auch in einer Reihe von Ländern auf dem europäischen Kontinent. Auch Häfen wurden schon von Fischern wegen hoher Kraftstoffpreise blockiert.
5. Unklar ist derzeit auch, wie sich die gesetzlichen Klimaschutzziele mit anderen Aspekten der Regierungspolitik vereinbaren lassen. Die Regierung unterstützt den vorgeschlagenen Bau einer dritten Startbahn im Flughafen Heathrow. Eine

bereits zugesagte Begrenzung der Starts und Landungen auf 480.000 pro Jahr wurde bereits zurückgenommen; mit dem Bau der neuen Startbahn würde die Zahl der Flüge wahrscheinlich sogar auf 700.000 pro Jahr ansteigen. Die Anzahl der Fluggäste auf britischen Flughäfen wird nach Schätzungen der Regierung von 230 Millionen im Jahr 2006 auf 465 Millionen im Jahr 2030 steigen. Sie argumentiert mit der großen Bedeutung des Flughafenausbaus für die Wirtschaft und warnt, dass sich der Verkehr einfach verlagere, wenn er keine Aufnahme in Großbritannien finde. Die von der Regierung erst vor ein paar Jahren eingerichtete Kommission für nachhaltige Entwicklung erklärte in einem Bericht, dass die Daten zur Rechtfertigung des Flughafenausbaus unzureichend sind, und empfahl, die Flughafenpläne bis zum Abschluss einer umfassenden Untersuchung auszusetzen. Ein Regierungssprecher wies den Bericht zurück und sagte, die Regierung sei hinsichtlich der Ergebnisse »grundsätzlich anderer Meinung«. Ein weiterer Aufschub der Entscheidung stehe nicht zur Debatte. Wenn man die wohlbegründeten Ergebnisse einer Regierungsstelle so leichtfertig abtut, welche Hoffnung besteht dann für den Einfluss des Klimaschutzausschusses?

6. Die Erweiterung der nationalen Schienennetze oder deren vollständige Elektrifizierung standen bisher kaum im Mittelpunkt der Bemühungen. Im EU-Vergleich gehört Großbritannien mit einem elektrifizierten Streckenanteil von 33 Prozent zu den weniger elektrifizierten Ländern. Dabei haben elektrische Triebwagen einen bedeutend geringeren CO_2-Ausstoß als Diesellokomotiven. Ein Regierungsbericht vom Juli 2007 vertrat die Ansicht, dass der langfristige Nutzen einer flächendeckenden Elektrifizierung »derzeit ungewiss ist und ... nicht zu den Prioritäten gehört.«
7. Die Öl- und Gaspreise bleiben unter Umständen dauerhaft hoch. Aber selbst falls sie vorübergehend sinken, werden sie ihren Anstieg später unweigerlich fortsetzen. Inwiefern beein-

trächtigt die wahrscheinliche Energiepreisentwicklung die Regierungsprognosen, denen die Annahme zugrunde liegt, dass Erdöl bis 2020 im Schnitt nicht mehr als $70 je Barrel kosten wird? Welche Folgen wird sie beispielsweise für das Wachstumspotenzial der Luftfahrtindustrie haben, insbesondere wenn die Ära der Billigflieger zu Ende geht?

8. Die Frage, welchen Einfluss die beiden Gesetze auf die soziale Gerechtigkeit haben, hat bislang wenig Beachtung gefunden. Steigende Kohlenstoff- und Brennstoffpreise wirken sich, wenn alles andere gleich bleibt, am stärksten auf die Ärmsten aus. Zwar haben alle Pläne zur Emissionsreduktion derartige Effekte, aber sie werden vom Anstieg der Öl- und Gaspreise verstärkt. Im Vergleich zum Vorjahr verzeichneten die Brennstoffkosten in Großbritannien Mitte 2008 eine Zunahme um über 40 Prozent. Die Folgen sind wahrscheinlich besonders schwerwiegend für die über 65-Jährigen, die unterhalb der Armutsgrenze leben, das heißt etwa zwei Millionen Menschen in Großbritannien. Hier muss über die gegenwärtigen mäßigen Vorkehrungen hinaus mit speziellen Umverteilungsmaßnahmen gegengesteuert werden.
9. Es gibt gute Argumente dafür, dass die Bestimmungen des Energiegesetzes weit hinter dem zurückbleiben, was zur Erreichung der Klimaschutzziele Großbritanniens notwendig ist. Die Renewables Obligation (Erneuerbaren-Verpflichtung) scheint nicht stark genug zu sein, um den geringen Prozentanteil der erneuerbaren Energien an der britischen Energieerzeugung anheben zu können. Kritiker verlangen die Einführung von Einspeisevergütungen, die die dezentrale Erzeugung erneuerbarer Energie fördern, wie es Deutschland und andere Länder mit einigem Erfolg getan haben. Einspeisevergütungen haben darüber hinaus den großen Vorteil, dass sie sich an die Schwankungen der Öl- und Gaspreise anpassen lassen. Als die Regierung ihre Pläne für den Bau des ersten neuen Kohlekraftwerks in Großbritannien seit 35 Jah-

ren bekannt gab, kam es unter Umweltschützern zu einem Aufschrei. Die Regierung verteidigte ihre Entscheidung mit dem Hinweis, dass das Energiegesetz Anreize für die Entwicklung der Kohlendioxid-Speicherung enthält. Umgekehrt machen die Kritiker geltend, dass diese Technologie noch weit vom kommerziellen Einsatz entfernt ist.

10. Im Bewusstsein dieser Schwierigkeiten hat die Regierung einen neuen und wesentlich weiter reichenden Entwurf für den Ausbau der erneuerbaren Energien vorgelegt. Vorgesehen ist die bedeutende Ausdehnung der Energieerzeugung durch Windkraft (»onshore« und »offshore«), Holz, Klärschlamm und Bioenergieträger, außerdem die Einbeziehung der Haushalte in die Energieerzeugung und die Verbesserung der Hausisolierung. Die Branche der erneuerbaren Energien würde ihren Beitrag zur Wirtschaft leisten und grüne Arbeitsplätze schaffen. Steuervergünstigungen, Steuergutschriften, Fördermittel und einmalige Zuschüsse bieten Anreize, die die erforderlichen Änderungen bewirken sollen. Die Regierung nimmt es allerdings hin, dass unter dem Strich erhebliche Kosten entstehen, derzeit jährlich £6 Milliarden bis 2020, und dass die Energiepreise politisch bedingt weiter steigen werden. Es ist ein mutiger Plan, der sich jedoch erst im Anfangsstadium befindet.

11. Großbritanniens Treibhausgasausstoß stieg 2007 im Vergleich zum Vorjahr um 2,2 Prozent, was deutlich über dem Durchschnitt der EU-Länder von 0,68 Prozent liegt. In den zehn Jahren von 1997 bis 2007 kamen insgesamt 5 Millionen Privatfahrzeuge hinzu. Gleichzeitig wuchs die durchschnittlich zurückgelegte Kilometerzahl jährlich um rund 2 Prozent. Die Zahl der Flugpassagiere erhöhte sich in den fünf Jahren von 2002 bis 2007 um 54 Millionen. Dass Großbritannien nach Ansicht vieler Kritiker derzeit nur eine kleine Chance hat, überhaupt nur in die Nähe der selbst gesetzten Klimaschutzziele zu kommen, erstaunt nicht.

Die Länder, die sich anspruchsvolle Klimaschutzziele gesetzt haben, müssen die meisten dieser Fragen beantworten, auch wenn sich einige von ihnen in einer besseren Ausgangsposition als Großbritannien befinden. Mission Impossible? Nicht unbedingt. Wir sollten das Reaktions- und Innovationsvermögen unserer sozialen und wirtschaftlichen Institutionen nicht unterschätzen. Die Pointe des Ausdrucks »Mission Impossible« ist schließlich, dass nichts unmöglich ist.

Sunita Narain

Für einen »Global Green Deal« – oder: Warum die bisherigen Konjunkturpakete scheitern müssen

Wir leben in einer Zeit, in der alles, was wir für sicher hielten, immer ungewisser und unberechenbarer wird. Erinnern wir uns nur kurz zurück an jene niederschmetternden Ereignisse, die alle miteinander zusammenhängen: Die steigenden Lebensmittelpreise, die in vielen Teilen der Welt zu Unruhen führten. Der explodierende Ölpreis, der etwa zur gleichen Zeit sensationelle 140 Dollar je Barrel erreichte und noch selbst in der gegenwärtigen Abwärtsbewegung stark schwankt. Der globale Bankenkollaps, der die größten und renommiertesten Institute in den Abgrund riss. Und schließlich die verheerenden Folgen des Klimawandels, einerseits Wasserknappheit, andererseits ungewöhnlich heftige Regenfälle und andere immer häufiger auftretende Naturkatastrophen, die sich in sinkenden Ernteerträgen niederschlagen.

Seither stecken wir in der Rezession. Unternehmen und Banken sind zusammengebrochen und Regierungen mit Milliarden zu ihrer Rettung geeilt. Und allerorts scheint man unter Kurzsichtigkeit zu leiden. Nicht die Krise sollte uns in Erstaunen versetzen, weder ihre Dimensionen noch ihre Verwüstungen, sondern die Reaktionen unserer Führungskräfte in Politik und Wirtschaft, die wohlgemerkt alle an den gleichen Universitäten studiert haben, die gleiche Sprache sprechen und die gleichen Dinge tun. Diese Leute glauben durchweg, dass sie ihre Welt kennen und schneller eine Antwort auf alle Fragen haben, als wir »Kollaps« sagen können. Sie haben in der heutigen Welt zwar völlig die Orientierung verloren, sind aber so anmaßend wie eh und je. Zuerst hieß es: »Keine Sorge, wir sind nicht betroffen«, dann: »Keine Sorge, es geht vorbei.«

Sie weigern sich zu akzeptieren, dass es sich bei dieser Krise eigentlich um eine ganze Kette von Krisen handelt, die alle mit der bis heute gültigen Wachstumsgläubigkeit zu tun haben. In der Tat hat man uns gelehrt und wir haben geglaubt, dass wir Wachstum »herbeikonsumieren« und uns aus einer Phase der Wachstumsverlangsamung auch wieder »herauskonsumieren« können. Gebetsmühlenartig wurde wiederholt: »Machen Sie sich keine Sorgen, konsumieren Sie einfach.« Und wenn wir uns den Konsum auch nicht leisten können, dann sollten wir uns zumindest keine Sorgen machen. Die Finanzsysteme würden uns schon mit günstigen Darlehen versorgen, damit wir Häuser, Autos und Waschmaschinen kaufen – und all jene Dinge, die wir vielleicht nicht brauchen, aber gerne haben möchten. Letztlich würden die Wachstumsindikatoren nur dann wieder in eine rosige Zukunft weisen, wenn wir konsumieren, und nur so könnte die Welt ein Ort der Glückseligkeit bleiben.

Dieses Wachstumsmodell ist insofern problematisch, als wir nichts dafür tun, bezahlbare Produkte herzustellen. Mit anderen Worten: Wir planen, gestalten, produzieren und verkaufen Waren und Dienstleistungen, die sich nicht an der Kaufkraft der Menschen orientieren. Wir bestehen nicht einmal darauf, dass der technische Fortschritt unser Leben erschwinglicher macht.

Ebenso wenig lassen wir andere an unserem Wohlstand teilhaben, sodass sie sich dieses Wachstum – ein Haus oder ein Auto – gar nicht leisten können, zumindest nicht ohne die Darlehen, die die Banken erst boomen und dann pleitegehen lassen.

Die Immobilienkrise traf die USA genau aus diesem Grund. Die Banken vergaben leichtfertig billige Kredite an Leute, die sich ihre Häuser nicht leisten konnten. Schlimmer noch, der Markt wuchs umso schneller, je teurer, das heißt, je unerschwinglicher die Häuser wurden.

Alternativ besteht die Möglichkeit, die Herstellungskosten der Waren zu subventionieren. Auch das führt zu Wachstum. Dass auf diese Weise die Kosten unseres Konsums subventioniert werden, ist ein anderes Thema. Das Phänomen erinnert jedoch auf erschreckende Weise an die Lebensmittelproduktion in der reichen Welt: Landwirte (meistens Agrounternehmen) werden mit Subventionen überschwemmt, damit sie billig Lebensmittel anbauen; der – übermäßige – Konsum steigt, auch wenn Fettsucht und Übergewicht mittlerweile schon zu einer der weltweit häufigsten Todesursachen zählen. Das konsumorientierte Wirtschaftswachstum hat die Welt faktisch auch an den Abgrund des Klimawandels geführt. Die erste Rate des milliardenschweren Bankenrettungspakets begründete der frühere US-Präsident George W. Bush lapidar mit dem Interesse der »armen« Arbeiter: »Die Banken mussten Kredite vergeben, weil sich der Durchschnittsbürger sonst kein Auto leisten könnte, was die Fabrikarbeiter in Detroit wiederum ihren Arbeitsplatz kosten würde.« Eine simple Logik für eine simple Wirtschaft: Kaufe und kaufe, damit die Wirtschaft rund läuft.

So drehen wir uns ewig im Kreis. Weil wir keinen anderen Weg kennen, der zu wirtschaftlichem Wachstum führt, konsumieren wir immer weiter. Koste es, was es wolle, und sei es eine Bank oder den Planeten. Wir weigern uns anzuerkennen, dass wir die Dinge in diesem neuen Zeitalter anders angehen müssen. Dafür müssten wir aber unser grundsätzliches Verständnis von

Wachstum revidieren und durch Vorstellungen ersetzen, die unser Glück zum Ziel haben und zu Beschäftigung sowie Wohlergehen für alle führen. Wir müssten auch das Wirtschaftswachstum anders messen und uns fragen, ob wir das Bruttoinlandsprodukt als Konjunkturbarometer über Bord werfen und gegen einen Indikator austauschen wollen, der auch diese Bedürfnisse einbezieht und bewertet.

Das globale Konjunkturpaket wird und muss scheitern

In einer jüngeren Analyse stellt die rosafarbene englische Tageszeitung *Financial Times* fest, dass die Klimasünder mit Ausnahme von China und Südkorea mit ihren grünen Konjunkturprogrammen zu wenig für die Zukunftsfähigkeit ihrer Volkswirtschaften getan haben. Japan gibt gerade einmal drei Prozent seines Pakets für grüne Projekte aus, Kanada acht Prozent und Australien neun Prozent. Aber gerade diese Länder haben einen hohen Treibhausgasausstoß – mit steigender Tendenz. Sie müssten sich also mehr engagieren.

In den USA hat Präsident Barack Obama ein grünes Beschäftigungspaket für eine grüne Wirtschaft versprochen. Aber auch hier ist die Bilanz ernüchternd. Von den knapp 1000 Milliarden Dollar des Rettungsplans hat das Land nur rund 12 Prozent für grüne Projekte vorgesehen. Die 112 Milliarden Dollar fließen in Smart-Grid-Investitionen, Energieeffizienzprojekte, die steuerliche Förderung erneuerbarer Energien, die öffentlichen Verkehrsmittel und Hochgeschwindigkeitszüge (9 Milliarden Dollar). Allem Anschein nach handelt es sich um einen bedeutenden Posten. Wenn wir berücksichtigen, wie wenig die Regierungen für bezahlbares und gerechtes Wachstum ausgegeben haben, ist der Betrag zweifellos positiv zu werten. Trotzdem geben die USA wie andere Länder auch den Großteil ihres Rettungsplans dafür aus, dass noch mehr Emissionen und damit neue Probleme entstehen. Das Wenige, das sie für Aufräumarbeiten aufwenden, ist einfach nicht genug.

In einem Szenario, in dem diese Länder ihren Treibhausgasausstoß bis 2020 um mindestens 30 Prozent und bis 2050 um über 80 Prozent im Verhältnis zu 1990 reduzieren müssen, ist dies nur ein Tropfen auf den heißen Stein. Wenn wir feststellen, dass die Mehrheit dieser Länder – die USA, Australien, Japan, Kanada, um nur einige zu nennen – ihre Emissionen zwischen 1990 und 2006 erst um 20 bis 40 Prozent gesteigert haben, entspricht das einer gewaltigen Selbsterneuerung dieser Volkswirtschaften. Ihre Restrukturierung ist noch lange nicht abgeschlossen. In einigen Monaten oder Jahren wird die reiche Welt mühsam aus der Finanzkrise und Rezession kommen – allerdings um den Preis, dass die Welt nicht weniger, sondern immer mehr Treibhausgase ausstoßen kann und wird. Eine Katastrophe.

Südkorea und China hingegen nehmen den Klimawandel wirklich ernst. Laut *Financial Times* wird China fast 40 Prozent seiner 516 Milliarden US-Dollar und Südkorea ganze 80 Prozent seines Konjunkturpakets für ökologische Projekte ausgeben. China investiert den Hauptteil in die Schiene, sowie in Projekte für Energieeffizienz und kohlenstoffarme Fahrzeuge. Das vergleichsweise kleine Südkorea will allein in öffentliche Verkehrsmittel den gleichen Betrag stecken wie die USA.

Was bedeuten diese grünen Investitionsprogramme tatsächlich? Verkehr ist ohne Zweifel ein Klimakiller, der uns zum Handeln zwingt – sein Treibhausgasausstoß ist bekanntermaßen hoch und weiter im Steigen begriffen. Das Vorgehen der einzelnen Länder ist jedoch nach Sinn, Ziel und Resultat höchst unterschiedlich. Die grüne Hohepriesterin der Welt, die Europäische Union, hat den Beschluss gefasst, ihr Geld sicher in grünen Projekten anzulegen, die ihrer mächtigen Automobillobby gleichwohl gelegen kommen. Der Großteil der grünen Konjunkturanreize fließt in eine »Abwrackprämie«, die die Fahrzeughalter bekommen, wenn sie ihre alten Autos verschrotten. Genau genommen bedeutet dies aber auch, dass mehr Autos produziert werden, also einen höheren Materialbedarf und höheren Energieverbrauch: Gut für die Wirtschaft, schlecht für die Umwelt. Bisher gibt es außerdem keine Beweise dafür, dass effizientere Autos insgesamt geringere Emissionen zur Folge haben. Tatsächlich haben Untersuchungen gezeigt, dass selbst bei kraftstoff- und abgasärmeren Fahrzeugen der Treibhausgasausstoß im Ganzen zunimmt, da mehr gekauft und mehr gefahren wird. Eine Konjunkturbelebung nach altem Muster ist daher zum Scheitern verurteilt.

Auch auf dem Energiesektor sind keine gewaltigen Änderungen zu erwarten. Das größte Potenzial zum Abbau von Energievergeudung haben die USA, und sie wollen es nutzen. Sie wollen in die Modernisierung ihres Stromnetzes investieren, die Stromzulieferung weiterentwickeln und auf vielfältige Weise die Energieeffizienz verbessern, zum Beispiel durch das Wetterfestmachen von über einer Millionen Einfamilienhäusern mit Doppelverglasung, Türisolierung, durch die Sanierung öffentlicher Gebäude und Anhebung des Energiestandards, durch die Ausbildung von Arbeitern im Isolierungsbau und die Verwendung alternativer energieeffizienter Baustoffe.

Die Europäische Kommission verfolgt andere Pläne, vielleicht weil sie geringere Reserven zu heben hat. Sie gibt den Großteil ihres grünen Konjunkturpakets für eine Versuchstechnologie, die Kohlenstoff-Verpressung (CCS), aus, bei der die Kohlendioxidemissionen der Kraftwerke abgeschieden und im Untergrund eingelagert werden. Die EU hat rund 2 Milliarden Dollar ihres 6,3-Milliarden-Dollar-Pakets für fünf CCS-Testprojekte in Deutschland, Großbritannien, den Niederlanden, Spanien und Polen bereitgestellt. Da aber noch nicht klar ist, wie die Beerdigung funktioniert, dürfen die Nachrufe schon geschrieben werden.

Beunruhigenderweise machen die Investitionen in erneuerbare Energien nach wie vor nur einen kleinen Teil der Konjunkturhilfen aus. Die USA haben gleichzeitig das größte und das kleinste Paket geschnürt: Für Windkraft, Solarenergie und Geothermie, einschließlich neuer Hochspannungstrassen zu den Windparks, stehen Kreditgarantien und Steuerfreibeträge in Höhe von etwa sechs Milliarden Dollar zur Verfügung. So viel zum Thema Zukunftssektor, der einmal weltweit Millionen grüne Arbeitsplätze – im Bau von Windkraft-, Photovoltaik- und Solarthermieanlagen – schaffen und eine echte Antwort auf unsere fossilen Energiesysteme sein sollte. Wenn der Ölpreis fällt, werden diese Energiequellen freilich weniger wettbewerbsfähig und teurer. Aber wie lautete noch mal der Weckruf? Die Zukunft hat begonnen?

Vergessen wir also eine grüne Zukunft. Wir werden unsere stinkreichen Volkswirtschaften wieder aufbauen. Wir werden konsumieren, um glücklich zu sein. Das ist unser Glück. Der Klimawandel kann bis morgen warten.

Ein neuer Gesellschaftsvertrag für eine neue Welt

Die große Frage ist, ob sich angesichts der nunmehr offenbaren fundamentalen Mängel unseres Wirtschaftssystems der alte »Newer Deal« erneuern lässt. Auch wenn es die Finanzjongleure unserer Volkswirtschaften noch nicht wahr haben wollen, ist manchen von uns klar, dass wir aus dem gegenwärtigen Chaos dann am besten herauskommen, wenn wir die Wirtschaft in ihrem Wesen verändern. Unsere Wirtschaft beruht auf dem Konsumprinzip. Die simple Annahme lautet, dass Wachstum den Menschen Wohlstand bringt und sie im Gegenzug für die Erfüllung ihrer Wünsche zahlen. Je höher ihre Ausgaben, desto größer das allgemeine Glück.

Im Laufe der Zeit ging die einfache Idee der Konsumbelebung im Labyrinth der wirtschafts- und finanzpolitischen Instrumente verloren. Die vom Konsum bereitgestellten Konjunkturimpulse mussten durch Subventionen und Kreditausweitung am Leben gehalten werden. Als die Produktionskosten in der ersten Welt wegen der gestiegenen Lohnkosten oder Umweltschutzgesetze weiter zunahmen, wanderte die Industrie in die zweite, dritte und sogar vierte Welt ab, weil es dort billiger war. Dies trug dazu bei, dass sich der Konsumwahn auf den ganzen Globus ausbreiten konnte und man überall begann, billige Wegwerfwaren zu kaufen. Die Banken fühlten sich wie im siebten Himmel, bis ihnen die Luft zu dünn wurde. Angesichts der Verschärfung des Klimawandels scheint es, als würde es der Erde bald genauso gehen.

Was wir vergessen haben, ist das Prinzip der gerechten Einkommensverteilung, um den Konsum überhaupt möglich zu machen, sowie die gute Angewohnheit, den wahren Preis zu zahlen, um die Konsumexzesse einzuschränken. Unsere Regierungen mögen die Banken und die Wirtschaft retten, die Basis aber wird schwach und davon unberührt bleiben. Die nächste Katastrophe lauert schon um die Ecke.

Doch die Krise bietet auch Chancen. Mit Staatsgeldern in Billionenhöhe lässt sich Politik anders gestalten. Diesmal dürfen die öffentlichen Ausgaben nicht einfach nur die Wirtschaft selbst beleben, sondern müssen zur Gestaltung eines bezahlbaren Wirtschaftens eingesetzt werden. Anders gesagt: Wir brauchen ein durchdachtes Investitionsprogramm für ein gerechtes und nachhaltiges Wirtschaften. Die Agenda könnte wie folgt aussehen:

Erstens: Erneuerung der Energiesysteme durch massive Investitionen in neue alternative Technologien und Distributionssysteme, die die Übertragungskosten senken, die Leistungsverluste reduzieren und die Gesellschaften stabilisieren. Vom Grundsatz her muss jeder Haushalt an die Energieversorgung angeschlossen werden, zu den Bedingungen, die er sich leisten kann. Heute sind die energiereichen Gesellschaften für Treibhausgaskonzentrationen in der Atmosphäre verantwortlich, die unsere Welt bedrohen. Diese Länder haben ihre Umweltkosten externalisiert und das natürliche Kapital der gemeinsamen Atmosphäre über Gebühr in Anspruch genommen. Der »Newer Deal«, der neue grüne Gesellschaftsvertrag, ist eine Chance, den Schaden rückgängig zu machen und eine alternative Energiesicherheit zu schaffen, die alle einschließt.

Zweitens: Umfassender Umbau der Mobilitätssysteme, das heißt massive Investitionen in effiziente Transportformen, die mit weniger Energie mehr Personen befördern und für die Mehrheit bezahlbar sind. Mit anderen Worten: Investitionen in die Schienenwege anstatt in die Luftfahrt, in Stadtbusse und Untergrundbahnen anstatt in Beruhigungspillen für die Automobilindustrie. Eine schwere Entscheidung für die Politik, die den Individualverkehr angesichts der Macht der riesigen Automobil- und Luftfahrtkonzerne, die nun ebenfalls Rettung fordern, zu lange subventioniert hat – und den öffentlichen Verkehr vernachlässigt, weil es für dieses Allgemeingut keine lautstarken Fürsprecher gibt.

Drittens: Investitionen in eine urbane Umweltinfrastruktur. Sauberes Trinkwasser, Kanalisation, Müllentsorgung und Wohnungen für alle. In diesem Punkt müssen die Verwaltungen in vielen Ländern am meisten hinzulernen und ihre Kenntnisse verbessern. Sie müssen lernen, wie man Städte baut, die nicht der Fantasie Ortsfremder entspringen, sondern die Zahlungskraft ihrer Bürger berücksichtigen und in ihre Umgebung passen. Dafür ist ein gewaltiger Input erforderlich, denn hier brauchen wir eine Technik, die mit der Rationalität traditionellen Wissens getränkt ist, welches lokale Ökologien und Ressourcen zu optimieren weiß.

Viertens: Vor allem in Ländern wie Indien müssen wir die wirtschaftliche Praxis in den Bereichen überprüfen, in denen sie am meisten zählt: in der Land- und Forstwirtschaft. Der Großteil unserer Bevölkerung wird auch künftig in ländlichen Gebieten leben. Es ist eine Bemerkung wert, dass urbane und industrielle Sektoren dem Arbeitsmarkt- und Existenzpotenzial einer agrarisch geprägten Wirtschaft nicht ebenbürtig sein können. Wir müssen diese Form des Wirtschaftens von Neuem verstehen und wertschätzen lernen.

Die Welt wird ferner ihre vorgefertigte Meinung über die richtigen Verfahrensweisen prüfen müssen. Gegenwärtig glauben wir, dass sich Produktivitätsverbesserungen nur durch verstärkten Einsatz von Pestiziden, Kunstdünger oder Hybridsaaten erzielen lassen. Dabei vergessen wir, dass landwirtschaftliche Erzeugnisse auf diese Weise teurer und Lebensmittel weniger erschwinglich werden. Wir vergessen, dass bäuerliche Kleinbetriebe, die neokonservative Wirtschaftswissenschaftler so unsympathisch finden, eigentlich produktiver sind, jedenfalls wenn wir ihre Erträge an den getätigten Investitionen messen.

Letztlich benötigen wir keine »Sozialhilfe« für die Wirtschaft. Wir brauchen das Wohl der Menschen und des Planeten.

Hans Joachim Schellnhuber

Ein »Grüner Gesellschaftsvertrag« für Klimaschutz und nachhaltiges Wirtschaftswachstum

Hintergrund

Zu Beginn des 21. Jahrhunderts ist die Menschheit mit zwei existenziellen Problemen konfrontiert, zwei krisenhaften Situationen ausgesetzt. Eine dieser Krisen ist die des Wirtschafts- und Finanzsystems, die uns aufgrund der enormen Dichte neuer Schulden- und Insolvenzmeldungen in den Medien omnipräsent und bedrohlich erscheint. Die andere Krise, derzeit weitgehend aus den Schlagzeilen verdrängt, ist die des Erdsystems: der Klimawandel. Und so unterschiedlich diese Krisensituationen auch wahrgenommen werden, ihre gemeinsame Ursache liegt in der nicht nachhaltigen Lebens- und Arbeitsweise unserer Zeit. Entscheidend für die Lösung beider Epochenprobleme wird es sein, von der oberflächlichen Betrachtung des politischen und medialen Tagesgeschäfts und des persönlichen Alltags zu einer breiteren Perspektive zu gelangen, die sowohl das Ausmaß der unmittelbaren Bedrohung als auch ihre weiter reichenden möglichen Folgen ins Blickfeld rückt.

Der schottische Philosoph David Hume, ein Vertreter des akademischen Skeptizismus und empirischer Erkenntnistheoretiker, unterteilt alle Gegenstände des menschlichen Denkens in zwei Klassen: in die »Beziehungen der Vorstellungen« und in die »Tatsachen«. Zur ersten Klasse gehören die beweiskräftigen Erkenntnisse der Wissenschaften, wie zum Beispiel der Arithmetik oder der Geometrie, die keiner sinnlichen Erfahrung bedürfen und die durch pure Denktätigkeit erlangt wurden und erfasst werden können. Über anschauliche Sätze, wie die des Pythagoras oder des Thales, herrscht Gewissheit – die so ausgedrückten Beziehungen, beispielsweise zwischen geometrischen Figuren, sind hinreichend »nachdenkbar« und erhaben über jeden Zweifel. Die »Tatsachen« dagegen erfasst der menschliche Verstand nach Hume nicht durch die reine Tätigkeit des Denkens. Einzig durch die Erfahrung können wir verstehen, dass einzelne Dinge miteinander verbunden sind, dass ein Gegenstand die Ursache eines anderen, wirkenden Gegenstandes ist. So kann ein Kind ohne Erfahrung und Kenntnisse der physikalischen Gesetze beim Murmelspiel nicht allein mit seinem Verstand darauf schließen, dass durch das Anstoßen einer Murmel mit einer zweiten, die erste Murmel bewegt werden wird. Für den Verstand wären hunderte anderer Wirkungen ebenso vorstellbar, nicht zuletzt ein Stillstehen beider Murmeln. Das Gegenteil einer Tatsache bleibt, so David Hume, immer möglich, denn durch das Betrachten eines Gegenstandes oder einer Ursache kann nicht auf einen wirkenden Gegenstand geschlossen werden. Gelangt man durch Beobachtung und Erfahrung zu einem bestimmten Ursache-Wirkungs-Prinzip, zu einer Verknüpfung von Gegenständen, so kann man noch immer nicht durch eine reine Verstandesleistung darauf schließen, dass diese Dinge beständig miteinander verbunden sein werden, dass zukünftige Wirkungen mit vergangenen Ursachen verknüpft sein könnten. Selbst bei Ähnlichkeiten zwischen den Gegenständen, die gleiche oder vergleichbare Wirkungen erwarten ließen, bliebe eine verallgemeinernde Aussage hypothetisch. Erst die Übung, die Gewohnheit kann zu einer Folgerung auf ein wiederkehrendes Ursache-Wirkungs-Prinzip führen und uns eine beständige Verknüpfung von Gegenständen annehmen lassen. Erfahrungen werden erst durch das Prinzip der Gewohnheit für uns nützlich, und die gewohnheitsmäßige Erfahrung bewirkt, dass unser Verstand von vergangenen Ursachen auf zukünftige Wirkungen schließen kann.

Humes Theorie vom Erkenntnisgewinn führt mich zu der Annahme, dass es ähnlich schwierig sein könnte, a priori zu erkennen, dass die individuelle und alltägliche Art des Konsumierens und Lebens tatsächlich und ursächlich zum Prozess der globalen Erwärmung und ihren Wirkungen auf unsere Umwelt beiträgt. Die Lebenswelt des Bewohners eines Industrielandes verändert sich eben nicht augenblicklich wahrnehmbar dadurch, dass dieser Langstreckenflüge unternimmt oder mehrmals täglich den Wäschetrockner nutzt oder ein Auto mit sehr hohem Benzinverbrauch fährt. So könnte durch das Fehlen der individuellen sinnlichen und gewohnheitsmäßigen Erfahrungen über die Wirkungen des Klimawandels der verhängnisvolle und falsche Eindruck entstehen, dass man die Krise unseres Klimas, die in Mitteleuropa bislang tatsächlich nur wenig spürbar ist, vernachlässigen und aus dem Hier und Jetzt verdrängen könnte, um sich zuerst der Lösung der ökonomischen und über Entlassungen oder Konjunkturprogramme sinnlich erfahrbaren, greifbaren Krise zu widmen. Die heute für uns noch wenig spürbaren Auswirkungen des Klimawandels und die fehlende Abstraktionsfähigkeit des Zusammenhangs zwischen den eigenen Handlungen und den möglicherweise gravierenden Folgen für das zukünftige globale Klima, könnten zu dieser Fehlannahme führen.

Doch schon jetzt hinterlassen wir tiefe ökologische Fußspuren, die Ergebnis unserer Lebensführung und der damit verbundenen Produktionsweise und unseres Konsumverhaltens sind. Das besondere Dilemma besteht darin, dass uns die Zeit für den nötigen Lerneffekt fehlt, die fehlende Erkenntnis durch Erfahrung und das Prinzip der Gewohnheit zu gewinnen. Unsere heutigen Handlungen bestimmen, wie sehr künftige Generationen vom Klimawandel betroffen sein werden – wir tragen die Verantwortung für das zukünftige Leben auf der Erde. Zu dieser Erkenntnis müssen wir gelangen. Und wir müssen bereit sein, beide Krisen gleichermaßen ernsthaft anzupacken, um ökologisch und ökonomisch in eine Ära gesunden und grünen Wachstums einzutreten.

Ein immerwährendes, an den Verbrauch fossiler Brennstoffe gebundenes und mit Kohlenstoffemissionen verknüpftes Wirtschaftswachstum ist unmöglich. Gewinnkurven von Aktien können nicht stetig steil ansteigen und Aktienmärkte erleben ebenso häufig Kursverluste wie Kursgewinne. Wirtschaftskrisen sind ein in der Geschichte zyklisch auftretendes Phänomen. Die derzeitige Krise des internationalen Finanzsystems wurde ausgelöst durch faule Kredite in der Immobilienbranche, durch Fehlspekulationen der dem horrendem Druck der Aktionäre ausgesetzten, mitunter leichtfertigen Banker und Manager, die mit der Aussicht auf kurzfristige Gewinne hohe Risiken in Kauf nahmen. Diese Krise gipfelte im Jahr 2008 im Zerplatzen der Immobilienblase und breitete sich durch die globale Verflechtung der Branchen über alle Märkte aus. Bis zum heutigen Tag hält diese Krise an und ein Ende ist noch immer nicht in Sicht, auch wenn die düstersten Stimmungen langsam einer nüchternen Skepsis über die Zukunft Raum geben. Häufig werden Vergleiche mit der Weltwirtschaftskrise in den 1920er- und 1930er-Jahren bemüht. Der große Börsencrash im Jahr 1929 und die sogenannte »Große Depression« erschütterten die Welt und lösten weltweit tiefe politische Krisen aus. Der historische Vergleich vermag jedoch wenig zu trösten angesichts verlorener monetärer und moralischer Werte und nicht zuletzt des Verlusts von Vertrauen in Bestehendes. Er mag nicht hinwegtrösten über verlorenes real existierendes und fiktives Kapital, über gefährdete Arbeitsplätze und bedrohte oder bereits zerstörte Existenzen. Kurz: Diese Krise ist brutal und schmerzhaft für viele und sie ist eine große Herausforderung, nicht nur für unsere Wirtschaft, sondern für die gesamte Gesellschaft.

Die Folgen ungebremsten Klimawandels

Zur beispiellosen Krise der Menschheit würde aber der ungebremste Klimawandel werden. Ihn abzuwenden ist die größte Herausforderung, vor der die Menschheit je stand. Auch das Klima unseres Planeten ist zyklischen Veränderungen unterworfen, und ebenso wie bei der Wirtschafts- und Finanzkrise gibt es auch hier Gewinner und Verlierer. In der Erdgeschichte gab es bereits Perioden mit niedrigeren und mit höheren CO_2-Konzentrationen, auch ohne das Wirken des Menschen. Konstatieren lässt sich der Zusammenhang zwischen Zeiten mit niedriger CO_2-Konzentration und großen Eisvorkommen an den Polen und auf den Kontinentalgebirgen und Zeiten mit hoher CO_2-Konzentration, in denen die Erde weitgehend eisfrei war. Die Hoffnung auf einen kollektiven Irrtum der Wissenschaftsgemeinschaft bezüglich des anthropogenen Klimawandels könnte man als Laie durchaus haben, aus der Perspektive des Naturwissenschaftlers gibt es jedoch keine stichhaltigen Gründe dafür.

Die neuesten Forschungsergebnisse geben Anlass zu großer Sorge: Beobachtungen belegen die Veränderung vieler Bestandteile des Klimasystems. Zu den wichtigsten Indikatoren des Klimawandels zählen das Auftreten von Extremwetterereignissen, der Meeresspiegelanstieg, der Anstieg der durchschnittlichen globalen Oberflächen- und Meerestemperatur, die Versauerung der Ozeane, das Auftauen des Permafrostbodens und das Abschmelzen des arktischen Meereises und des Grönlandeisschildes. Weitere Folgen des Klimawandels sind veränderte Niederschlagsmuster, die abnehmende Verfügbarkeit von Trinkwasserressourcen und Veränderungen der Vegetationsperioden.

Der Meeresspiegel steigt in der Realität schneller an als dies von vielen Klimaforschern früher angenommen wurde. Ein Faktum, das nicht nur für die Bewohner vieler Inselstaaten, wie beispielsweise des Kleinststaates Tuvalu im Pazifischen Ozean, schon jetzt eine existenzielle Bedrohung darstellt. Eine Vielzahl wissenschaftlicher Studien kommt zu dem Schluss, dass sich die globale Erwärmung des letzten Jahrhunderts mit ihren weitreichenden Folgen nicht auf natürliche Faktoren, wie Veränderungen im Sonnenzyklus und Vulkanaktivitäten, zurückführen lassen.

In der Zukunft werden sich die Folgen des Klimawandels noch deutlicher bemerkbar machen. Die Überflutung einer Küstenstadt wie Lagos in Nigeria, die durchschnittlich nur fünf Meter über dem derzeitigen Meeresspiegelniveau liegt, hätte den Verlust von Obdach und Lebensgrundlage von derzeit etwa 18 Millionen Menschen in der Stadt und ihrer unmittelbaren Umgebung zur Folge und könnte zur Destabilisierung einer großen Region Afrikas führen. Eine Erwärmung um mehr als zwei Grad Celsius hätte unter anderem häufigere und stärkere Extremwetterereignisse, vielerorts zunehmende Knappheit des Trinkwassers, den Rückgang der Nahrungsmittelproduktion in tropischen Regionen und Schäden in Ökosystemen, wie den Verlust zahlreicher Korallenriffe zur Folge.

Ein ungebremster Klimawandel dürfte unser Klimasystem sogar über kritische Grenzen hinaus belasten. Wichtige Prozesse im Gesamtgefüge könnten aus ihren bisherigen Gleisen geworfen werden und in der Zukunft vollkommen anders ablaufen.

Bei einer globalen Erwärmung um mehrere Grad Celsius sind die sogenannten Kippelemente in unserem Erdsystem gefährdet. Zu diesen Kippelementen gehören der Grönländische Eisschild, das arktische Meereis, der Westarktische Eisschild, die Borealwälder der Nordhalbkugel, der Amazonas-Regenwald, das El-Niño-Klimaphänomen, der Sahara/Sahel- und Westafrikanische Monsun, der Indische Sommermonsun und die Thermohaline Atlantikzirkulation. Die Kippelemente werden nach dem heutigen Stand der erst jungen Forschung in verschiedene Risikokategorien unterteilt, die sich jeweils nach ihrer Anfälligkeit und der unterschiedlicher Gewissheit darüber, wie sie sich verhalten werden, unterscheiden. Es gibt Kippelemente, die bei dem Durchbrechen der Zwei-Grad-Leitplanke mit einiger Sicherheit aktiviert würden. Dazu gehören nach heutigem Kenntnisstand die tropischen Regenwälder, die bislang durch ihre Fähigkeit, CO_2 aus der Atmosphäre zu binden, als CO_2-Senke funktionieren. Sie könnten unabhängig vom Klimawandel sogar eine Quelle von Emissionen darstellen, denn durch unkontrollierte Brandrodungen und das Verschwinden der Humusschicht würde bereits gebundenes CO_2 wieder freigesetzt. Der Grönlandeisschild, dessen vollständiges Abschmelzen innerhalb der nächsten Jahrhunderte einen weltweiten Anstieg des Meeresspiegels um bis zu sieben Meter nach sich ziehen würde, gehört ebenso zu diesen Hochrisiko-Kippelementen wie der Indische Sommermonsun, dessen Veränderung hin zu einem unregelmäßigen und trockeneren Grundzustand gravierende Folgen für die Landwirtschaft Asiens hätte und zu wirtschaftlichen und sozialen Verwerfungen führen würde.

Wir müssen aber davon ausgehen, dass es nicht nur für unser Wirtschafts- und Finanzsystem, sondern auch für unser Klimasystem dringenden Handlungsbedarf gibt. Das Zurückstellen des Klimaschutzes zugunsten des kurzfristigen Erhalts unseres Wohlstandes hätte fatale Folgen. Je später wir damit beginnen, Emissionen drastisch zu reduzieren, desto unwahrscheinlicher wird eine Begrenzung der globalen Erwärmung auf zwei Grad Celsius gegenüber dem vorindustriellen Niveau und somit die Vermeidung gefährlichen Klimawandels.

Das neue Zeitalter

Politisch begann mit dem Fall der Berliner Mauer im Jahr 1989 eine neue Ära. Sozioökonomisch gesehen endete die wirtschaftliche Periode des globalen Wachstums ohne Grenzen, die sich seit dem Zweiten Weltkrieg entfaltet hat, erst mit der Wirtschafts- und Finanzkrise im Jahr 2008. Die Geschichte zeigt, dass Menschen in krisenhaften Situationen – konfrontiert mit bevorstehenden gravierenden Veränderungen – dazu neigen, auf althergebrachte Weise zu reagieren: Sie halten verbissen an Bekanntem fest. Wenn die Gegenwart unsicher erscheint, greift man also auf Verhaltensmuster aus der Vergangenheit zurück und hofft, dass diese noch immer funktionieren und dies auch in der Zukunft tun werden. Unser augenblickliches Verhalten scheint exemplarisch für dieses Muster, wie etwa das als »Umweltprämie« bezeichnete Abwrack-Anreizpaket der Bundesregierung, das inzwischen auch die Vereinigten Staaten von Amerika eingeführt haben. Allerdings beginnen wir heute in einem schmerzhaften Prozess zu realisieren, dass Althergebrachtes keine universale und unendliche Funktionalität besitzt. Anstatt den schnellen Umbau zu einem wirklich klimafreundlichen Mobilitätssystem zu fördern, entfacht man ein Strohfeuer zur Unterstützung einer Automobilindustrie, die sich bis auf wenige Ausnahmen den neuen Herausforderungen des Klimaschutzes noch nicht gestellt hat.

Unter den gegebenen Umständen vermag die Abwrackprämie kurzfristig Impulse an die Wirtschaft zu senden. Aber sie forciert lediglich auf künstliche Weise und kurzfristig den Absatz von herkömmlichen Verbrennungsmotorvehikeln. Unserem

Kauf- und Konsumverhalten gibt sie dagegen rückwärts gerichtete und vom technischen Fortschritt abgewandte Impulse. Ein anderer kontraproduktiver Effekt für die globale Gesamtemissionsbilanz besteht darin, dass zwar in Deutschland einige zusätzliche Autos dem alten Eisen zugeführt werden, auf anderen Kontinenten wie Afrika hingegen, wo sonst in Deutschland ausrangierte Autos übernommen wurden, nun ältere Vehikel mit hohem CO_2-Ausstoß noch länger gefahren werden. Es gelangen so weniger Autos jüngerer Herstellungsdaten mit geringerem CO_2-Ausstoß auf ausländische Märkte und auf diese Weise wird dort mehr CO_2 emittiert. Die ökologische Gesamtbilanz der Abwrackprämie ist daher mehr als fragwürdig.

Ein langfristig weit wichtigerer und zudem erfolgversprechender Impuls in Zeiten begrenzter fossiler Rohstoffe wären Investitionen in neue, zukunftsfähige Technologien und in die Entwicklung von Alternativen zum Verbrennungsmotor, die deutsche Autokonzerne wieder konkurrenzfähig machen würden. Hier gibt es noch zu wenig Risikobereitschaft und etwas, das schon an eine Komplizenschaft zwischen der Industrie und den Konsumenten grenzt, auch wenn sie bei stetig steigenden Benzinpreisen immer weniger nachvollziehbar scheint. Anreizpakete wie die »Umweltprämie« unternehmen lediglich den schwachen Versuch, die alte Ökonomie wiederzubeleben. Was jetzt aber nötig ist, sind völlig andere, neue Impulse und ein Einstieg in eine »grüne« Wirtschaftsweise.

Die entscheidende Frage ist, ob wir in der Zukunft noch genügend Energie und Kapital zur Verfügung haben werden, wenn wir realisieren, wie schnell sich unsere Welt verändert. Und ob wir bereits alle Möglichkeiten verschwendet haben könnten, wenn wir die wirklichen Veränderungen herbeiführen müssen. De Facto wird es schwieriger und teurer, je länger wir unser Handeln hinauszögern.

Drei Eckpunkte für einen »Grünen Gesellschaftsvertrag«

Das gesamte Problem des Klimawandels, der New Economy und des nachhaltigen Wachstums könnte mit drei simplen Ansätzen gelöst werden: mit einem Langfristziel für die Stabilisierung des Klimas, mit einem weltweit gleich verteilten Anrecht auf CO_2-Emissionen und mit einem globalen Emissionshandelssystem.

Bei der in diesem Jahr in Kopenhagen stattfindenden Weltklimakonferenz wird es um das Aushandeln eines Kyoto-Folgeabkommens gehen. Wenn man sich dort auf einige, zentrale Punkte einigte, wäre man auf dem Weg zur Lösung der Krisen einen großen Schritt vorangekommen. Der erste Punkt besteht in der Festlegung des Langfristziels zur Klimastabilisierung, um die globale Erwärmung auf maximal zwei Grad Celsius gegenüber dem vorindustriellen Niveau zu begrenzen. Zugegebenermaßen ist dies kein sehr ambitioniertes Ziel, denn selbst bei einer Erwärmung um zwei Grad Celsius würden unzählige Menschen leiden, würden soziale und politische Konflikte um Ressourcen wie Wasser oder fruchtbare Böden entstehen. Es wäre kein sonderlich engagierter, aber ein erreichbarer Kompromiss.

Zweitens stellt sich die Frage danach, wie dieses Ziel global erreicht werden kann. Um den Anstieg der globalen Durchschnittstemperatur bei zwei Grad Celsius über dem vorindustriellen Niveau zu stoppen, müssen die Emissionen der Industrieländer bis zum Jahr 2050 um mehr als 80 Prozent gegenüber dem Niveau von 1990 gesenkt werden. Die konkreten Bemühungen einzelner Staaten nach dem G-8-Treffen in Heiligendamm im Jahr 2007 und im Vorfeld der großen Klimakonferenz in Kopenhagen Ende 2009 machen in dieser Hinsicht nicht viel Hoffnung. Summiert man die in Aussicht gestellten Klimaschutzbeiträge – auch der Schwellen- und Entwicklungsländer – auf, dann ergibt sich vereinfacht eine 50:50-Chance, gefährlichen Klimawandel zu vermeiden. Der Gedanke, nach dem Prinzip »Kopf oder Zahl« mit der Zukunft der Menschheit zu spielen, erscheint mir aber wenig reizvoll. Ich würde von diesem Versuch absehen.

Einer aktuellen wissenschaftlichen Untersuchung zufolge gibt es für den Zeitraum 2000 bis 2050 ein maximales Emissionsbudget von etwa einer Billion Tonnen CO_2, das weltweit nicht überzogen werden darf, um wenigstens mit einer Wahrscheinlichkeit von 75 Prozent eine Erderwärmung um mehr als zwei Grad Celsius zu verhindern. Von dieser Gesamtemissionsmenge haben wir jedoch bereits in der ersten Dekade dieses Jahrhunderts ein Drittel verbraucht! Bis zum Jahr 2050 steht uns also noch ein Gesamtbudget von etwa 700 Milliarden Tonnen CO_2 zur Verfügung, mit dem wir unsere Atmosphäre belasten dürfen. Wenn wir jedoch noch über das Jahr 2015 hinaus weiter wie bisher fossile Brennstoffe verbrennen, erscheint es nahezu unmöglich, das Gesamtbudget einzuhalten. Aus heutiger Perspektive könnten dann unüberschaubare Kosten entstehen und technologische Innovationen notwendig werden, deren zeitgerechte Entwicklung höchst unsicher wäre.

Grundsätzlich sollte jeder Mensch auf der Welt das gleiche Recht haben, die Atmosphäre zu nutzen – ob als Müllhalde für Emissionen oder als wichtige Ressource und an keine sinnfreie oder sinnvolle Absicht gebunden. Es sollten folglich gleiche Pro-Kopf-Emissionsrechte, so schell wie möglich, spätestens aber bis zur Mitte des 21. Jahrhunderts, durchgesetzt werden. Wenn man die Atmosphäre nach diesem Modell aufteilt und gefährlicher Klimawandel vermieden werden soll, dann ergibt sich für jede Person auf der Welt ein individuelles CO_2-Budget von etwa zwei Tonnen Kohlendioxid im Jahr. Das ist der Orientierungswert, den uns die Klimawissenschaft und die Klimaökonomie für eine Übergangszeit benennt. Im Durchschnitt verbraucht jeder Mensch aber schon heute mehr als diese zwei Tonnen im Jahr, etwa 4,5 Tonnen. Bis zum Ende dieses Jahrhunderts muss im Übrigen sogar eine nahezu CO_2-freie Wirtschafts- und Lebensweise angestrebt werden.

Schließlich ist festzustellen, dass nicht jeder Mensch diese Menge Kohlendioxid im Jahr tatsächlich benötigt, denn der Verbrauch ist in Industrie-, Schwellen- und Entwicklungsländern sehr verschieden. Es bedarf dabei keiner großen Denkanstrengung, um zu konstatieren, dass die Bewohner der Industrieländer weit mehr CO_2 pro Kopf emittieren, als dies die Bewohner von Schwellen- und Entwicklungsländer tun. In einem effizienten System sollte man mit den Emissionsrechten handeln können, um bei höherem Verbrauch Budgets erwerben und bei Einsparungen Rechte gewinnbringend verkaufen zu können.

Das globale Emissionshandelssystem

Wie eben bereits angedeutet, könnten nach Einführung eines globalen Preises für Emissionszertifikate Individuen, Unternehmen oder Staaten, die zuvor ihre Emissionen verringert haben ihre überschüssigen Zertifikate an Käufer veräußern, die so im Bedarfsfall ihre Kontingente aufstocken würden – Emissionsrechte wären handelbar.

Eine internationale Klimaschutzvereinbarung muss auch dazu beitragen, ökonomische Kosten und Risiken zu minimieren. Dafür wären vier Kernelemente von Bedeutung: die Einführung eines weltweiten Kohlenstoffmarktes, die Zusammenarbeit bei der Entwicklung und der Verbreitung treibhausgasarmer Technologien auf nationaler und internationaler Ebene, ein Mechanismus zur Verringerung der Emissionen durch die Vernichtung von Tropenwäldern und Maßnahmen zur Anpassung an den Klimawandel. Würde man insbesondere ein globales Handelssystem – basierend auf Distributionsgleichheit, der Festlegung auf eine bestimmte Höchstmenge an Treibhausgasen in unserer Atmosphäre und einer Zwei-Grad-Leitplanke – einführen, innerhalb dessen man Emissionszertifikate kaufen und verkaufen könnte, so hätte das einen ganz besonderen Effekt:

Schwellen- und Entwicklungsländer, die weniger natürliche Ressourcen verbrauchen und einen geringen Ausstoß von Treibhausgasen verursachen, würden von einem solchen System profitieren.

Auf diese Weise würde man die Arbeitsteilung zwischen Anpassung und Vermeidung optimieren und erreichen, dass gefährlicher Klimawandel zu moderaten Kosten für die Wirtschaft vermieden würde. Die Industrienationen, die den Großteil der Emissionen verursacht haben, aber am wenigsten unter den Folgen des Klimawandels leiden, müssten allerdings dazu beitragen, dass Entwicklungsländer mit geringem Einkommen die Möglichkeit haben, sich angemessen an diese Folgen anzupassen.

So könnten erhebliche Finanzmittel in diese Länder fließen, die nicht der gewöhnlichen, wohltätig übergebenen Entwicklungshilfe gleichen, die die Menschen des Südens zu Dank verpflichtet. Zudem ist das von den Industrieländern formulierte Ziel, 0,7 Prozent ihrer jeweiligen Bruttoinlandsprodukte in Entwicklungshilfe fließen zu lassen, noch weit davon entfernt, in die Realität umgesetzt zu werden. Aktuelles Erklärungsmuster für die Nichteinhaltung dieser Selbstverpflichtung ist die geschwächte wirtschaftliche Situation vieler Staaten, die aus der Krise des Finanz- und Wirtschaftssystems resultiert. Durch ein globales Emissionshandelssystem würden dagegen tatsächlich und in größerem Maße Mittel von Nord nach Süd fließen.

Der Handel mit Emissionsrechten könnte viel neues, reales und von Börsenaktivitäten unabhängiges Kapital für eine weltweit nachhaltige Entwicklung schaffen. Sollte der Klimawandel weiter wie prognostiziert voranschreiten, würden Probleme wie Armut, Krankheiten und Hungersnöte noch größer werden als sie es heute schon sind. Die notwendigen Anpassungen an den Klimawandel sind so verschieden wie die Folgen des Klimawandels in den unterschiedlichen Regionen: Einige Länder und Regionen sind beispielsweise stärker vom Anstieg des Meeresspiegels betroffen, andere stärker von Dürren oder von

Trinkwasserknappheit. Ein Vorteil des Emissionshandelssystems als Quelle zusätzlicher Finanzmittel wäre, dass die Mittel nicht einmalig, sondern Jahr für Jahr fließen würden. Richtig konstruiert könnte dieses Handelssystem die Welt vollständig verändern – es würde Gerechtigkeit und Klimastabilität schaffen und wäre gleichzeitig die größte Investition in eine nachhaltige Entwicklung in der Geschichte der Menschheit. Das Rezept ist vorhanden, am Willen zu dieser Veränderung darf es nicht mangeln!

Der auf der Nutzung fossiler Energieträger basierende Wohlstand, der in den vergangenen Jahrzehnten in den Industriegesellschaften geschaffen wurde, ist im Grunde eine Illusion. Er wurde auf Kredit, mit Schulden für die Zukunft erlangt. Es gab ein Wirtschaftswunder, es wurden massenhaft Produkte wie Autos, Kühlschränke, und Fernseher gebaut und »verkonsumiert«. Aber dieses System kann nicht dauerhaft funktionieren! Erdöl, Ergas, Kohle und Uran sind endliche Ressourcen und spätestens zum Ende des 21. Jahrhunderts müsste man sich auch ohne Klimawandel ernsthaft mit der Nutzung anderer Energieträger auseinandersetzen, denn aus der Knappheit dieser Güter werden stark steigende Preise resultieren.

Top-down oder Bottom-up?

Die Wahrscheinlichkeit für die Ratifizierung des skizzierten Drei-Punkte-Plans inklusive der Top-down-Einführung eines internationalen Emissionshandelssystems scheint zurzeit recht niedrig. Selbst wenn dieser Plan akzeptiert würde, hinge seine Umsetzung noch von den jeweiligen nationalen Regierungen ab. Alternativ oder auch komplementär zu einem internationalen Abkommen der Unterzeichner der Klimarahmenkonvention könnten Emissionshandelssysteme auch nach einem Bottom-up-Ansatz in Form nationaler oder sub-nationaler Handelssysteme implementiert werden, wie dies in Europa, Australien, Neuseeland, Japan und Nordamerika der Fall ist. Obgleich ambitionierte regionale Reduktionsverpflichtungen einen positiven Effekt auf das globale Budget haben könnten, besteht bei fehlenden globalen Abkommen jedoch die Gefahr der Abwanderung oder Auslagerung von Emissionen in Regionen ohne bzw. mit günstigeren Kohlenstoffpreisen (»Carbon Leakage«).

Wir stehen gemeinsam an einem entscheidenden Wendepunkt: Wollen wir individuell und/oder kollektiv Verantwortung übernehmen, die nicht allein durch institutionalisierte Entscheidungen getragen werden kann? Denn ergänzend zu einer Top-down-Lösung des Klimaproblems in Kopenhagen, wo die Regierungsverantwortlichen dieser Welt zusammenkommen, ihre Gedanken und Bedenken austauschen und am Ende eine mehr oder weniger weise Entscheidung treffen, die dann von den jeweiligen Ländern angenommen werden müsste, kann es auch einen erheblichen zivilgesellschaftlichen Beitrag zur Lösung des Problems geben. Dieser Beitrag der Zivilgesellschaft, der Nichtregierungsorganisationen und jedes einzelnen Menschen – also der von unten nach oben durchdringende Prozess von Innovationen und gesellschaftlicher Veränderung, ist eine echte Ergänzung (vielleicht sogar Alternative) zu den von oben nach unten gerichteten, notwendigen Regierungsentscheidungen und angeordneten Erneuerungsprozessen. Auch die Industrielle Revolution im 19. Jahrhundert fand nicht aufgrund eines Beschlusses einer Regierung statt, welche plante, die Welt zu verändern und ihren Bürgern zu mehr Wohlstand und Wirtschaftswachstum zu verhelfen. Ihrer Zeit vorausdenkende Ingenieure erfanden und entwickelten technische Geräte, und findige Unternehmer und Kapitalisten versuchten, aus diesen Erfindungen Profit zu schlagen. Auf diese Weise veränderten sie die Welt tatsächlich.

Nun sind wir an einer Zeitwende angelangt. Wir dürfen die Kraft von Innovationen, insbesondere technischer Innovationen, keineswegs unterschätzen und durch das Festhalten an althergebrachten Verhaltens- und Konsummustern bremsen. Auch die Betreiber von Pferdefuhrunternehmen im 18. Jahrhundert dürften anfangs nicht sonderlich begeistert gewesen sein von der Umstellung des Transportwesens vom Pferde- auf den Bahnverkehr. Innovationen ziehen häufig weitere Innovationen nach sich: mit dem sich ausbreitenden Bahnverkehr gelang auch die Ablösung hunderter Ortszeiten durch die Einführung länderübergreifend abgestimmter Zeitzonen, von der wir bis heute alle profitieren.

Heute sind wir in der Lage, in eine neue Ära einzutreten und die Umwelt- und Armutsprobleme auf der Welt zu lösen, indem wir Energiesicherheit – preiswerte Energieversorgung mit Zugang für jedermann gleichermaßen – schaffen.

Nach dem Zweiten Weltkrieg hielt man Öl und Gas für günstige und dauerhaft verfügbare Energiequellen. Inzwischen hat sich herausgestellt, dass dies eine historische Fehleinschätzung war, denn diese Ressourcen sind keineswegs dauerhaft verfügbar. Die Implementierung von Innovationen auf dem Energiegewinnungs- und Techniksektor, wie zum Beispiel die Nutzbarmachung von Solarenergie in der Sahara, ihre Speicherung und ihr Transport nach Europa, neues urbanes Design in Form energieeffizienter Gebäudeformen, die Umwandlung unserer Häuser in Mini-Kraftwerke usw., sind wichtige Beiträge zu einer Umgestaltung unserer Industriegesellschaft. Wir als Individuen könnten zum Umbau der Energiesysteme beitragen, sogar unabhängig davon, an welcher Stelle wir bei der nächsten Wahl unser Kreuz platzieren. Wir können Verantwortung übernehmen und unsere Konsum- und Lebensweisen umstellen, anstatt zukunftsweisende Entscheidungen ausschließlich in die Hände unserer Regierenden zu legen.

Die Herausforderungen

Die Folgen einer steigenden Kohlenstoffkonzentration in der Atmosphäre wären verheerend für unser Erdsystem. Heute ergibt sich daraus die historische Chance zur Überwindung des vermeintlichen Zwiespalts zwischen dem Wachstum der Wirtschaft zulasten des Klimas und dem Schutz des Klimas zulasten des Wirtschaftswachstums. Dies bedeutet aber eine Abkehr von der Vergangenheit, in der die Erschließung neuer Öl-, Kohle- und Gasressourcen alles andere dominierte. Die derzeitige »Renaissance der Kohle« durch die Verteuerung von Öl und Gas ist ein denkbar schlechter Weg, denn bei Kohle handelt es sich um einen besonders emissionsstarken Energieträger. Kohlenstoffarme Technologien sind aber leider noch immer nicht konkurrenzfähig. In die Entwicklung und Erforschung solcher Technologien wird aufgrund kurzfristiger Gewinnorientierungen nicht genügend investiert. Offenbar wird eher darauf spekuliert, dass andere in Innovationen investieren und man selbst dann zu geringen Kosten Technologien übernehmen oder kopieren kann.

Erforderlich sind koordinierte Maßnahmen zur Förderung emissionsmindernder Technologien, insbesondere ein internationales Technologieprotokoll zur Entwicklung neuer Ideen und Konzepte und zur Unterstützung bereits ausgereifter emissionsarmer Systeme bei ihrer Markteinführung. Ein nicht zu unterschätzender Investitionsaspekt bei der Entwicklung und Einführung neuer Technologien sind die sinkenden Kosten bei der Massenproduktion. Leider führt die Einsicht in diese Gesetzmäßigkeit allzu häufig dazu, dass Unternehmer entscheiden, anderen die Vorreiterrolle zu überlassen, um dann selbst auf dem Trittbrett der neu entwickelten Technologien mitzufahren.

Zusammenfassend bleibt festzuhalten, dass die Kernelemente des »Global Deal« die ernsthafte Reduktion von Treibhausgasemissionen, die Finanzierung von Anpassungsmaßnahmen an die Folgen des Klimawandels in Schwellen- und Entwicklungsländern, Maßnahmen zur Verhinderung der weiteren Zerstörung des Regenwaldes und die Ausweitung und Förderung von und die Kooperation bei technologischen Entwicklungen im Bereich der Niedrigemissionstechnologien umfassen. Das Scheitern eines Global Deal, das Scheitern der Entwicklung zukunftsweisender Technologien würde die Erde in ungekannter Weise verändern, die nicht vergleichbar ist mit den Folgen einer weltweiten Wirtschaftskrise. Mit der Anpassung an einen drei, vier oder fünf Grad Celsius wärmeren Planeten haben wir keinerlei Erfahrung – mit der erfolgreichen Umgestaltung von Industriegesellschaften hingegen schon. Der Einschnitt, den die Begrenzung des Ausstoßes der Treibhausgase für die Wirtschaft kurzfristig darstellt, birgt eine Chance, ohnehin bevorstehende Knappheiten zu überwinden – nur eben schneller, als die alte Ökonomie dies erwartet hat.

Es gibt nicht nur einen Weg in eine kohlenstoffarme Gesellschaft, die den vorhandenen Wohlstand zu bewahren versteht und denen zu Wohlstand verhilft, die bislang nicht an diesem teilhaben konnten. Es gibt nicht nur einen Weg aus der jetzigen Wirtschaftsweise hinaus und hinein in eine moderne, transformierte Gesellschaft nachhaltigen Wirtschaftens. Es gibt nicht nur einen Weg, Kriege und Armut zu bekämpfen und die Welt zu einem besseren und zukunftsfähigen Ort zu machen. Aber es gibt nur einen möglichen Zeitpunkt, um die notwendigen Veränderungen rechtzeitig anzugehen: Jetzt, denn die Natur wird uns keinen Aufschub mehr gewähren.

Jakob von Uexküll

Mit schmelzenden Gletschern kann man nicht verhandeln!

Der Preis der menschlichen Freiheit, sagte der Philosoph Ernst Bloch, ist das Risiko, dass der große geschichtliche Augenblick auf ein zu kleines Menschengeschlecht trifft, das der Herausforderung nicht gewachsen ist …

Wir müssen jetzt die Grenzen unserer Weltordnung und Weltanschauung durchstoßen, um das menschlich, ökologisch und wissenschaftlich Notwendige politisch und ökonomisch durchzusetzen. Wir brauchen dazu eine radikale Analyse, die an die Wurzeln unserer vernetzen Herausforderungen geht. Aber wir brauchen auch eine realistische Strategie, die die Menschen dort abholt, wo sie sind.

Die Warnungen sind seit über 30 Jahren bekannt. Lösungen sind auf vielen Gebieten auch bekannt. Ich sage das ganz bewusst, weil ich seit vielen Jahren solche »Projekte der Hoffnung« mit dem Alternativen Nobelpreis auszeichne. Unsere Entscheidungsträger und Meinungsmacher können also nicht auf Unwissenheit plädieren. Aber sie haben es vorgezogen, in ihrer komfortablen Ideologie zu beharren, nach der Wachstum, Märkte und technologischer Fortschritt mit magischer Hand alle Probleme lösen werden. Unsere sogenannten Führungskräfte waren in der Tat bisher zu klein für die Herausforderungen dieses großen geschichtlichen Augenblicks! So haben die Pessimisten recht bekommen – oder sie waren noch zu optimistisch, denn das Ausmaß und die Geschwindigkeit z. B. der heutigen Klimaveränderungen ist nicht einmal von Grünen Fundis vorausgesagt worden.

Letztes Jahr warnte The Royal United Services Institute, ein respektierter militärnaher britischer Think Tank, dass die Folgen des Klimawandels – falls dieser nicht mit einer viel größeren Dringlichkeit bekämpft wird – Regierungen paralysieren und »globale Konflikte schaffen könnte, in der Größenordnung der beiden Weltkriege, die jahrhundertelang andauern würden«.

Wir erleben heute »das Ende des Anderen« (Ulrich Beck). Die Folgen unserer Entscheidungen und Nicht-Entscheidungen sind zum ersten Mal in der Geschichte global. Wir können also keine Hilfe von außen erwarten. Die Folgen unserer Handlungen sind auch weiter reichend als je zuvor: sogar geologische Zeiträume sind dadurch moralisch relevant geworden. Wie gehen wir mit dieser einmaligen Verantwortung um, ohne von ihr erdrückt zu werden? Können wir noch rechtzeitig reagieren?

Der wissenschaftliche Konsens sagt »Ja«, aber nur, wenn wir in den nächsten Jahren (nicht mehr Jahrzehnten!) auf vielen Gebieten radikal umdenken und umsteuern. Märkte und technologischer Fortschritt allein werden es nicht schaffen und die häufige Frage nach der Rolle DER Wirtschaft geht ins Leere, denn »die« Wirtschaft, gibt es gar nicht. Wirtschaftsakteure reagieren auf den globalen Wandel genauso differenziert wie andere Menschen – viele sind verunsichert, einige sind pro-aktive Problemlöser, andere suchen mit allen Mitteln alte Besitzstände zu bewahren, auch wenn dadurch die Sintflut droht.

Die Herausforderungen der wirtschaftlichen Globalisierung sind noch am ehesten zu beherrschen, denn sie sind politisch gewollt und mithilfe von detaillierten Regelwerken durchgesetzt.

Der US-Ökonom und der Träger des Alternativen Nobelpreises, Prof. Hermann Daly, beschreibt die wirtschaftliche Globalisierung als den letzten Versuch, den natürlichen Grenzen des Wachstums zu entkommen, indem man in den ökonomischen und ökologischen Raum anderer Länder hineinwächst.

Diese Grenzen sind aber jetzt endgültig erreicht. Das Klimachaos erlaubt kein Entkommen. Die Folgen der ökologischen Globalisierung sind nicht steuerbar. Denn Geldschulden können gestundet oder umgeschuldet werden und die Folgen eines finanziellen Bankrotts sind bald überwunden, wie viele historische Beispiele zeigen, dagegen können die Folgen eines Umweltbankrotts aber ewig nachwirken! Ökonomische Gesetze können Naturgesetze nicht brechen.

Der Klimabericht von Sir Nicholas Stern beschreibt den Klimawandel als das größte Marktversagen aller Zeiten. Es handelt sich aber auch um ein beispielloses Politik- und Medienversagen, denn das Klimachaos ist ja nicht von informierten Bürgern gewählt worden. Im Gegenteil! Schockiert von den zunehmenden Katastrophenmeldungen lehnen jetzt immer mehr Menschen die Gesamtrichtung ab. In den neoliberalen Vorreiterländern USA und Großbritannien sind weniger als 20 Prozent der Meinung, dass die Globalisierung im Ganzen positiv ist. Eigentlich nicht erstaunlich, denn die meisten US-Männer verdienen heute weniger, US-Mütter sind heute unglücklicher und US-Kinder ungesünder als vor einer Generation. Die Erklärungen großer Jugendkonferenzen der letzten 15 Jahre wenden sich zunehmend gegen die Kommerzialisierung aller Lebensbereiche und fordern »kommerzfreie Räume«. In der Stadt Örebro (Schweden) wurden nach einer Volksabstimmung Anzeigen auf den öffentlichen Verkehrsmitteln verboten. In Sao Paolo (Brasilien) wurde jegliche Außenwerbung als visuelle Umweltverschmutzung untersagt.

Die Idee, dass mehr Konsum besser ist, beginnt Unterstützung zu verlieren. Die britische Zeitung *The Guardian* berichtete von einem Dorf, das versucht seine CO_2-Emissionen zu verringern: »Plötzlich fühlt sich das Ehepaar mit einem Zweithaus in Barbados schuldig statt beneidet, und die Werte der bürgerlichen Mittelschicht beginnen sich zu verändern. Gebraucht und aus zweiter Hand wird positiver gesehen als neu und glänzend, und der Nachbar zu Besuch, der sagt: ›Puh, es ist warm hier‹, erweckt Unbehagen statt Stolz.«

Die *Financial Times* meinte letztes Jahr, auch die nahe Vergangenheit sei heute ein fremdes Land. Die stillschweigende Vereinbarung zwischen dem Businesssektor und der Politik breche zusammen. Die Globalisierung sei ein Produkt politischer Veränderungen, »but what politics made, politics can take away«. (FT 8. 4. 2008)

Einer internationalen Umfrage der britischen Beraterfirma Accountability zufolge, will die Hälfte der Befragten – auch in den USA und Großbritannien – nicht eine größere, sondern eine kleinere Auswahl an Konsumgütern und fordert, dass klimaschädigende Produkte nicht mehr angeboten werden.

Immer mehr Menschen haben andere Werte und Freiheitsbegriffe als die des Marktes. Die menschlichen, sozialen und ökologischen Kosten der Marktherrschaft sind ihnen zu hoch geworden. Sie wollen nicht zurück zur staatlichen Planwirtschaft; sie haben andere Ziele und Prioritäten als die des globalen Konsumenten.

»Es ist schwierig«, schrieb der Begründer der Transpersonellen Psychologie Abraham Maslow, »Werte wie Großzügigkeit, Liebe und Mitmenschlichkeit in einer Gesellschaft zu leben, deren Regeln, Institutionen und Informationsströme auf die Förderung geringerer menschlicher Eigenschaften ausgerichtet sind.«

Wir haben daher jetzt die Wahl: entweder weiterhin mit kleinen Reformen »business as usual« zu betreiben und vielleicht dabei noch reicher zu werden, als ein erfolgreicher Pokerspieler auf der sinkenden Titanic, oder wir können die Zukunft ernst nehmen und jetzt umsteuern. Privat und beruflich können wir dabei schon recht viel verändern, um ein Teil der Lösung zu werden. Aber wir wissen, dass dies nicht ausreichen wird. Wir müssen uns zugleich gesellschaftlich und politisch engagieren, um die Regeln, Institutionen und Informationsströme so zu verändern, dass sie unseren höchsten Werten entsprechen und unsere persönlichen Veränderungen unterstützen, statt sie zu erschweren! Die Vorteile für Vorreiter sind offensichtlich. Die deutschen Gesetze zur Verbesserung der Luftreinheit ermöglichten den Aufbau einer weltführenden Filterproduktion. Das deutsche Energie-Einspeise-Gesetz hat neue Industrien mit hunderttausenden von Arbeitsplätzen geschaffen, und hier zehnmal so viel CO_2 vermieden wie das Kyoto-Abkommen, zu einem erheblich niedrigeren Preis.

Das heutige Hauptproblem ist keine der großen globalen Krisen, sondern dass wir diese nicht lösen, obwohl wir das Wissen, die Arbeitskraft und die Mittel dazu haben. Warum? Viele Umfragen zeigen, dass große Mehrheiten problembewusst und handlungsbereit sind – auch, um große Schritte zu unternehmen. Was hält sie zurück? Die Antwort ist eindeutig: der feste Glaube, dass es nicht ausreichen wird, weil die Entscheidungsträger in Politik und Wirtschaft nicht mitziehen werden. Wir müssen also jetzt durch eigenes Vorangehen mehr Menschen davon überzeugen, dass sie Veränderungen erreichen können und ihre Schritte sich lohnen. »Vorangehen« heißt aktiver Einsatz für »best policies«, bestmögliche nationale und internationale Lösungen. Jedes existierende Gesetz, jede Regelung, jedes Abkommen, jede Institution, auch jede Gewohnheit muss unter dem Aspekt seiner/ihrer Zukunfts- und Umweltverträglichkeit neu überprüft und bei Bedarf geändert werden.

Die Basis unseren Handelns kann nur jener Wert sein, der allen Menschen gemeinsam war und ist: die tief gefühlte Verpflichtung, unseren Kindern und ihren Kindern eine bessere Welt zu übergeben. Unsere Vorfahren hatten manchmal entsprechende Institutionen, z. B. »Räte der Seher in die Zukunft«, um die Interessen kommender Generationen bei ihren Entscheidungen zu berücksichtigen. Beispielsweise war das Verunreinigen des Trinkwassers ein Kapitalverbrechen.

Wie schnell unsere moderne Zivilisation zusammenbrechen kann, zeigte sich nach dem Hurrikan Katrina in dem Superdome-Sportstadion von New Orleans, als junge kräftige Männer die knappen Trinkwasservorräte an sich rissen, während Frauen, Kinder und alte Menschen hilflos zuschauen mussten.

Wir brauchen heute ein neues Verständnis von Gefahren- und Risiko-Hierarchien. Der Klimawandel ist nicht nur ein Umweltrisiko, sondern bedroht unsere Sicherheit, Menschenrechte, Hunger- und Armutsbekämpfung u. v. a. m. Ulrich Beck weist darauf hin, dass in der Weltrisikogesellschaft der »Versicherungsschutz paradoxerweise mit der Größe der Gefahr abnimmt«.

Die Ökobilanz kommt in dieser Hierarchie vor der Wirtschaftsbilanz. Nicht die erneuerbaren Energien sind noch zu teuer, sondern der Verzicht auf die maximal mögliche Nutzung der Sonnen- und Windenergie von heute – die morgen für immer verloren sein werden – ist eine verschwenderische und verantwortungslose Zerstörung von Naturkapital.

Wir müssen heute zugeben, dass der Club of Rome mit seinen Warnungen größtenteils recht hatte, und dass wir die 30 Jahre seitdem größtenteils verschwendet haben. Unsere imposante moderne Gesellschaft steht auf einer sehr schwachen Basis, und auch das höchste Hochhaus stürzt ein, wenn das Fundament zerbricht.

Wir beginnen jetzt die schwierigste Reise, die die Menschheit je unternommen hat. Wir müssen und können auf der Basis des Teilens von besten Lösungen und Technologien, Gegenseitigkeit und Zusammenarbeit eine Erdgemeinschaft von Weltbürgern bauen. Wir brauchen eine neue industrielle Revolution, die unsere Produktions- und Konsumtionssysteme auf der Basis der Kreislaufmodelle, wie sie von Professor Michael Braungart in

Hamburg entwickelt wurden, umbaut. Die Behauptung, eine solche Wende sei unbezahlbar, ist Unsinn, denn alles, was eine Gesellschaft tun kann, das kann sie auch finanzieren. Länder wie die USA und Großbritannien gaben für die Bekämpfung des Faschismus ca. 20 Prozent des jährlichen BSPs aus, d. h. viel mehr als die höchsten Schätzungen der Kosten für die Bekämpfung des Klimawandels.

Unsere Hauptaufgabe ist die Entwicklung integrierter Antworten. Eine effektive Energie-Effizienzrevolution z. B. erfordert eine tief greifende ökologische Steuerreform. Wohlstandsmehrung kann nicht länger bedeuten, unseren wirklichen Reichtum – eine gesunde Erde – im Austausch für Computerausdrucke zu opfern, die uns erzählen, wie reich wir angeblich sind. Auch in reichen Ländern sind die Konsequenzen der bisherigen Politik für viele schon jetzt verheerend. In Australien werden aus Wassermangel ganze Städte evakuiert. Auch in Teilen Italiens und Frankreichs gab es im vorletzten Sommer Wassernotstände. Barcelona und Malta importieren schon Wasser per Schiff.

Der globale Wandel erfordert auch neue Institutionen, wie den World Future Council (WFC) als Stimme zukünftiger Generationen. Dieser berät Parlamentarier in vielen Ländern, um die Verbreitung von »best policies«, beste existierende politische Lösungen, zu beschleunigen. Er untersucht auch, wie Verbrechen gegen zukünftiges Leben verhindert und geahndet werden können. Der WFC wurde in Hamburg gegründet, nachdem die Stadt und Dr. Michael Otto die Grundfinanzierung für die ersten drei Jahre (2007 bis 2009) garantierten. Der WFC sucht zurzeit weitere Partner für die Erweiterung und Fortführung seiner Arbeit.

Wir brauchen auch dringend die zwischenstaatliche internationale Organisation zur Beschleunigung der Einführung erneuerbarer Energien – IRENA (International Renewable Energy Agency), die auf Initiative der Bundesregierung in diesem Jahr gegründet wird. Denn Fortschritt brauchte immer entsprechende Organisationen; Visionen brauchen Fahrpläne.

Auch in China und Indien beginnen die Debatte und die Veränderungen, denn die Kosten des »business as usual« werden dort schon untragbar. So berät der Mitbegründer des WFC, Prof. Herbert Girardet, die Erbauer der ersten Ökostadt Chinas.

In Indien hat der WFC mit Beteiligung der Zentralregierung Anfang Februar eine Konferenz über nachhaltige Entwicklungsmodelle abgehalten. Welche menschlichen Rechte und Pflichten, welche Lebensqualität, welche Kombinationen von Markt und Staat sind vereinbar mit dem Gebot, dass unsere Produktion und unser Konsum unsere gemeinsame Zukunft nicht gefährden darf? Das sind jetzt entscheidende Fragen für uns alle.

Die CO_2-Reduzierungen, die die Wissenschaft für unerlässlich hält, sind jetzt größer als die, welche die großen Umweltverbände zu fordern wagen. Wo wird sich die Wirtschaft positionieren? Noch weiter hinten, oder vorn, um das entstandene Vertrauensvakuum wieder zu füllen?

Die Schaffung von Lebensqualität mit weniger Energie und Ressourcen muss unser Ziel sein, wenn wir eine Zukunft voller Konflikte vermeiden wollen. Wir brauchen ein Wirtschaften auf der Basis von Reife und Zusammenarbeit – nicht Unreife und Gier. Nicht maximaler Produktbesitz, sondern optimierte Dienstleistungen werden die Kriterien des ethischen Verbrauchens sein.

Wir können und müssen jetzt den gesetzlichen und institutionellen Rahmen schaffen, für den schnellen Umbau unserer Energie-, Transport-, Landwirtschafts- und Produktionssysteme auf eine zukunftsfähige Basis. Wenn wir versagen, dann wird die Realität sowohl Demokratie wie Marktwirtschaft hinwegfegen.

Wir müssen zukünftigen Generationen Werte, Traditionen und Institutionen vermitteln, die das vielfältige Leben auf der Erde unterstützt statt bedroht. Große Aufgaben, aber, wie der Pionier der amerikanischen Anti-Sklaverei-Bewegung William Channing sagte: »Es gibt Zeiten in der Geschichte, in denen Mut die höchste Weisheit ist!«

Was für ein Recht haben wir, der Nachwelt Bürden aufzulegen, die wir selbst nicht tragen wollen? Es wird behauptet, wir bräuchten keine Verzichtsdiskussion, aber natürlich brauchen wir sie! Ein Kilo Rindfleisch zu produzieren braucht 13.000 Liter Wasser. Eine nordamerikanische Katze frisst so viel Rindfleisch wie ein Einwohner Costa Ricas. Können wir uns dies in Zeiten zunehmender Wasserknappheit leisten? Natürlich nicht! Welche CO_2–Emissionen sind überlebensnotwendig, welche sind Luxus? 25 Prozent dieser Emissionen entstehen durch die Abholzung der Tropenwälder – offensichtlich ein unhaltbarer und unbezahlbarer Zustand.

Auch der beste Wille und das beste Management kann unter falschen Rahmenbedingungen nur wenig erreichen. Nur mit unterstützenden gesetzlichen Regelungen können wir die Energien des Markets entfesseln, um den Übergang zu einem neuen Modell zu erreichen, bevor es wirklich zu spät ist.

Wenn wir den weiteren Temperaturanstieg jetzt nicht so stark wie nur möglich begrenzen – was gewaltige Anstrengungen erfordern wird – so werden wir durch das Schmelzen des Permafrosts u. a. sogenannte positive Feedback-Mechanismen unaufhaltsam eine Erde schaffen, die nur noch für einen kleinen Bruchteil ihrer Bevölkerung bewohnbar sein wird.

Aber nicht nur negative Entwicklungen können sich beschleunigen! In Krisenzeiten sind große Schritte manchmal leichter als kleine – weil sie als problemrealistisch gesehen werden und so begeistern und mobilisieren können.

Der baldige Höhepunkt der globalen Ölvorräte, der sogenannte »peak oil«, noch vor wenigen Jahren nur von einigen Außenseitern vorausgesagt, wird jetzt von den meisten Ölexperten akzeptiert. Die rapide steigenden Preise und Verteilungskämpfe werden riesige Herausforderungen aufwerfen. Finanzexperten schätzen, dass 70 bis 80 Prozent des Wertes ihrer Investment-Fonds auf der Erwartung zukünftiger Kapitalflüsse basieren. Peak oil, Klimachaos und die globale Wasser- und Nahrungskrise können diese Erwartungen sehr schnell abstürzen lassen. Die kommende, unaufhaltbare Masseneinwanderung von Klimaflüchtlingen aus Nordafrika etc. wird in Europa Ausmaße erreichen, die unsere Mitmenschlichkeit auf sehr harte Proben stellen wird.

Es gibt natürlich noch immer manche, die den Kopf in den Sand stecken. So forderte der *Wirtschaftskurier*, dass die Energiepolitik der Bundesregierung »für eine notwendige und berechtigte Balance zwischen den Belangen der Wirtschaft, konkret auch der Energiewirtschaft, und den Bedürfnissen für das Klima sorgen muss«. Die Gleichsetzung der Interessen einiger Unternehmen mit der Stabilisierung des Weltklimas zeigt ein erschreckendes Ausmaß von ideologischer Verblendung.

Die nötigen Veränderungen müssen bei uns selbst beginnen, im Wiederentdecken der Eigenschaft, die die alten Israelis »hochma« nannten, d. h. die Fähigkeit, zu fühlen und zu handeln, als ob die Zukunft von jedem von uns abhängt.

Der Träger des Alternativen Nobelpreises und Begründer der Permakultur, Bill Mollison, berichtete schon bei der Preisverleihung 1981 von beunruhigenden Naturveränderungen in seiner australischen Heimat, aber damals konnten solche Botschaften gegen unseren Fortschrittsglauben noch wenig ausrichten. Heute, wo Nachrichten wie »das Klima spielt verrückt« und »überall Extreme« auch aus Norddeutschland kommen, können wir sie nicht länger verdrängen.

Die nächsten zwei bis drei Jahre werden kritisch sein – schreibt die Beraterfirma McKinsey in einem Klimabericht für den britischen Industriellenverband. Aber bei der Umsetzung wird noch immer blockiert und verzögert. Am liebsten mögen viele Politiker Pläne für 2030 und 2050, für deren Einhaltung sie niemand verantwortlich machen kann. Doch wir brauchen Umsetzungsstrategien für 2009 und 2010!

Als der Faschismus drohte, haben Briten und Amerikaner alles dem Ziel untergeordnet, diese Gefahr zu besiegen. Sie haben ihre Wirtschaft entsprechend umgebaut – nicht über Jahrzehnte, sondern innerhalb weniger Monate.

Klimasicherheit ist nicht ohne Klimagerechtigkeit zu haben, sowohl national wie international. Die Naturgesetze sind weder rechts noch links, sondern stellen die Rahmenbedingungen unserer Existenz. Mit schmelzenden Gletschern kann man nicht verhandeln.

Was können wir hier und jetzt tun? Wir leben lokal, aber auch global. Keine »best practice« bei uns wird ohne weit über Kyoto hinausgehende, bindende internationale Abkommen funktionieren. Ein aktiver Einsatz für solche Abkommen ist daher ein zentraler Teil einer realistischen Green Agenda.

Deutschland ist größter CO_2-Produzent Europas und trägt damit eine sehr große Verantwortung. Wie kann die hiesige Wirtschaft diese größte unternehmerische Herausforderung aller Zeiten nutzen? Die Chancen der Windenergienutzung z. B. sind besonders groß. Aufgrund des Klimanotstandes müssen entsprechende Genehmigungen unbedingt zügiger erteilt werden – der Gesetzgeber ist gefordert auf die neue Gefahrenhierarchie zu reagieren.

Auf dem Verkehrssektor ist die Einführung einer Citymaut der schnellste und kostengünstigste Weg, CO_2 und Feinstaubbelastung zu reduzieren. Dies wurde schon in mehreren Städten ohne Einbußen für den Einzelhandel und mit großer Akzeptanz in der Bevölkerung erreicht.

Wir können durch Notstandsprogramme zur Förderung erneuerbarer Energien und der Energie-Effizienz auf vielen Gebieten den Klimawandel begrenzen, aber nicht mehr verhindern. Auf uns kommen extreme Wetterlagen (Dürrephasen, Starkregen, Sturmfluten) und enorme Kosten zu. Auf dem letzten Extremwetterkongress in Hamburg wurden die volkswirtschaftlichen Kosten des Klimawandels in Deutschland für die nächsten 50 Jahre auf rund 800 Milliarden Euro geschätzt. Ärmere Bundesländer werden überdurchschnittlich betroffen sein.

Wir müssen vor allem ehrlich und offen sein über das Ausmaß des Umdenkens und der Veränderungen die auf uns zukommen. Wir sollten auch keine falschen Hoffnungen erzeugen. Auf eine »Renaissance der Atomkraft« zu setzen, macht wenig Sinn, wenn – ganz abgesehen von den alten Problemen und den neuen Gefahren dieser Technologie im Zeitalter des globalen Terrorismus – Experten schon warnen, dass existierenden AKWs wegen kommender Kühlwasserengpässe die Abschaltung droht.

Entscheidungsträger müssen sich jetzt klar positionieren, auch in den eigenen Reihen. Letztes Jahr berichtete *Business Week*, dass mehrere große US-Unternehmen, die sich gern als ökologische Vorreiter präsentieren, ein doppeltes Spiel treiben (»US giants play the green card but keep the coal fires burning«, zitiert in *The Independent on Sunday*, 24. 2. 2008). So ist z. B. General Electric Gründungsmitglied der US Climate Action Partnership, die sich für starke gesetzliche CO_2-Reduktionen einsetzt – aber gleichzeitig Vorstandsmitglied von zwei Organisationen, die ebensolche Reglungen zu verhindern suchen.

Keine Gesellschaft, keine soziale Gemeinschaft kann lange überleben ohne eine ethisch-moralische Basis. Sie ist kein Luxus und kein Zugeständnis an PR bzw. politische Korrektheit. Sie ist auch mehr als ein Ausdruck von Zukunftsverantwortung. Sie ist jetzt dringend notwendig für den Zusammenhalt unserer Gesellschaftsordnung und die Bewahrung unserer Zivilisation. Auf Bedrohungen dieser Größenordnung reagierten Zivilisationen in der Geschichte auf verschiedene Weise: durch zunehmende Verteilungskämpfe bis zum Untergang, oder indem sie – wie Churchill es ausdrückte – »ihre Rechte, Gewohnheiten und Traditionen in den gemeinsamem Topf warfen« – und neue Formen der Zusammenarbeit entwickelten.

Was machte den Unterschied bei dieser folgenschweren Entscheidung aus? In einem Wort: Leadership. Leadership definiert Realität. Laut dem Historiker der Zivilisationen, Arnold Toynbee, war der häufigste Grund für ihren Untergang, dass die Eliten ihre Glaubwürdigkeit verloren hatten. Antworten zu entwickeln ist ein unerlässlicher erster Schritt. Aber ohne mutige und schnelle Umsetzungsschritte werden diese und ihre Fürsprecher bald ihre – für die Miteinbeziehung der Bevölkerung unerlässliche – Glaubwürdigkeit verlieren. Das können wir uns nicht mehr leisten. Ihre Welt ist nicht die der großen Theorien und weitläufigen Pläne, sondern die Praxis täglicher Arbeit.

Sie haben daher die Möglichkeit, sofort mit der Umsetzung zu beginnen, inspiriert von den Worten des klugen und mutigen jungen Mädchens, das, im kriegerischen Amsterdam versteckt, in ihrem Tagebuch notierte: »Wie wundervoll ist es doch, dass niemand auch nur einen einzigen Augenblick warten muss, um zu beginnen, die Welt zu verbessern.« – Anne Frank.

Über die Autoren

ULRICH BECK
Professor und Direktor des Soziologischen Instituts der Ludwig-Maximilians-Universität München bis 2009. Gastprofessor an der London School of Economics and Political Science und seit 2009 in Harvard. Autor von *Risikogesellschaft, Weltrisikogesellschaft* und Herausgeber der Reihe *Edition Zweite Moderne*.

BAZON BROCK
Philosoph und Professor für Kunst und Ästhetik an der Universität Wuppertal. Mitglied der Forscher-Familie bildende Wissenschaften, die sich mit der Kulturgenetik und Konzepten zur Zivilisierung der Kulturen beschäftigt. Arbeitsschwerpunkte sind die Neuronale Ästhetik und Imaging Sciences.

MICHAEL BÜNKER
Österreichischer evangelischer Theologe. Seit 2008 Bischof der Evangelischen Kirche A.B. in Österreich. 2006 Bestellung zum Generalsekretär der Gemeinschaft Evangelischer Kirchen in Europa (GEKE). Seit 2003 als Honorarprofessor Lehrbeauftragter an der Evangelischen Fakultät der Universität Wien.

HALLEH GHORASHI
Professorin für Ethnologie und für das Management von Diversität und Integration an der Freien Universität Amsterdam. Autorin von *Ways to Survive, Battles to Win: Iranien Women Exiles in the Netherlands and the US*.

ANTHONY GIDDENS
Britischer Soziologe. Ehemaliger Direktor der London School of Economics and Political Science, davor Professor für Soziologie am King's College, Cambridge. 2004 Verleihung des Titels Baron Giddens of Southgate in the London Borough of Enfield auf Lebenszeit.

WOLFGANG ISCHINGER
Generalbevollmächtigter für Regierungsbeziehungen der Allianz SE und Vorsitzender der Münchner Sicherheitskonferenz. 2006 bis 2008 Deutscher Botschafter in London und 2001 bis 2006 in den USA. 1998 bis 2001 Staatssekretär des Auswärtigen Amts.

HAROLD JAMES
Britischer Historiker und Autor. Professor für europäische Wirtschaftsgeschichte und Internationale Politik an der Princeton University und am European University Institute in Florenz. Mitherausgeber der Zeitschrift *World Politics*.

JEAN-CLAUDE JUNCKER
Premierminister und Finanzminister Luxemburgs. Vorsitzender der Eurogruppe, Gouverneur des Internationalen Währungsfonds sowie Gouverneur der Europäischen Bank für Wiederaufbau und Entwicklung. 2006 ausgezeichnet mit dem Internationalen Karlspreis zu Aachen.

PARAG KHANNA

Experte für Geopolitik und Berater für internationale Beziehungen. Direktor der Global Governance Initiative und Senior Research Fellow im American Strategy Program der New America Foundation. Autor von *The Second World.*

IVAN KRASTEV

Bulgarischer Politikwissenschaftler und Forschungsdirektor des Centre for Liberal Strategies in Sofia. Visiting fellow u. a. am St. Antony's College, Oxford, am Wissenschaftskolleg Berlin und am Remarque Forum, New York. Chefredakteur der bulgarischen Ausgabe von *Foreign Policy*.

KONRAD PAUL LIESSMANN

Essayist, Literaturkritiker und Professor für Philosophie an der Universität Wien. Seit 1997 wissenschaftlicher Leiter des internationalen Symposiums Philosophicum Lech und Herausgeber der gleichnamigen Buchreihe. Autor von*Theorie der Unbildung: Die Irrtümer der Wissensgesellschaft*.

SUNITA NARAIN

Indische Umweltaktivistin und Publizistin. Direktorin des Centre for Science and Environment und der Society for Environmental Communications. Preisträgerin des Stockholm International Water Institute.

TARIQ RAMADAN

Islamischer Denker, Professor für Islamwissenschaften am St. Antony's College in Oxford. Mitglied mehrerer Kommissionen des Europaparlaments und Präsident des europäischen Think Tanks »European Muslim Network« in Brüssel.

HANS JOACHIM SCHELLNHUBER

Direktor des Potsdam-Instituts für Klimaforschung und Professor für Physik in Potsdam und Oxford. Langjähriges Mitglied des Weltklimarates (IPCC), dem im Jahr 2007 der Friedensnobelpreis verliehen wurde.

HENNING SCHULTE-NOELLE

Vorsitzender des Aufsichtsrats der Allianz SE. 1988 Berufung in den Vorstand der Allianz Versicherungs AG und Allianz Lebensversicherungs AG. Von 1991 bis 2003 Vorstandsvorsitzender der Allianz AG. Vorsitzender des Stiftungsrates der Allianz Kulturstiftung.

HARALD SCHUMANN

Journalist und Publizist. Autor von *Die Globalisierungsfalle*. Als Experte für Globalisierung und Entwicklungsthemen erhielt er u. a. den Bruno-Kreisky-Preis für das politische Buch und den Medienpreis Entwicklungspolitik.

KAREL SCHWARZENBERG

Außenminister der Tschechischen Republik von 2007 bis 2009. Vorsitzender der 2009 gegründeten Partei TOP 09. Oberhaupt des Hauses Schwarzenberg. Erhielt 1989 mit Lech Walesa den Menschrechtspreis des Europarates.

PEER STEINBRÜCK

Bundesminister der Finanzen von 2005 bis 2009. 2002 bis 2005 Ministerpräsident des Landes Nordrhein-Westfalen.

FRANK-WALTER STEINMEIER

Fraktionsvorsitzender der SPD im Deutschen Bundestag. Bundesaußenminister und Vizekanzler von 2005 bis 2009. 1999 bis 2005 Chef des Bundeskanzleramts.

MICHAEL M. THOSS

Geschäftsführer der Allianz Kulturstiftung seit 2004 und Organisator der Reihe »Reden über Europa«. Ehemaliger Leiter der Abteilung der Bildenden Künste und Medien im Haus der Kulturen der Welt Berlin sowie der Kulturprogramme verschiedener Goethe-Institute und des Goethe-Forums.

JAKOB VON UEXKÜLL

Stifter des »Alternativen Nobelpreises« und Initiator des World Future Council. Der Deutsch-Schwede, der sich in zahlreichen Gremien und Initiativen engagiert, wurde 2005 vom *Time Magazine* als »European Hero« geehrt. Mitglied des Europäischen Parlaments von 1987 bis 1989.

CHRISTINA WEISS

Publizistin und Honorarprofessorin der Universität des Saarlandes. Von 2002 bis 2005 Kulturstaatsministerin im Bundeskanzleramt. 1991 bis 2001 Kultursenatorin der Freien und Hansestadt Hamburg.

Danksagung

Wir danken den beteiligten Mitarbeiterinnen und Mitarbeitern im Institut für die Wissenschaften vom Menschen (IWM), Tanzquartier und Burgtheater Wien, der Staatsoper Unter den Linden Berlin, European Council On Foreign Relations (ECFR), bei CARE International und CARE Deutschland, den Tageszeitungen *Der Standard,* Wien, und *Der Tagesspiegel,* Berlin, allen Dolmetschern und Übersetzern der »Reden über Europa«,

insbesondere Ronald H. Adler, Michael Anthony, Martin Bach, Klaus Bachler, Annette Barner, Gabriele Benno, Zsusa Breier, Oscar Bronner, Stephan-Andreas Casdorff, Laurence Chaperon, Daniela Dibelius, Thomas Drozda, Manfred Erhardt, Alexandra Föderl-Schmid, Susanne Fröschl, Emilio Galli-Zugaro, Sigrid Gareis, Thomas Girst, Georges Heinrich, Krassimira Kruschkova, Regine Lorenz, Frank Lüdecke, Krzysztof Michalski, Malte Lehming, Bernhard Ludewig, Klaus Nellen, Gerda Neudeck, Heike Nortmann, Hans Ulrich Obrist, Jens Oellermann, Markus Potzel, Dorothee Püplichhuysen, Marlene Ropac, Hermann Rudolph, Martin Scherer, Gerfried Sperl, Nick Tewes, Sven Thomsen, Henning Troschel, Ronny Unganz, Antonia Walter, Andre Wilkens.